KB148213

이탈리아 포도주 이야기

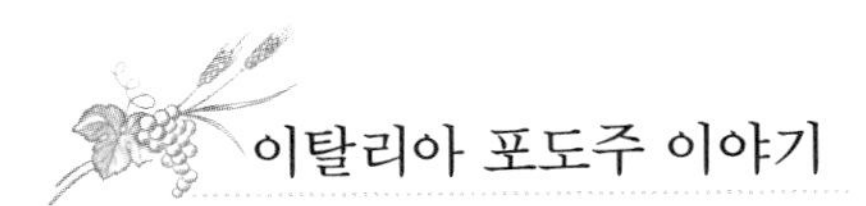

이탈리아 포도주 이야기

1판 1쇄 인쇄 | 2003년 4월 10일
1판 1쇄 발행 | 2003년 4월 15일

지은이 | 김종법
발행인 | 김학민
발행처 | 학민사

등록번호 | 제10-142호
등록일자 | 1978년 3월 22일

주소 | 서울시 마포구 대흥동 303번지(우편번호 121-080)
전화 | 02-716-2759, 702-3317
팩시밀리 | 02-703-1494

홈페이지 | http://www.hakminsa.co.kr
이메일 | hakminsa@hakminsa.co.kr

ISBN 89-7193-148-5(03920)

값은 표지에 있습니다.

Raccconti dei Vini Italiani

포도주로 읽는 이탈리아 역사
포도주로 보는 이탈리아 문화

이탈리아 포도주 이야기

글쓴이 | 김종법

학민사

책 머리에

인류 역사가 시작되면서 인간 삶의 변함없는 동반자의 하나가 바로 술이라 할 수 있다. 실제로 술과 비슷한 음료가 등장하기 시작한 것은 신화시대부터이며, 고고학적으로도 4500년이라는 오랜 역사를 갖고 있다. 동서양을 막론하고 역사 속에 나타난 술은 하나의 민족과 왕국의 흥망성쇠에 따라 시작과 끝을 함께 하였고, 오늘날에도 각 나라마다 또는 민족마다 고유한 술이 한 가지 이상은 존재하고 있다. 그 중에도 서양, 특히 유럽을 대표하는 술이 바로 포도주일 것이다.

구한말 서양문물이 전래되면서 우리나라에도 서양의 술이 소개되기 시작하였고, 포도주 역시 한국 근대사 속에서 서양의 문물로서 그 문화적 의의를 갖고 있다. 그러나 한국 사회에 소개된 포도주의 오랜 역사성에도 불구하고 문화적 의미가 보다 적확하게 알려지게 된 것은 최근의 일인 듯하다. 그나마 우리의 선입견으로 재단된 서양의 '와인'으로 이해되는 경우가 많았으며, 특정 국가에 치우쳐 소개되고 있다는 느낌이다. 공통분모로서 포도주와 개별적 분자로서 포도주는 그 의미가 분명히 다르며, 문화적 해석과 상징 역시 조금은 차이가 있다.

이 책은 이미 한국 사회에 수없이 알려진 '와인'을 또 한번 소개하기

위한 책은 아닐 뿐더러, 이탈리아라는 특정 국가의 포도주를 선전하려는 의도도 갖고 있지 않다. 다만 이제까지의 '와인' 관련 책들이 와인이 갖는 문화성과 역사성을 생략한 채 단지 귀족적인 분위기로 과대포장한 와인을 '포도주'라는 이름으로 해석할 수 있는 문화적 관점에서 '이탈리아'라는 지정학적 범위 안에서 쓴 글이다. 그저 고급스러운 서양 술의 일종인 와인이 아니라, 어느 지방에서나 찾아볼 수 있는 민속주라는 이미지로 다가설 수 있도록 역사와 문화라는 창을 통하여 소개하고자 하는 것이다.

이탈리아 유학 시절, 소주밖에 몰랐던 필자에게 와인은 접근하기 힘든 서양의 술이었다. 더군다나 초기 이탈리아 음식에 적응하기 힘들었던 시절에는 와인은 술이 아닌 과실주였다. 그런데 생활이라는 틀에서 문화적인 개안이 시작되면서 와인은 단순한 서양의 술이 아닌 문화적 매개체였고 의사소통 도구였다.

이렇게 작지만 중요한 깨달음이 있고 난 뒤, 유학생활이 끝날 때까지 포도주를 향한 정진(?)이 시작되었다. 그러자 어째서 이탈리아인들이 식탁에 매번 포도주를 놓는지 서서히 알게 되었고, 이는 이탈리아 문화를 이해하는 데에 중요한 키워드가 되었다. 이렇게 포도주 책은 시작되었고, 거의 5년에 걸쳐 생활 속에서 하나 둘 결과물들이 쌓여가

게 되었다.

언뜻 보기에 필자의 전공인 정치학과 포도주라는 주제는 너무나 거리가 있어 보이지만, 포도주를 단지 술로 해석하는 것이 아니라 인간 정치생활의 매개체로 본다면 오히려 유용한 해석 수단이 될 수 있다는 확고한 믿음 위에서 이 책을 집필하였다.

어떻게 보면 관점이 지나치게 주관적이지 않을까 하는 기우가 있을 수도 있고, 필자가 전문적인 포도주 시음사가 아니기에 포도주에 대한 지식상의 오류가 있을지도 모른다고 생각할 수 있다. 그러나 이는 포도주에 관해 전문성을 요하는 기술서적일 경우 해당되는 우려일 것이다.

이 책은 문화서이다. 문화라는 관점에서 이 책을 평가해 주기 바란다. 5년이라는 집필 준비 기간만큼이나 수많은 직간접의 경험을 토대로 쓰여진 책이기에 단편적이고 개인적인 편견과 추론은 가능한 한 배제하였다는 점을 다시 한번 밝히며, 한국에서 이탈리아 '와인'이 아닌 '포도주'에 대한 이해와 보급에 조그마한 디딤돌이 될 수 있기를 바랄 뿐이다.

이 책은 많은 사람들의 도움을 받았다. 도움받은 이탈리아 현지 관계자들은 일일이 열거할 수 없을 정도이다. 이 자리를 빌어 진심으로

감사의 말을 전한다.(Vi ringrazio tutti quanti che conosco io!) 아울러 귀찮은 자료 정리와 외도를 묵묵히 참아준 집사람, 수민이, 유민이에게도 고마움을 전한다. 그리고 유학생활을 무사히 마칠 수 있도록 배려해주신 양가 부모님들께도 지면을 빌어 진심으로 감사드린다.

특히 오랫동안 거친 원고를 주옥처럼 다듬어 주신 김학민 사장님과 졸저를 양서답게 만들어주신 양기원 편집장께 심심한 사의를 전한다.

독자들의 따뜻한 사랑을 기대하며, 이탈리아 문화에 대한 올바른 애정과 준엄한 충고를 기대하면서, 이 책의 내용상 실수와 과오는 전적으로 본인의 책임임을 밝힌다.

2003년 3월
김종법

차 례 CONTENTS

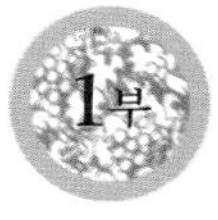

1부 포도주 양조의 인류사

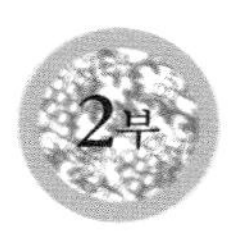

2부 이탈리아 포도주 이야기

3부 이탈리아의 특색있는 포도주들

4부 알고 마시면 즐거운 이탈리아 포도주

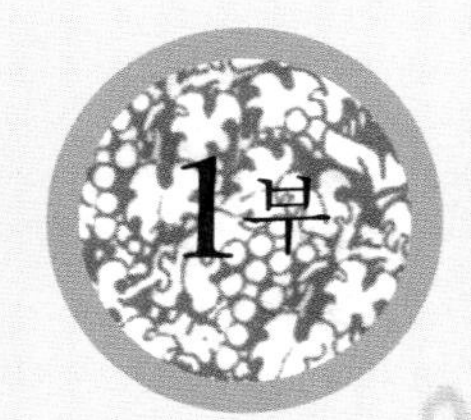

1부 포도주 양조의 인류사

인류의 역사가 시작되기 훨씬 전부터 술의 역사가 존재했다는 사실은 문화적으로 상당한 의미를 가진다. 이것은 농경이 시작되기 이전부터 인류는 채집을 통한 이차적 제조과정을 거쳐 '술'을 얻었다는 의미이며, 농경이 시작되면서 보다 분명한 재생산 과정의 하나로 양조과정이 발생했다는 역사적 의의를 갖기 때문이다. 물론 이는 역사적 개연성에 바탕을 둔 사실이기는 하지만, 인류 역사에서 술은 인간에게 빼놓을 수 없는 문화요소라는 것을 상징적으로 나타내고 있는 것이다.

맥주와 더불어 서양 술 중에서 가장 오래된 역사성과 농경이라는 제1차 산업에서 양조라는 제2차 산업으로의 발달을 이야기할 때 가장 먼저 이야기될 수 있는 것이라는 점에서 포도주는 더욱 큰 중요성을 가진다. 이집트와 동아시아에서 전래된 포도주가 이탈리아 반도에 어떻게 자리잡을 수 있었으며, 또한 올리브유와 함께 대표적인 제2차 생산물로서 포도주가 자리잡을 수 있었을까 하는 의문은 로마제국의 흥망과도 어느 정도 관련성을 갖는다는 점에서 매우 중요한 의미를 갖는다.

이와 같은 포도주의 역사성을 제1부에서 다루고자 하는 것은, 이탈리아라는 지역적 개념 안에서 포도주를 해석할 수 있는 토대를 얻고자 함이다. 현재 전세계에 이탈리아를 대표하는 음식문화의 하나로 자리잡은 포도주를 그 역사적 기원과 함께 알아봄으로써 어떠한 문화든지 역사적 배경없이는 이해할 수 없다는 단순한 진리를 확인하고자 하는 것이다.

첫 번째 이야기

포도주 역사의 시작

인류의 역사를 더듬어 볼 때, 술과 관련된 풍속과 문화는 선사시대부터 역사시대에 이르기까지 세계 도처에서 찾아볼 수 있다. 그 중에서 서양의 술 문화를 대표할 수 있는 포도주는 최근 한국 사회에 불어닥친 프랑스와 이탈리아 음식의 소개와 더불어 많은 이들의 관심의 대상이 되고 있다.

실제로 역사시대가 시작되기 전부터 지구상에는 술과 관련된 기원과 흔적들을 어렵지 않게 찾아볼 수 있다. 그리스 신화를 읽어본 이들에게, 술을 즐기는 애주가이건 술을 전혀 입에 대지 않는 금주가이건, 술의 신이 누구냐고 물으면 보통 바쿠스(흔히 박카스라고 알려진 그리스의 주신)라고 대답한다. 오늘날 한국에서는 깡통 과즙 음료수를 부르는 말로 정형화되어가고 있는 '넥타'는 그리스 신화에 나오는 '넥타르'라고 불렸던 신주 혹은 불로불사주를 가리키는 말이다.

이 넥타르를 바쿠스를 비롯하여 많은 신들이 즐겨 마신 것으로 그리스 신화는 묘사하고 있다. 물론 그 정확한 기원에 대한 설명은 없지만, 바쿠스의 스승이었던 실레노스 역시 주정뱅이였다는 소리를 들은 것으로 보아 그 이전에도 술의 존재는 있었다고 해야 할 것이다. 많은 이들은 이 술이 현존하는 포도주의 기원일 것이라고 이야기한다.

그렇다면 고대 신화*에 이미 술이라는 존재가 있었다는 사실과, 이 술이 포도주의 기원일 것이라는 사실은 과연 이 술이 포도주냐 아니냐라는 부차적인 문제보다도 더욱 중요한 의미를 갖는다. 인간이 문자를 가지고 자신들의 사건을 기록하기 시작했던 역사시대 훨씬 이전부터 술, 특히 포도주의 역사가 시작되었다는 의미이기 때문이다.

포도주가 처음으로 태어난 곳은 그리스와 그 주변 지중해 연안이라고 알려져 있다. 그러나 농산물로서 포도의 경작은 이미 그보다 앞선 기원전 8천년 경이라는 주장도 있지만** 이 지역에서 고고학적 근거를 갖는 포도 관련 유물이 발견된 것은 기원전 2400년 경 위르(Ur) 지방에서인데, 정확하게 포도주와 관련된 유물이었다는 확정을 하기는 어렵지만, 최소한 포도와 관련된 유물이었을 것이라는 학설이 지배적

---

* 그리스 신화 이외에도 성서에 의하면, 대홍수 뒤에 노아는 물에 싫증과 피곤함을 느껴 "이제 그만 땅에 내려가 포도를 경작하고 이를 마셔야겠다"라는 이야기가 나오며, 페르시아에서도 구전된 오랜 전설 한 편이 포도주에 관해 이야기하고 있다. 이 페르시아 전설에 따르면, 제시메드(*Jeshmed*)라는 노아의 직계자손이 있었는데, 그는 궁정과 왕실에서 사용되는 포도과즙 창고지기였다. 어느 날 저장되어 있는 포도과즙이 발효되면서 어느 누구도 선뜻 그것을 마시기를 원치 않았다. 하루는 왕실에서 가장 아름다운 왕비가 고통으로 신음하면서 삶에 대한 희망을 포기하기에 이르자 그 포도과즙을 마시기로 결심하였다. 그러나 왕실의 제사장들은 독이 들어 있는 음료로 여겨 만류하였다. 왕비는 주저없이 발효된 포도즙을 마셨고 죽음을 기다렸는데, 고통이나 죽음이 온 것이 아니라 해방감과 고통이 사라지면서 나는 듯한 환희를 느꼈다. 이에 옆에서 보던 왕도 이를 마시기를 원했고, 마신 뒤 즐거움과 함께 오랫동안 노래를 했다는 전설이 남아 있다.

** 이 주장의 근거는 1969년 다마스코 남동쪽에서 발굴된 유적 중에서 포도를 으깨는 기구인 또르끼오(*Torchio*)와 비슷한 유물이 발굴됨으로써 추정하는 견해이다. 그러나 실제로 이 도구가 포도를 으깼던 도구인지 일반적인 과즙기였는지에 대한 해석은 분분하며, 학설로 인정받지도 못했다. 이 설에 의하면 기원전 6천년부터 수메르인들에 의해 포도가 경작되었으리라 추측하고 있다.

이다.*

어쨌든 메소포타미아에서 시작된 포도의 재배가 이집트 지방까지 확산되면서 본격적인 술로서 포도주가 탄생되었다는 것이 여러 고고학자들의 공통된 견해이다.

포도의 재배와 포도주 생산은 분명 다른 역사적 사실이지만, 일반적으로 이야기하는 포도주 관련 기록들이나 추정들은 기원전 2천년 경 메소포타미아 지역으로 모아진다. 특히 인류 최초의 성문법이라 할 수 있는 함무라비 법전(기원전 1750년 경)에는 포도주의 가격과 각 경작자에 할당된 수확량 등이 정확하게 기록되어 있다.

또한 당시의 법률에 의하면 포도주를 선보이는 공공의 저장소, 일반적으로 신전에서 여성이 작업하는 것을 금하고 있을 정도로 초기 포도주에 대한 생각은 신의 음료로 여겼다고 볼 수 있다.

그러나 이 지방에서 시작된 포도주의 생산은 지형적이고 기후적인 요소들이 겹쳐 그다지 많은 양은 아니었다고 전해진다. 오히려 이 지역의 주 음료는 포도주보다는 맥주였고, 포도주는 단지 종교적 의식에 사용되었을 뿐이며, 일반인들이 즐겨 마셨던 음료는 맥주였다.**

오늘날 남아있는 문헌에 의하면 기후적 영향으로 그다지 발전되지 못한 포도 재배는 이집트로 넘어오면서 나일강이라는 천혜의 기후적 여건과 고도의 문명이 결합되면서 보다 발전된 형태를 띠게 되었고, 이집트 왕조들은 포도 재배나 포도주 생산에 관한 수많은 문화적 유산

---

* 팀 언윈(*Tim Unwin*) 저, 마리아 바이오끼(*Maria Baiocchi*) 역, 『포도주의 역사(*Storia del Vino*)』, *Donzelli Editore*, 1993, pp. 59~60.

** 위의 책, pp. 65~68.

고대 이집트의 포도주 제조과정을 그린 벽화(B.C 14세기 Nakht의 무덤/Tebe)

과 유물들을 후세에까지 남기고 있다.

오늘날까지 남아있는 문헌에 의하면, 매년 한 차례 포도주 축제가 있었고, 이 때에는 포도주가 강물을 따라 흘렀을 정도로 풍성한 축제였을만큼 포도 재배와 포도주 제조기술이 발달했다고 전하고 있다. 위 그림에서 보면 이집트 시대에 얼마만큼 체계적이고 발전된 포도주 제조기술이 존재하였는지를 잘 알 수 있으며, 문헌상에도 기원전 2천년경에 이미 빙 드 고트(*vin de goutte*)나 빙 드 쁘레세(*vin de presse*)라는 포도주 이름이 존재했다고 전해진다.*

그러나 당시의 이집트 기후를 추정해 볼 때, 생산의 양은 늘었지만 포도주 제조과정 중에서 발효에 필요한 온도가 너무 높아 숙성이 지나치게 급속하게 이루어지는 어려움 때문에 양질의 포도주 생산은 그리 쉽지 않았을 것이다. 이런 이유로 이집트 역시 포도주를 즐겼던 계층은 귀족이나 성직자, 왕족 등 상류 지배계급에 한정된 것으로 보인다.

포도주 소비의 주 계층이 지배층에 국한되었다는 사실은 이후 지리

---

* 앞의 책, p.71.

적으로 확대되어 생산지가 된 그리스와 이탈리아에서도 사회적으로 귀족계급이 포도주의 주 소비계층이 될 수밖에 없었던 이유를 어느 정도 설명해 주고 있다.

이집트에서 생산되던 포도주는 이후 지중해 연안을 거쳐 그리스, 그리고 폴리스 식민지 시대를 거치면서 이탈리아와 주변 국가들에까지 전파되었다. 이상하게도 ― 정작 이 지역 국민들은 종교적이고 기후적 요인으로 그다지 소비량이 많지 않다는 역설적 의미에서 ― 오늘날 전 인류가 가장 많이 즐기는 포도주와 맥주가 모두 이 지역에서 최초로 만들어진 것이다. 맥주는 이집트에서 처음 만들어졌고, 포도주는 중동 아시아 지역과 지중해 연안에서 처음으로 만들어진 것이다.

기원전 1천년 경부터 시작된 것으로 보이는 유럽 대륙으로의 전파는 바로 유럽 문명의 모태였던 발칸 반도의 그리스였다. '신주' 포도주를 전한 이들은 당시 지중해의 해상무역상이었던 페니키아인들이었으며, 지중해 무역에서 포도주가 주요 거래 품목이 되었던 것도 바로 이 시대부터였다고 볼 수 있다.

그리스 본토에서 경작되고 생산된 포도주에 대한 흔적은 여기저기서 쉽게 접할 수 있는데, 특히 오늘날도 전해오는 호메로스 서사시에서도 울리세(*Ulisse*)가 이딸까(*Italca*)에 있는 자신의 보물창고에서 금과 동, 직물과 올리브유뿐만 아니라 "감미로운 음료, 오래된 포도주와 병들을 바라보았다"라는 시구(오디세이아: 이탈리아어로는 *Ulisse*, 2장 340절)가 전해질만큼 포도주가 귀한 산물이었다는 것을 입증한다.

또한 영화나 그림 등에서 자주 보이는 장면의 하나가 그리스 시대 자주 열렸던 경연(흔히 심포지엄이라고 하는)에서 신들을 경외하고 찬

미하면서 연사들이 포도주 잔을 들고 이야기하거나, 주변에서 이를 듣는 남성들이 길게 누워서 포도주를 마시는 장면인데, 이는 이후 로마 시대에까지 이어지는 전통이 될 정도로 포도주 생산이 일반적이고 양적으로 증가했다는 사실을 어렵지 않게 유추할 수 있다.

역사가들이 추정하는 포도주의 본격적인 제조 시기는 지중해 연안에서는 B.C 4천년에서 B.C 3천년 경 사이일 것으로 보고 있다. 이후 B.C 1200년 경에 다시 페니키아인들이 그리스에 포도주를 전해 주었고, 이집트인들은 북부 아프리카 서안과 오늘날의 스페인 등으로 전파했으며, 그리스의 도리아인들이 그들의 식민지를 이탈리아에 세우기 시작한 B.C 700년에서 500년 사이에 이탈리아 본토에 포도주가 전해지고 제조되었다. 이후 그리스 본토의 이오니아인들이 시칠리아와 사르데냐의 이탈리아 섬들을 거쳐 프랑스 남부에 포도주를 소개한 것이 B.C 400년 경이며, 그리스로부터 얻은 포도주를 고대 로마인들과 에뜨루리아* 인들이 반도의 북부쪽으로 점차 넓혀가면서 B.C 226년에는 스페인, B.C 200년 경에는 프랑스에까지 도달하였고, 다시 프랑스로부터 영국에까지 전파된 것은 로마 황제 케사르가 갈리아와 영국 정복을 완성했던 무렵으로 B.C 58년에서 51년 경이었다.

독일에는 B.C 12년에서 9년에 걸쳐 전파되어, 오늘날 유럽의 주요 포도주 생산국들에 대한 포도주의 여행이 마무리된 것이다.

이들 유럽 국가들이 지리상의 발견의 시대를 거치면서, 스페인이 중

---

* 에뜨루리아인과 그 문명은 로마문명이 시작되기 전에 이탈리아 중남부 지방(오늘날의 로마냐 주에서부터 도스까나를 거쳐 라찌오주와 움브리아주 등)을 중심으로 융성했던 고대 문명으로, 오늘날까지도 수많은 문명의 흔적과 유물을 남기고 있다.

남미에 처음으로 포도주를 소개한 것은 콜롬부스가 아메리카 대륙을 '발견'했던 1492년이었다. 본격적으로 이들 영토를 식민지화했던 16세기 무렵에는 멕시코와 아르헨티나에서 본격적인 포도주 생산이 시작되었고, 다시 페루와 칠레 등의 중남미 전역으로 확산되었으며, 이후 18세기 초에 캘리포니아 남부로 포도주가 전파되었다.

프랑스는 17세기에 남아프리카 공화국에 포도주를 소개하였고, 영국은 프랑스와 함께 17세기에 북미 대륙 동부에 포도주를 전파하였다. 이렇게 전해진 포도주는 대륙을 횡단해 캘리포니아에 도달하여 18세기 무렵에는 본격적인 재배와 생산이 이루어졌다. 또한 영국은 18세기에 호주를 식민지로 삼으면서 호주 대륙에 포도주를 전파하였다. 이렇게 하여 오늘날과 같은 포도주의 지리적 생산지들이 거의 결정되었던 것이다.

그렇다면 포도주의 세계적 확산에 가장 큰 공헌을 했던 민족과 국가는 어느 시기의 누구였던가? 이는 포도주의 역사에서 당연히 중요성을 가지리라 생각할 수 있다. 역사적으로 추정할 수 있고, 또 여러 고고학적 유물들을 통해 평가하자면 포도주 전파와 확산에 가장 중요한 역할을 했던 시기와 민족은 당연히 고대 로마와 로마인들이다.

물론 이집트인들 역시 비교적 많은 유물과 흔적들을 남겼고, 포도주의 북방 전파에 커다란 공헌을 했지만, 폐쇄적이고 동방의 한쪽에 치우쳐 있던 지리적 한계로 북방으로의 전파에만 국한하여 공헌한 것으로 평가할 수 있다. 이탈리아 반도 내에서도 로마 이전에 화려한 문명을 꽃피웠던 에뜨루리아(*Etruria*) 문명이나, 반도의 동남쪽 해안과 시칠리아 등의 섬에 융성했던 그리스 식민도시들이 포도주의 확산과 기술발전에 커다란 공헌을 했다.

그러나 에뜨루리아인들의 왕국은 주로 천혜의 요새 형태를 띠고 있던 산과 구릉을 중심으로 건설되거나, 거대한 성이나 벽을 둘러 쌓아 건설하였다. 그리고 이 폐쇄성은 이들이 가지고 있던 우수한 문명에도 불구하고 보다 개방적이고 진취적인 문명을 가지고 있었던 로마로 아우러지게 되고, 결국은 로마에 정복당했기 때문에 로마 문명의 기반이 되는 자양분으로서 커다란 공헌을 했지만, 전세계적 전파와 공헌이라고 보기에는 다소 어려운 면이 있다. 다만 에뜨루리아 문명을 생각할 때, 포도주와 관련된 용기 등에서는 로마에 정복당한 뒤에도 로마가 그대로 받아들였을 정도로, 초기 로마시대의 도기나 유물의 많은 부분이 에뜨루리아식 용기의 형태를 띠고 있었다는 점은 포도주의 역사뿐만 아니라 유럽 역사에서도 간과될 수 없는 중요한 사실이다.

에뜨루리아 이외에도 남부 해안과 시칠리아 섬들에서 융성하였던 그리스 식민도시들 역시 이탈리아 반도 주변의 해상권을 장악하면서 주요 생산물이었던 포도주와 올리브 등의 곡물 교역과 전파에 상당한 기여를 하였다. 그러나 세계적인 차원에서의 포도주 확산이라는 면에서는 당연히 로마시대부터 그 기원을 시작하는 것이 바람직하다고 할 수 있다. 또한 오늘날까지 역사적인 흔적과 자료 및 관련 유물들, 그리고 제조기술까지 가장 많이 전해지는 시대 역시 로마의 그것들이라 할 수 있다.

따라서 이 책에서는 포도주의 기원과 역사에 대한 출발점을 로마시대에서부터 시작할 수밖에 없음을 미리 밝히며, 아울러 문헌적 한계로 여기에서 언급되는 역사 서술은 주로 그 기반이 고고학적 의미에서 당시로부터 남겨진 유물과 용기들을 중심으로 할 수밖에 없는 어려움을 미리 전한다.

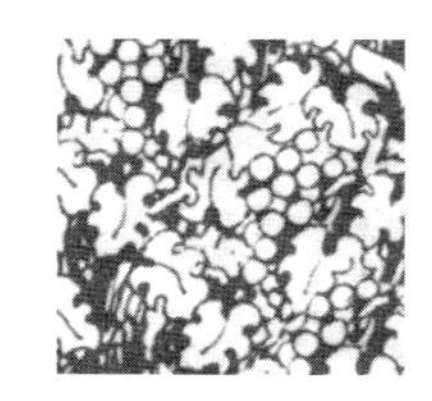

Vino

두 번째 이야기

고대 로마인들의 포도주 양조

역사적으로 어느 시대이건 한 국가의 기반 산업은 거의 농업이라 볼 수 있다. 로마 역시 그 기반이 되었던 산업은 농업이었다. 단지 이탈리아 반도의 기후적 특성인 지중해성 기후와, 평지보다는 구릉과 산악 지역이 대부분이었던 이 지역의 농업은 처음부터 한계를 지닐 수밖에 없었다.

더군다나 고대 로마의 출발이 테베레 강 유역이었고, 제국의 성장에 따른 영토 확장은 그에 비례한 농업 생산량의 증가를 감당하기에는 부족한 형편이었다. 따라서 양적 수요가 절대적이었던 곡물들은 주로 제국의 식민지와 변방에서 들여오게 되었고, 반도 내에서는 지형에 알맞고 보다 수익성이 높은 농업에 힘을 기울이게 된다.

로마시대에 가장 수익성이 높으면서 고도의 기술이 필요한 작물은 올리브와 포도였다. 두 작물 모두 비교적 일조량이 많고 건조한 지중해성 기후에 적합한 작물이었고, 평지보다는 배수가 잘 되고 햇볕을 잘 받을 수 있는 구릉이나 산악 지형에 적합했기 때문에 이탈리아 반도야말로 최적의 조건을 갖춘 곳이었다.

다행히 로마제국은 실용적인 문명이 발달한 덕택에 고도의 기술이 요구되었던 포도 농사 분야에서도 탁월한 기술을 발달시켰고, 하나의 제국이나 국가가 발전하는데 가장 중요한 요소의 하나인 도로 건설에 뛰어난 재능을 보였으며, 이를 기반으로 포도의 재배지 확산이나 전파에 큰 공헌을 하였다.

또 이와 같은 실용적이고 기술적인 측면에서의 문명의 발달은 포도 재배나 포도주 양조 기술에서도 뛰어난 역량을 보일 수 있는 기반이 되었으며, 당시 이용하였던 몇몇 기술들은 오늘날까지도 적용되는 것이 있을 정도로 그 수준이 뛰어난 것이었다.

그렇다면 실제로 로마제국에서 시행하였고 발전시켰던 포도주 양조 기술과 그에 따른 역사적 사실들로 거슬러 올라가 보자. 로마 시대에 가장 민중적이고 전(全) 제국적인 행사가 포도 수확과, 이에 따른 포도주 양조를 위한 첫 절차 벤뎀미아(*Vendemmia*)*가 행해지는 날이었다는 사실은 로마시대 포도주 양조가 얼마나 큰 국가적 행사였고 중요한 것이었던가를 단적으로 증명해 주고 있다.

농업의 신 테르미나(*Termina*) 여신을 앞세우고 거행되는 이 날의 제례의식은 로마 시민들에게는 가장 큰 전통적 행사였다.

로마인들은 포도주 양조에 대해 엄격하고 과학적인 규칙과 절차를 가지고 있었다. 포도 묘목에 대한 경작기술, 여신 뿌따(*Dea Puta*)**가 관장한다고 하는 포도 묘목의 이식 절차, 포도의 조기 수확을 막기 위

---

* 보통 포도를 수확하여 처음으로 포도주 양조를 위해 시행했던 절차의 이탈리아어이다. 수확한 포도송이를 커다란 용기에 모아 선발된 이들이 맨발이나 몸으로 으깨는 작업을 일컫는다.

** 로마 신화에 나오는 여신으로, 농작물이나 포도 등의 경작과 관련된 일정을 관장한다.

한 벤뎀미아의 시작에 대한 공고, 상처난 발로 포도를 으깨는 행위 금지, 첫 번째의 자연적이고 의식적인 절차가 아닌 1차 압착에서 남겨진 건더기를 가지고 두 번째로 얻어진 포도주를 종교의식에 사용하는 것의 금지, '포도주 개봉일'*인 4월 23일 이전에 포도주의 시음과 판매 금지 등 비교적 엄격한 절차와 관습들이 지켜졌다.

그러면 이제 고대 로마인들이 어떻게 벤뎀미아 절차를 행했는지 살펴보도록 하자. 먼저 농부들은 벤뎀미아의 공고 이후 잘 익은 포도송이를 골라 커다란 용기에 담는다. 여기서 벌레가 많고 상태가 좋지 않은 포도송이들은 따로 분리되어 노예들의 포도주 제조를 위해 사용하였다.

이렇게 분류된 포도송이는 가는 가지로 엮어서 만든 바구니에 담겨진 뒤 다시 커다란 용기나 운반용 수레에 옮겨지고, 이는 압착작업과 추출작업을 하게 되는 농원으로 운반된다.

수확량이 적은 농지나 소규모 포도밭 소유자들은 이같은 작업을 같은 장소에서 행하며, 이때 수분을 제거하고 추출작업을 하여 바로 마실 수 있는 포도주를 얻기도 한다.

한 가지 재미있는 사실은 이와 같은 포도과즙 추출작업은 당시 하나의 종교의식이나 축제의 일환으로, 신성하면서도 즐거운 분위기에서 행해진 고대 농경행사였다는 점이다. 즉 주신인 바쿠스에게 경배하기 위해 일정한 의식을 통해 이같은 작업을 수행함과 동시에, 남녀가 함

* 고대 로마시대부터 지켜오던 관습이자 축제의 하나로, 보통 4월 23일이 된다. 이는 포도주 양조 이후 일정 기간의 숙성을 꼭 지킴으로써 국가 차원에서 질적 통제를 기하고자 했던 정책으로 생각할 수 있다.

께 어깨를 맞잡고 어울려 춤을 추면서 포도송이를 으깨는 모습은 생각만 해도 즐거운 축제를 연상시키는 광경이었을 것이다.

그러나 대량의 포도주를 생산하는 큰 농장에서는 이러한 작업이 '깔까또리움(*calcatorium*)' 이라고 하는 커다란 석조 용기—한국의 대중목욕탕의 탕 모습을 생각하면 이해가 빠를 것이다—에서 벤뎀미아가 행해졌다. 용기의 반 정도 깊이에 석대로 판을 만들어 그 위에서 포도송이를 으깨고, 여기서 발생한 과즙은 석대 밑으로 흘러 들어가고, 그 과즙은 다시 용기 하단부의 양편으로 나 있는 가열된 얇은 관을 통해 여과되면서 경사법으로 자연스럽게 다른 용기에 담겨지는 것이다.

이렇게 하여 얻어진 포도주 원액은 돌리아(*dolia*)라고 하는 구워 만

고대 로마시대의 돌리아

든 커다란 토기 항아리와 같은 형태의 용기—보통 입이 넓게 터져 있다—에 담고, 이 용기를 4분의 3 정도 땅에 묻은 상태에서 발효시켜 일정 기간이 경과한 후 포도주를 얻게 된다.

이상이 일반적으로 고대 로마인들이 사용했던 벤뎀미아 방법이었다. 2500년이라는 시차에도 불구하고 당시의 과즙—이탈리아어로 흔히 모스또(*mosto*)라고 한다—제조기술 중에는 현재까지 응용되어 적용될 만큼 앞선 기술들이 있었는데, 그것은 다음과 같은 것들이다.

압착작업 전에 포도송이를 시들게 하여 빠시띠(*passiti*)*를 얻는 방법을 적용했던 것, 발효를 촉진하기 위해 열을 가하는 방법을 알고 있었던 점, 그리고 오늘날 식전에 마시는 포도주처럼 달고 발포성이 많은 포도주나 알코올 도수가 높은 포도주를 양조할 줄 알았다는 사실 등이다.

이는 그저 자연적 산물에 불과했던 포도라는 과일을 인간의 의지와 노력으로 새로운 형태로서 포도주를 생산하였다는 사실을 의미하기 때문에 문화적 측면에서 포도주가 중요한 역할을 차지하고 있다는 역사적 근거가 될 수 있는 것이다.

이러한 포도주 중에는 우리의 관심을 끌기에 충분한 것들이 있는데, 먼저 알코올 도수가 높은 포도주는 다음과 같이 양조되었다. 발효 과정을 통해 과즙의 수분 양을 줄이면서 시럽과 같은 형태로 만든 뒤, 다시 과즙에 있는 당분 함량을 증가시켜 당과 포도 내의 한 성분이 결합하는 방식으로 알코올 도수가 높아지도록 만들었다.

그 중에서 뽀뜨로뿜(*potropum*)이라는 포도주는 매우 달고 발포성이

---

* 북부 이탈리아, 특히 삐에몬떼 주를 중심으로 사용되는 앱티타이저용 또는 후식용 술 중에서 약간 알코올 도수가 높은 술을 총칭하여 부르는 말.

활발했다. 이 포도주는 1차로 얻어진 과즙을 다시 적절한 크기의 용기에 담아 찬 우물물에 담가서 자연상태의 발효과정을 억제하는 방법으로 양조하였는데, 보통 식전에 마시는 포도주였다고 할 수 있다.

이밖에도 당시 일반적으로 애용되던 포도주로 물숨(*mulsum*)이라는 것이 있었다.

이것은 포도의 눈(포도 송이가 가지에 연결되어 있는 부분을 말함)을 통해 꿀을 흘러 들어가게 하여 포도의 당분 함유량을 늘려서 약 18도 정도의 알코올 도수를 지니도록 하여 보다 단맛이 나는(보통 10% 정도의 당분을 함유한) 포도주로 제조하였다.

이와 같은 포도주는 현재 이야기되는 포도주 중에서 전채—이탈리아어로는 안띠빠스따(*antipasta*)라고 하며, 미각을 돋우기 위해 먹는 요리를 총칭하는 말—요리에 어울리는 고급 포도주에 해당하는 것으로, 보다 기술적인 양조과정이 필요한 것도 있었다.

현대에는 이런 타입의 포도주들은 보통 약간 신맛이 나는 것들이 선호되지만, 로마시대에는 달고 도수가 높은 종류의 포도주들이 전채 요리에 어울리는 것으로 선호되었다.

한 가지 재미있는 사실은 오늘날 버마우스(*vermouth*)*와 비슷한 포도주가 당시에도 존재했다는 것이다. 비눔 압신띠아뚬(*Vinum absintiatum*)이라고 불렸던 이 포도주는 식욕을 돋우는 포도주의 한 종류로 알려져 있다.

이외에도 로마인들은 알코올 도수가 높은 포도주나 향이 강한 포도

* 삐에몬떼 지방에서 나는 포도주류로, 달면서 도수가 높다.

주를 제조하는 방법을 알고 있었을 뿐만 아니라, 솔가루, 화초, 또는 풀뿌리, 향목 등을 첨가하여 색다른 맛을 내는 특이한 포도주의 양조법도 알고 있었다.

이제 다시 포도주를 숙성시키기 위해 처음으로 용기에 담는 과정으로 돌아가 보도록 하자. 돌리아는 포도주를 숙성시키는 거대한 항아리와 비슷한 용기로, 오늘날 가공 처리한 포도주를 저장하는 보떼(*botte*)라고 하는 거대한 요크 통과 비슷하다고 볼 수 있다.

이 용기는 다른 포도주 관련 용기들과는 달리 뚜껑에 열을 가한 뒤 따뜻한 온도를 유지한 채 밀폐하여 포도주를 보관하였다. 한 가지 특이한 것은 악천후나 재난으로 상판의 뚜껑이 파손되는 경우에 대비하여 상단부에 제 2의 뚜껑이 3개의 지지대에 의해 받쳐진 상태에서 동일한 방법으로 부착되었다는 점이다.

또 만약 포도주가 혼탁한 상태로 걸러지면, 고대 로마인들은 신선한 우유와 달걀의 흰자를 모아 눈에 섞은 다음 이 액체에 포도주를 통과시켜 맑고 순수하게 정화시켰다.

이 때에는 불가피하게 처음의 돌리아에서 포도주를 꺼내어 다시 제 2의 돌리아로 옮겨지게 되고, 여기서 4월의 '포도주 개봉일'까지 지내게 된다. 이는 고대 로마인들이 최상의 포도주 양조를 위해 여러 공정에서 세심한 주의를 기울이고, 각각의 절차마다 포도주를 최상의 상태로 유지하기 위한 대비책과 보호방법을 적용하였다는 것을 반증한다.

물론 이와 같이 세심하게 주의하여 양조되는 포도주는 보통 귀족들이나 왕족 및 상류층에 국한되었다. 일반 시민이나 하층민을 위해 양조되는 포도주는 이와 같은 세심한 주의나 공정이 요하지 않았으며, 제 2의 용기에 옮겨 숙성시킨다거나 하는 것도 무시되었다. 그러나 당시에 진행된 공정에 비추어 보면 포도주의 색은 오늘날과 같이 다양하지는 않았을 것이며, 당연히 오늘날과 같이 여러 종류의 등급과 질을 가진 포도주 역시 존재하지 않았을 것임이 분명하다.*

어쨌든 이와 같은 절차에 의해 양조된 포도주는 앞에서 언급한대로 이듬해 4월 23일에 개봉되어 '비날리아(*vinaglia*)'라고 하는 축제를 열었다. 여기에서는 당연히 신에게 바치는 의례가 뒤따랐고, 참가자들에게 시음의 기회가 베풀어졌다. 이미 생명의 주기가 다한 포도주들은 일반 군인들이나 노예들, 또는 로마시의 빈민가—수바라(*Subarra*)라고 했던 구역—의 간이음식점들에 넘겨졌다.

돌리아에서 꺼낸 포도주를 직접 이를 마시고자 하는 이들에게 제공되지 않았음은 당연했을 것이다. 보통 이와 같은 세심한 양조과정을 거쳐 제조된 포도주들은 세리아에(*seriae*) 또는 세리올라에(*seriolae*)라고 하는 중간 용기에 담겨졌는데, 그 형태는 좌우 이중의 손잡이가 달려 있고, 마루 속에 넣어지는 부분은 가늘고 긴 윤형이나 나무의 가지 모양을 하고 있는 것이 일반적이었다.

---

* 당시 포도주 관련 용어들을 현재 남아있는 라틴어 문헌을 통해 원어 그대로 살펴보면 다음과 같다 : *dulce*(둘체)—*suave*(수아베)—*nobile*(노빌레)—*pretiosum*(쁘레띠오줌)—*molle*(몰레)—*lene*(레네)—*tenue*(떼누에)—*laeve*(라에베)-*imbecille*(임베칠레)—*fugiens*(푸지엔스)—*forte*(포르떼)—*solidum*(솔리둠)—*consistens*(꼰시스뗀스)—*firmum*(피르뭄)—*validum*(발리둠)—*austerum*(아우스떼룸)—*severum*(세베룸)—*durum*(두룸)—*asperum*(아스뻬룸)—*acre*(아끄레)—*acutum*(아끄뚬)—*ardens*(아르덴스)—*indomitum*(인도미뚬)—*generosum*(제네로숨)—*pingue*(삔구에)—*crassum*(끄라숨)—*sordidum*(소르디둠)—*vile*(빌레) 등등. 『포도주 양조의 역사(*Storia dell'enologia*)』, *Martini & Rossi spa*, 또리노 : 마티니 박물관, 1995, p. 14.

고대 로마시대의 세리아에와 세리올라에

이들 용기는 모두 안쪽에 방수처리를 한 것으로, 오늘날 배럴이라고 하는 50리터 용량의 요크로 만든 용기와 비슷한 기능을 하였다. 포도주 양조 농가들은 고대 로마식 도기제조용 화로에서 구운 도기를 이 용기로 선호했는데, 많은 양이 수출되기도 하였다. 오늘날에도 지중해 바다 속에서는 난파선들에서 이들 용기의 잔해가 많이 발견되는데, 이로 미루어 로마의 포도주가 속지나 식민지 등으로 많이 수출되었다는 사실을 알 수 있다.

가을에 포도를 수확하여 술을 담은 뒤 4월 23일에 처음으로 시음하는 포도주가 고대 로마의 보편적인 포도주였지만, 오늘날과 같이 오래 숙성될수록 맛이 나는 포도주들도 적지 않게 존재했다.

그렇다면 이러한 포도주 숙성방법은 현재의 시점에서도 상당히 흥미로운 과정이라고 볼 수 있는데, 오늘날처럼 파스퇴르 공법이 존재하지도 않았던 당시의 여건에 비추어보면 식품 가공을 위한 발효기술에서 로마인들은 우수한 능력을 지녔다고 볼 수 있다.

포도주는 다른 생명체들과 마찬가지로 계속해서 진화하며, 일정한 생명주기를 가진 '살아있는' 식품이다. 따라서 탄생과 성장 및 발전, 그리고 퇴락과 소멸이라는 자연의 생명법칙을 그대로 지닌 식품인 것이다. 제대로 숙성되지 않은 유년기의 미숙한 포도주 맛은 산(酸)이 많아 시고, 알맞게 숙성된 장년기의 포도주 맛은 향기롭고 좋으며, 늙어 시들어 가는 노년기에는 향이 소실되면서 쓴맛이 나는 것이 특징이다.

따라서 포도주를 제조한다는 것은 포도주의 일생을 처음부터 지켜보면서 그 성장과 도약 및 흥망성쇠를 함께 하는 것이라고 감히 이야기할 수 있을 것이다.

그러면 이제부터 이들의 일생을 로마인들은 어떻게 지켜보았는지 살펴보기로 하자. 공화정 로마시대에 일정한 공정을 거쳐 제조된 포도주들은 여러 가지 방법과 절차에 따라 오랜 기간 숙성할 수 있도록 과정을 밟게 된다.

돌리아에서 옮겨진 포도주는 다시 안포라(*anfora*)라고 하는 용기에 나뉘어 보관되는데, 이 용기는 항아리 형태의 도기와 같이 제

고대 로마시대의 안포라

작된 것으로 보통 유선형의 라인에 26리터 가량의 포도주를 담을 수 있다. 그리고 그 용적은 오늘날의 33리터 용량의 배럴에 해당한다고 볼 수 있다. 안포라는 보통 내벽에 솔가루와 유황, 꽃가루, 꿀 등을 섞은 물질을 칠하여 방수효과와 함께 방향 효과를 내었다.

생명주기가 1년 미만인 젊은 포도주들이 여기에 담겨 저장되었다. 용기의 입은 코르크나 도기로 제작한 뚜껑으로 밀봉하였으며, 외벽에는 포도주 제조 원산지와 날짜 및 당시 집정관의 이름과 통치년도 등이 새겨졌다. 이는 오늘날 각국에서 행해지고 있는 품질보증제도와 비슷한 것이며, 병의 외부에 부착되는 '에티켓'으로 생각하면 될 것이다.

이렇게 포장된 포도주는 이 때부터 숙성에 들어가게 된다. B.C 100년 경까지는 보통 자연적인 상태의 발효방법, 즉 일정한 장소에서 일정한 시간 경과를 단순히 지켜보는 방법이 일반적이었지만, B.C 100년이 경과하면서 고대 로마인들은 자연적인 발효보다 시간을 앞당기는 발전된 방법을 발견했다.

목욕탕에서 뿜어져 나오는 연기나 부엌 화로에서 올라오는 열기에 포도주가 저장된 용기들을 접촉시키면 포도주의 숙성이 앞당겨지고 더욱 좋은 맛을 낸다는 사실을 우연찮게 발견했던 로마인들은, 이를 응용하여 포도주 숙성실을 부엌 화로 위나 목욕탕 위에 설치함으로써 열기나 연기를 이용하여 포도주를 숙성시켰다. 이는 뜨거운 열이 포도주의 화학작용을 가속화시켜 발효기간을 짧게 한다는 사실을 이미 알고 있었다는 의미이다.

이렇게 열이 가해진 포도주는 1년 정도의 젊은 포도주였음에도 단기간에 오래 숙성된 포도주처럼 되었던 것이다. 당시에는 자연적인 방식으로 숙성시켰으므로 오래 숙성된 효과를 내면서도 좋은 맛을 내는 포도주를 찾아보기가 어려웠다. 그러므로 이 숙성법은 주로 귀족이나 상류계층들을 위하여 사용되었으며, 현대식 숙성과정의 발전에도 중요한 계기를 제공하는 커다란 공헌이었다.

자연적인 방법으로 숙성된 포도주를 찾아보기 힘들었던 당시의 상황에 비추어보면 애주가나 미식가들에게 환영받았음은 당연한 일이었다. 그러나 이러한 방법으로 얻어진 포도주 모두가 최상의 품질의 포도주가 되지 않았음은 어렵지 않게 상상할 수 있는데, 이 경우 향이 좋지 않거나 원하는 수준에까지 이르지 않았을 경우에는 곧바로 폐기시켰다고 전해진다.

당시 이와 같은 방법으로 숙성시키는데 적합했던 포도주들은 깔레노(*Caleno*), 포르미아노(*Formiano*), 체꾸보(*Cecubo*), 까우치노(*Caucino*), 파우스띠노(*Faustino*), 팔레르노(*Falerno*) 등이었고, 제국의 말기에는 세띠노(*Setino*)와 푼다노(*Fundano*)도 인위적으로 숙성시키기에 알맞은 종류였다고 전해진다.

보통 이들의 숙성기간은 20년에서 25년 사이였지만, 기록에 의하면 633년 우르베(*Urbe*)*에서 제조한 팔레르노의 한 종류는 100년이 경과한 뒤에도 그 맛이 좋았다고 전해진다.

안포라 이외에 포도주를 숙성시키기 위해 사용하였던 용기로 우르나(*urna*)와 까둠(*cadum*), 레제나(*legena*)라는 것이 있었다. 우르나는 용량이 13.13리터였으며, 그리스 포도주를 주로 담았던 까둠은 39.39

---

* 고대 로마 시대의 도시 이름으로, 로마와 가까운 곳에 위치하였다. (앞의 책, p. 16)

리터의 용량을 가졌고, 레제나는 이보다는 적은 용량의 통으로 전해진다.

이 용기들은 안포라와 비슷한 모양으로 제작되었으며, 저장 목적 외에 수송이나 이동시에도 주로 사용되었다. 용기의 몸통 부분은 실린더형으로 운반시 굴리기에 적합했으며, 밑 부분의 원형 모양은 선창이나 창고에 겹겹이 쌓기에 편리한 형태를 하고 있었다.

이 중에서 레제나는 특히 소형이라는 특성 때문에 주로 식당 주실(酒室)의 저장용 용기로 많이 사용되었다. 또한 운반 중에 발생할 수 있는 파손의 위험 혹은 온도 상승을 막기 위해 보호막이나 충격 완화대 등의 기능을 하도록 외부에 3중의 편물을 대거나 밀짚 등의 물질로 감싸기도 하였다.

또한 현대식 방법들과 비교할 때 놀라운 사실은 당시에도 얇은 오일층으로 포도주를 보호했다는 점이다. 이는 온도 변화에 민감한 포도주의 특성 때문에 운반이나 이동 시에 고유의 품질을 지키기 위한 노력의 일환으로 오늘날에도 가끔 사용되는 방법이다. 특히 많은 양을 한꺼번에 이동시켜야 했던 육상운송 시에는 돼지나 기타 다른 동물들의 지방질 표피로 피막을 쌓아 포도주의 보관장소와 환경변화에 기인하는 변질을 최소화시켰다.

이에 반해 당시 중부 유럽에서는 육상운송에서건 해상운송에서건 목재로 만든 통 — 흔히 보떼(*botte*) 또는 보띠첼레(*botticelle*)라고 함 — 을 사용하였다. 포도주 애호가들은 여행을 하거나 오랜 기간 집을 떠나는 경우 운송에 간편한 도자기 형태의 수동(흔히 물관이라고 하는)이나 피아스꼬(*fiasco*)*병, 또는 자루형 용기 등을 사용하였다.

이 용기들은 대개 초기 로마시대부터 도자기 형태로 제작된 것이 많았으며, 에뜨루리아 문명의 흔적이 남아있는 것이 많았다. 색조는 전체적으로 붉은 색을 띠며, 그림이나 문양은 기하학적으로 새기거나 검은색으로 부조하는 형태의 것들이 많이 발견된다. 앞에서 언급한 우르나, 까둠, 레제나 등과 비슷한 모양이었으며, 그리스어로는 아스코이(*askoi*)라고 하였다.

---

* 밀대나 짚 등으로 병 길이의 반이나 3분의 2 정도를 둘러싸는 것으로, 충격이나 파손을 감소시키기 위하여 제조된 또스까나 지방의 전형적 포도주 병의 하나이다.

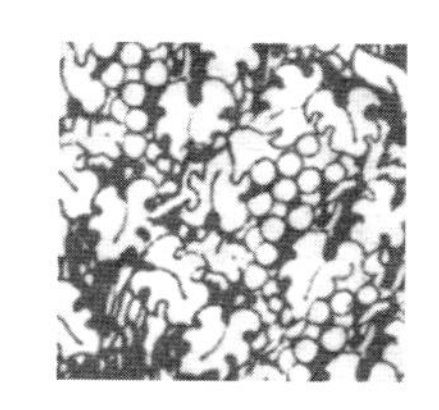

Vino

세 번째 이야기

향연에 쓰여진 포도주와 용기들

가끔 로마시대를 배경으로 한 영화 속에서 노예들이 술이 담긴 통을 머리에 이고 일렬로 성찬이 벌어지는 장엄한 홀이나 방으로 들어가는 장면들을 볼 수 있을 것이다.

수확과 숙성을 거쳐 양조된 포도주들이 로마시대에 어떻게 제공되었는지를 아주 잘 표현하고 있는 이와 같은 영화 속의 장면들은 실제로 당시 귀족들의 만찬 모습을 거의 그대로 재현하고 있다.

이 때 사용되는 용기는 안포라의 일종으로 2개의 곡선형 손잡이가 달려 있고, 밑 부분에 넓은 받침이 있어 세울 수 있게 한 형태들이 대부분이었다. 당시 안포라 중에서 특이한 것은 레체(*Lecce*)의 귀족들이 사용했던 뜨로젤라(*trozzella*)라고 부르던 용기로, 안포라보다 크기가 작으면서 두 부분으로 분할된 손잡이가 달려 있으며, 외부는 여러 문양으로 장식하고 밑 부분은 고정하지 않은 형태였다.

이렇게 이고 들어온 포도주들은 바로 잔에 따라지는 것이 아니라 보통은 중간 용기에 다시 옮겨졌다. 끄라떼리(*Crateri*)라고 명명했던 이 용기들은 앞에서 설명한 용기들보다 훨씬 다양한 크기와 형태를 보이고 있었으며, 공통적으로 주둥이 부분이 넓다는 특징을 보인다.

주둥이 부분이 더 작은 형태는 스땀노이(*stamnoi*)라고 불렀는데, 두 종류 모두 디아노스(*dianos*)라고 하는 고대 그리스 풍의 용기에서 유래되었다. 디아노스는 반원의 형태를 띠고 요추형의 받침에 얹혀질 수 있도록 만들어졌다.

B.C 5세기 경에 제작된 끄라떼리

한 가지 여기서 흥미로운 것은 끄라떼리 안에는 어느 정도의 물이 담겨져 있었다는 사실이다. 실제로 당시 향연이나 성찬시 사용되는 포도주에 물을 섞는 것이 일반적이었는데, 노쇠기까지 포도주를 숙성시키는 관습은 포도주 자체가 약간 쓴맛을 띠게 하는 원인이 되었기에 이를 물로서 희석시키고자 함이었다. 오늘날 일부 이태리 남부 지역에서 제조되는 거친 포도주들은 고대 로마시대부터 시작하였던 이와 같은 물타기를 행하고 있으며, 또스까나 주에서 여름에 시원한 물을 타 음료수처럼 마시는 습관도 이와 비슷한 전통이라 할 수 있다.

또한 알코올 도수가 지나치게 높은 포도주들에도 이러한 물타기가 행해졌다. 물을 타는 정도는 다양한 요소들에 의해 결정되었지만, 무엇보다 향연에 참석한 이들의 주량에 따르는 것이 일반적이었다.

당시의 성대한 향연에서는 대개 술 마시는 정도를 조정하는 '심판관'이 선출되었는데, 심판관은 마지막까지 취하지 않은 상태로 남아야 할 의무를 지며, 향연이 사고없이 무사히 끝날 수 있도록 포도주에 첨가해야 할 물의 양을 결정했다.

초기에는 경연이나 축제에서 이와 같은 절제된 음주 방식과 정도가 지켜지게 되지만, 이후 심판관 선출 방식이 바뀌게 되는데, 참석자 중에서 가장 절제할 줄 알고 취하지 않는 이를 투표에 의해 선출하던 방식에서 무작위 주사위로 결정하는 방식으로 바뀌었던 것이다. 즉, 로마시대 말기로 오면서 향연이나 성찬이 초기의 절제되고 이성적인 성격에서 제국의 타락만큼이나 비이성적인 모습으로 변모했다는 사실을 간접적으로 볼 수 있는 것이다.

이와 같은 향연이나 축제에서 특별한 포도주를 선호하는 세련된 미식가들이 있을 경우, 또는 좀 특별한 향연일 때 손님들에게는 아주 특이한 포도주가 제공되었다고 전해진다. 오늘날에는 술의 종류도 다양하고, 특히 서양에는 칵테일 문화가 있다는 것을 생각하면 이해하기 쉬울 것이다.

고대 로마의 특이한 포도주 제공방식에는 다음과 같은 것들이 있었다. 먼저 반원형의 커다란 용기에 포도주를 담은 뒤, 그보다 작은 그릇에 얼음 덩어리나 차가운 물을 담아 그 위에 띄움으로써 포도주를 신선하고 차가운 상태에서 마실 수 있게 하였다. 포도주를 신선하게 하는 것은 이외에도 다른 방법이 있었다. 끄라떼리 안에 직접 얼음을 띄우거나 포도주를 얼음 속으로 통과시켜 차게 하는 방법 등이 그것이다. 특히 후자는 포도주를 순화시키기 위한 목적으로도 자주 사용했은데, 얼음 속에 필터와 같은 물건을 넣기도 했다.

보다 짙은 향기의 포도주나 특이한 향의 포도주를 원하는 이들은 적당한 용기에 미세하게 구멍이 나 있는 망을 걸치고, 여기에 향료나 향기를 발하는 조각들을 넣고 포도주를 통과시켜 포도주에 향기가 직접 묻어날 수 있게 하였다.

끄라떼리에 담긴 포도주를 마시는 용기는 아니고 잔으로 부어가는 단계 이전에 포도주를 담아두는 중간 용기들이 있었는데, 이를 총칭하여 아띤지또이(*attingitoi*)라 했다.

이 중간 그릇들은 오늘날의 술병이나 까라파(*caraffa*)*라고 하는 술그릇에 해당하는 것으로, 고대 로마인들은 이를 뽈칠라또레스(*pocil*

고대 로마시대의 아띤지또이

B.C 5세기 경에 제작된 오니노꼬에

latores)라고 하였으며, 이는 다시 심뿔룸(*simpulum*), 치아뚜스(*cyathus*), 올뻬(*olpe*), 오니노꼬에(*oinochoe*) 4가지로 구분되었다.

심뿔룸은 국자와 비슷한데, 긴 손잡이가 달려 있고, 바닥이 깊은 끄라떼리의 밑바닥까지 닿을 수 있도록 고안되었다. 손잡이 윗 부분에 장식용 선이나 문양 등을 새겨 놓기도 했지만 곧 폐기되었는데, 이는 형태 자체가 원시적이었고, 귀족들의 향연이나 성찬을 빛낼 만큼 가치 있는 것으로 평가되지 않았기 때문이었다.

치아뚜스는 손가락이 포도주에 젖지 않도록 하면서 잔에 따를 수 있게 해주는 용기로, 보통은 손잡이가 달린 큰잔의 형태를 띠고 있다.

올뻬는 우리가 사용하는 포도주용 까라파에 가장 비슷한 것이라 할 수 있다. 그리고 오이노꼬에는 올뻬에서 발전된 것으로, 잔 주둥이 가장자리가 삼각 모양을 하고 있는 점이 올뻬와 다르다.

그러면 이들 중간 용기들로부터 따라 마시는데 필요한 잔들에 대해 살펴보기로 하자.

잔 — 이탈리아어로 깔리체(*calice*)라고 한다 — 은 포도주의 역사에서뿐만 아니라 인류 문명사를 이야기할 때 가장 중요하게 취급되는 도구의 하나인데, 잔의 발명 이후 인간의 식문화는 한 차원 높게 발전하였다는 것이 역사가들의 공통된 견해이다. 따라서 잔에 대한 설명은 포도주 발달사에서 뿐만 아니라 로마시대의 문명이 얼마나 화려하고 발전된 것인가를 가늠해 볼 수 있는 매개체인 것이다.

---

* 까라파는 오늘날 주로 두 가지 용도로 사용되는데, 하나는 오래 숙성된 포도주를 병에서 꺼내 담는 중간 용기로서의 기능이고, 다른 하나는 저장용 용기나 병에서 직접 담아 잔에 따르기 전에 사용하는 용기로서의 기능이다. 따라서 까라파의 모양도 평범한 형태에서부터 호리병처럼 입구가 좁고 길면서 아래는 타원형의 불룩한 형태까지 다양하다.

고대인들은 물을 마실 때 손을 이용했다. 손을 동그랗게 모은 상태에서 물을 담아 갈증을 해소했던 것이다. 이후 손이라는 신체의 한 부분을 대신할 용기의 필요성이 대두하고, 결국 이 용기를 고안하였다는 사실은 문명 진보에 있어 중요한 계기가 된다.

원시시대에는 조그마한 손잡이가 달린 종지가 주로 사용되었는데, 이것은 물이나 우유, 꿀 등의 액체를 담는데 이용하였으며, 불을 저장하거나 옮기는데도 여기에 담았으니 오늘날의 등잔과 같이 사용했던 것으로 보여진다. 요리용 등 특정 목적을 가진 용기라기보다는 다용도 그릇이라고 할 수 있었다.

그러나 신(神)의 음료라는 포도주의 등장은 인간으로 하여금 이에 적합한 새로운 용기를 고안하게끔 하였다. 이렇게 하여 더 이상 요리에 사용되지 않으면서 포도주를 마시는 데에만 이용되는 유일 목적의 용기가 발명되기에 이르렀고, 이를 이탈리아어로 깔리체라고 부르는 것이다.

이와 같은 잔의 존재는 당연히 고고학적 발굴과 함께 시작되었고, 발굴된 잔의 형태와 크기, 다양성 등을 고려할 때 당시 포도주 양조법이 어느 정도 발달했는가를 가늠해 볼 수 있다. 특히 포도는 현대에도 모종과 경작이 가장 어려운 작물의 하나로 여겨지고 있으므로 포도 농업과 포도주 양조업이 당시 높은 수준에서 성행했다는 사실을 간접적으로 유추할 수 있는 것이다.

따라서 잔의 존재와 이의 발전 형태는 어느 시대이건 당시의 기술적 수준과 문명의 발달 정도를 가늠할 수 있는 척도로 이용되기도 한다.

고고학에서 최초로 명확하게 확인된 잔은 에게 문명*을 통해서였다.

B.C 1500년과 1000년 사이의 유물로 추정되는 이 시대의 대표적인 잔은 은이나 금으로 세공된 높은 대 위에 원추형 모양을 가진 반원형 잔들이었다. 미케네의 한 신전 광장의 발굴에서 여러 형태의 잔들이 모습을 드러냈는데, 그중에서도 정교함과 화려함으로 세인의 이목을 집중시켰던 것은 금으로 만든 잔이었다. 원통을 절단한 것같은 원추형의 잔으로 두 개의 윤형 손잡이가 달려 있으며, 이 손잡이는 원반형의 잔 밑바닥과 수직으로 만나는 형태를 취하고 있다.

이러한 디자인을 약간 변형시켜 만든 컵 모양의 잔과 칸따로스(*kantharos*)라고 하는 잔이 고대 그리스 · 로마 시대에 전반적으로 사용되었다. 특히 칸따로스는 바쿠스 신에게 바쳐졌던 의식용 잔이었다고 전해진다. 이와 다른 형태의 킬릭스(*kylix*)라는 잔이 있는데, 호리호리한 다리 위에 주둥이가 넓은 형태를 한 것이었다. 여기에는 헤라클레스가 즐겨 사용했다고 전해지는 스키포스(*skyphos*)와, 그리스 잔인 코틸레(*kotyle*)가 있다. 스키포스는 속이 깊은 것으로 현대식 잔의 모

B.C 540~520년에 제작된 킬릭스

* 기원전 1500년 경 미케네, 티린스, 크레타 섬이 중심이 된 고대 지중해 문명으로, 트로이와 미케네의 크노소스 궁전이 발굴되면서 세상에 그 모습을 드러냈다. 그리스 문명의 기반이 된 위대한 고대 문명이다.

태와 같이 몸통을 지탱하는 다리가 없고, 수평의 작은 윤형 손잡이만이 있었다. 그리스의 코틸레는 수평의 손잡이만 달려 있었는데, 그다지 널리 사용되지는 않았던 것으로 보인다.

현대의 잔과 비슷한 단형 손잡이만 달린 형태의 잔들은 로마에서 제작되어 많이 사용되었다. 뽀꿀룸(*poculum*)이라고 하는 것은 B.C 900년 이후부터 500년 사이에 제작되었는데, 로마시대 술과 관련된 용기들 중에서 소박하지만 가장 경제적인 형태였다. 이런 이유로 인해 북방 이민족의 침입기와 중세를 거쳐 오늘날까지 이 잔 형태는 살아남을 수 있었다.

동물의 머리 형태를 변형시켜 만든 리똔(*rhyton*)도 언급할 만한 가치가 있는 종류인데, 소뿔 모양의 형태가 가장 전형적인 모습이다.

또 마스또스(*mastos*)라고 하는 잔은 마담 뽕빠이두(*Madame Pompadour*) 전성기에 여왕 자신의 유방을 본떠 만들어 사용했다는 전설이 전해진다. 칸따리(*kanthari*)라고 하는 잔은 양면에 인간의 모습을 조각한 것으로 B.C 4세기 이후 가장 보편적인 형태였다. 이것은, 잔 이외에

B.C 4세기 경 제작된 리똔

조그마한 그릇이나 종지, 컵 등에서도 볼 수 있었지만, 아직까지 정확한 사용 목적이 밝혀지지 않고 있다.

이제 로마시대에 향연용으로 사용했던 잔과 용기들에 대하여 좀더 자세히 알아보도록 하겠다.

고대부터 잔들은 귀금속 혹은 토기로 제작 생산되었다. 초기 금속의 희귀성 때문에 대량생산은 매우 제한적일 수밖에 없었지만, 로마시대 이후 제국의 성장에 따라 금속제 잔에 대한 수요도 기하급수적으로 증대하게 되었고, 따라서 이러한 수요로 인해 대량생산이 기획되었다.

이에 반해 전통적으로 대량생산되었던 토기 잔들은 감소 추세에 있었다. 그러나 여전히 도기 그릇들은 수세기를 지내면서 축적된 제작 기술의 진보 및 금속제 용기들과 경쟁하기 위한 방편으로 금속제 용기의 형태를 더욱 모방하게 되었다. 그리하여 도기 그릇들은 오랜 기간 동안 특유의 우아함과 세련성을 유지하게 되었고, 이는 단순히 장식적 아름다움뿐만 아니라 기술적으로도 상당히 발전된 수준의 용기를 제작할 수 있게 하였다.

또 발전의 정도만큼이나 도기의 유형도 다양해져서, 단순히 기하학적 무늬만으로 제작된 것으로부터 그림과 기하학적 무늬가 혼합된 형태, 그림만 사용된 도기까지 광범위하게 그 유형이 넓혀졌다.

이탈리아에 국한하여 도기 제품들을 보면, 기하학적 스타일의 제품과 회화적 스타일의 제품들로 구분할 수 있다. 기하학적 스타일의 도기는 고대(B.C 7세기 경)에 시칠리아와 지중해 에뜨루리아 지역에서 많이 발견되며, 회화적 스타일의 도기들은 그리스 지배기에 이탈리아 반도로 유입되어 에뜨루스까 예술에 영향을 끼쳐 B.C 4세기 경에 만개하게 된다.

이 도기들은 이후 미학적인 쇠퇴기를 거쳐 단색의 검은 유약만을 입힌 형태로 제작되었는데, 오랫동안 침체되다가 사라지게 된다. 그리고 나서 에뜨루스까 도기 제품들이 활발하게 생산되는데, 이 도기들은 동양적이면서 색깔은 금속제 용기들을 모방한 것이었다. 수세기 동안에 걸쳐 이 도기들은 기술의 발전 및 가마의 특수함에 힘입어 금속제 제품과 비슷한 효과를 내는 수준에까지 이르렀고, 특히 검은색이나 진한 색조를 가진 제품이 많이 생산되었다.*

기원전 7세기부터 5세기까지 생산된 부께리(*buccheri*)라고 하는 형태도 매우 가치있는 도기 잔이었는데, 북부 아프리카와 이집트, 동방의 여러 소국들 등 지중해 각 지방으로 수출될 만큼 많이 제작되고 널리 사용되었다.

B.C 3세기 경에 이르러 금속제 용기들이 선호되면서 이를 모방한 도기 제품들이 생산되기 시작하였다. 회화적 장식을 원용한 이 제품들은 꽃이나 포도송이 문양들을 넣어 제작하였다(B.C 250년 경의 에냐찌아 *Egnazia*** 도기 제작소 제품들이 가장 유명). 이후 부조 효과를 지닌 제품들을 제작하기에 이름으로써(B.C 150년 경 깔레스 *Cales****의 제작소 제품이 유명) 보다 완벽한 형태들을 추구하게 되었다.

당시 금속제 제품들은 손잡이를 고정할 때 못을 사용하였는데, 도기 제품들도 이를 모방하여 손잡이에 못을 사용하고 금이나 은으로 광택 효과

---

* *Storia degli etruschi*, *Mario Torelli*, *Roma-Bari* : *Laterza*, 1990, pp. 11~45.

** 오늘날의 바리(*Bari*) 지방에 가까운 고대 도시.

*** 오늘날의 깜빠냐(*Campagnia*) 주의 깔비(*Calvi*)라는 나뽈리(*Napoli*)에 가까운 지역.

를 내어 제작할 정도로 기술적 발전이 뚜렷하였다. 그러나 기술적 완벽함과 정밀한 제품의 생산은 동시에 도기 제품만이 갖는 순수하고 소박한 멋을 잃게 하였고, 도기 제품들은 이러한 상태로 전통적 특징을 상실한 채 B.C 2세기와 1세기에 이르러 소멸할 때까지 지속된다.

그러나 아레쪼(*Arezzo*)* 지역은 이러한 양식에서 벗어나려는 움직임을 보였는데, 양각 부조의 장식으로 붉은 오렌지색의 특징을 갖는 잔들이 생산되기 시작하였다. 이 잔들은 그다지 정교하거나 완벽한 기술을 보인 형태는 아니었지만, 금속 용기의 모방 형식에서 일탈하였다는 특징을 가지며, 중북부 이탈리아 주변 지역에서 기원 후 1세기까지 널리 사용되었다.

도기 잔들과는 달리 유리제품, 유리잔들의 발전과정은 약간 달랐다. 유리용기의 제조기술은 일정 시기가 경과한 후 비약적인 생산기를 맞게 된다. 이집트인들이 발명하고 페니키아인들에 의해 보급된 유리 제조기술은 이집트 18왕조 시기인 B.C 16세기부터 시작되었지만, 원시적 제조형태가 급속한 발전을 이룩했던 것은 기원 전후 유리제품의 틀을 주조하는데 사용되는 소관이 도입되면서이다.**

로마인들은 생활용품, 장식용품들에서 유리제품들을 선호하였고, 이를 대량생산하였다. 이 시대의 유리제품들은 보통 신들에게 제사지낼 때 사용하는 잔과 그릇들이 대부분을 차지하고 있었으며, 시민들이나 노예들까지 사용할 정도의 대량생산은 어려웠다고 보여진다. 특히 빠떼라(*patera*)*라고 하는 신전 용기들이 대량생산되었으며, 이밖에도 종지,

---

* 영화 〈인생은 아름다워〉의 배경이 되었던 이탈리아 중부 또스까나 주의 한 지역.
** *Storia dell'enologia*, p. 21.

향수를 담기 위한 용기, 포도주와 술을 담기 위한 용기가 제작되었다.

그러나 대량생산되었을지라도 유리제품 고유의 우아함과 깨끗함은 유지되고 있었으며, 제작소별로 다양한 특징과 형태를 띠었다. 이와 같은 사실은 당시 유물과 그에 따른 문헌 기록을 바탕으로 추정된 것이고, 로마시대의 유리제품들에 대한 기원이나 발전수준에 관한 정확한 역사적 사실은 증명하기 어렵다. 제작장소나 연도 등이 밝혀졌다 하더라도 정확하게 언제 유리가 사용되었으며, 그 기술적 수준이나 확산의 정도 등에 대해서는 아직까지 밝히지 못하고 있는 것이다.

로마제국이 쇠퇴함에 따라 서양에서의 유리 제조기술이 퇴조하게 되었고, 대량생산과 광범위한 생산지역의 분포는 특정 품목과 지역에 국한하게 했다. 또 북방 이민족의 침입으로 문화적 쇠퇴기가 전 이탈리아 반도를 뒤덮게 되자, 유리 제조기술과 도기 제조기술 모두 암흑기로 접어들게 된다. 정교하고 세련된 제품들의 제조기술은 단절되었지만, 단순하고 조야한 형태의 제조기술은 이탈리아 반도뿐만 아니라 전 유럽에 고루 전파되었다. 갈리아(오늘날의 프랑스 지역) 지방에서는 1세기 경부터 얇은 두께의 석탄빛 색조 잔과 종지, 그릇들이 생산되었고, 2~3세기 경에는 당시 유행하였던 아레쪼 지방의 도기를 본뜬 오렌지색이나 무늬를 새겨 넣는 방식으로 용기들이 많이 생산되었다. 또 유리제품도 중세 말까지 지역별로 한정되어 생산하는데 그쳐, 양 분야 모두 한 동안 침체기와 암흑기를 거치게 된다.

* 고대 로마 시기 신들에게 제사지낼 때 사용하던 용기로, 낮고 넓은 반원형의 모양에 전이나 손잡이 등이 달리지 않은 특수 용기를 말한다.

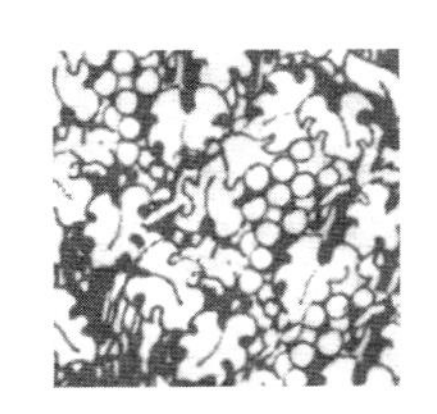

Vino

네 번째 이야기

제례 의식과 포도주

오랜 옛날부터 신의 가호로 경작된다고 믿어지는 산물들은 추수 후 이를 관장하는 신에게 생산물을 바쳐 감사하는 의식을 시행해 왔고, 이를 시행할 때에는 최고의 절차가 권장되어 왔다.

이탈리아 지방에서도 신에게 경배하고 제사지내는 전통이 항상 있었으며, 포도가 재배되기 시작하면서 포도주는 신에게 바쳐지는 가장 신성하고 귀중한 산물로 자리잡게 되었다. 또 이것이 국민적 축제의 일환으로 승화되었던 예는 앞에서 설명한 바 있다.

고대 로마에서는 향연과 성찬이 베풀어진 뒤 참가자들 사이에 토론과 대화가 지속되었으며, 때때로 시 낭독과 철학적 논쟁들이 벌어지기도 하였다. 이와 동시에 자연발생적으로 가무가 동반되기도 했고, 때때로 참석자들은 대취하기까지 하였다.

이러한 과정에서 일정한 의식이 뒤따랐으며, 이 경우 첫 번째 건배는 항상 수호신이나 경배 대상의 신들에게 바쳐졌다. 로마인들 역시 그들의 축제에 신들의 존재를 알리는 일을 잊지 않았던 것이다.

신에게 진상되는 포도주는 보통의 것과는 조금 달랐다. 준비에서 양조과정에 이르기까지, 그리고 신전으로 운반되는 과정까지도 별도의 규정과 특별한 용기를 제작하여 의식을 행했다.

앞에서 언급한 바 있듯 상처난 발로 포도를 압착하는 것을 금지했다는 사실 이외에도, 벼락맞은 포도목을 사용하지 않았으며, 건초용이나 땔감 등으로도 이러한 포도목을 사용하는 것을 금지했다고 전해진다.

로마의 제례는 지나치게 국가주의적이고 보호주의적이었으므로 이탈리아 영토 내에서 생산되지 않는 포도주의 진상은 금지되었다. 또 진상시 공식적으로 약간의 물의 첨가는 가능했지만, 첨가되는 물에 대해서도 일정한 제약이 따랐음은 충분히 짐작할 수 있다.

포도주뿐만 아니라 이러한 제례에 사용되던 용기 역시 특별히 제작된 것들이었다. 신전으로 반입되는 포도주는 밑 부분에 커다란 원추형 받침이 있는 특별한 안포라가 사용되었다. 이것은 보통 뻴리케(*pelike*)라 불리었는데, 점토로 만들었으며, 제작장소와 기원 등을 제품 한쪽에 표시하는 것이 일반적이었다.

이렇게 들여온 포도주가 특별한 잔에 따라 진상되었다는 것은 말할 것도 없는데, 이는 앞에서 언급한 빠떼라라고 하는 잔에 담겨져 신에게 바쳐졌다. 보통 도기로 제작하기도 하지만, 돌이나 유리, 또는 금 등 귀금속으로 장식을 달아 주조하기도 하였다.

크리스트교라는 서양 역사상 가장 위대하고 영향력이 큰 종교가 등장한 이후의 시기에는 로마의 전통적 제례의식이 사라지면서 점차 기독교라는 보편적 종교성을 띠게 되었다. 세속적 통치세력인 로마제국의 영향력이 줄어들기 시작한 것도 바로 이 시기였다.

이 시기 로마제국은 동(東)로마제국과 서(西)로마제국으로 양분되었으며(A.D 286), 다시 337년에는 삼분되어 쇠락과 멸망의 길로 들어서고 있었다.

특히 콘스탄티누스 황제에 의해 크리스트교가 인정되고(313), 다시 테오도시우스 황제에 의해 국교로 공인되면서(391) 제국의 유일한 합법적 종교로 자리잡게 되었던 4세기 이후 크리스트교가 전 제국에 전파되었으며, 사회적으로 가장 강력한 영향력을 가진 집단으로 자리잡았다. 이후 공식적으로 고대 로마의 신전들은 폐쇄되기에 이르렀다.

제국의 상황이 이렇게 변하면서 포도주가 갖는 상징성도 새롭게 해석되어 사용되거나 양조되었는데, 그 중에서 중요한 사실은 포도주가 갖는 문화 완충적 역할이었다. 세속적이었던 로마시대의 사회 관습과 의식은 새로이 등장한 엄격한 크리스트교 문화와 모든 면에서 이질적이고 충돌적이었다.

결국 그에 대한 완충적 문화요소로 포도주가 선택되기에 이르렀는데, 이는 크리스트교 교리를 담고 있는 성서 안에서 포도주가 하나님의 피로 해석됨으로써, 향연에서의 타락의 상징물이었던 포도주가 크리스트교 안에서 계속적으로 양조되고 사용되어야 할 정당성을 부여해 주는 근거가 되었던 것이다.

이는 로마제국 말기와 멸망 이후에도 지속적으로 포도주가 생산되어야 했던 근거였다. 다시 말해 로마제국 시대의 포도주는 신적 의미에서 사용되던 고대의 개념이 사라지고, 향연이나 축제와 같은 대중적이고 세속적인 행사에 사용되는 '술'로서의 의미가 강했으며, 이는 다시 타락이나 방종과 연결될 수 있게 되어 종교적 · 신적 의의가 아주 탈색된 것으로 받아들여졌다.

다행히도 새로운 종교에서 포도주는 세속적 개념을 탈피하면서도 대중성과 보편성을 함께 추구할 수 있는 신과 인간의 매개체로서의 상징성을 살리게 된 것이다. 실제로 구약성서와 신약성서의 많은 부분에서 포도주와 관련된 구절*들을 볼 수가 있다.

포도주가 갖는 새로운 종교적 상징성은 크게 보아 세 가지로 나눌 수 있는데, 첫 번째는 전세계 크리스트 교도의 종교적 의식과 예배, 그리고 커뮤니케이션의 공통적 수단으로서의 의미를 가지며, 이로 인해 포도 재배와 포도주 생산이 전세계적 — 전 유럽적이라는 의미에서 — 으로 확산될 수 있었던 것이다.

두 번째는 초기 크리스트교에서 하나님의 성체 구현의 상징으로서 포도와 포도주를 공유함으로써 로마인들이 민간신앙 차원에서 숭배했던 자연신 디오니소스(*Dioniso*)**와 비슷하다는 의식을 갖게 하여 초기의 종교적 접근과 친밀감을 가질 수 있게 하였다. 이는 포도주를 매개로 하여 로마인들이 쉽게 크리스트교를 전 제국적 종교로 받아들일 수 있게 했던 중요한 동기로 작용했다.

이와 함께 크리스트의 지상에서의 구현식물이 포도라는 것을 뜻하게 하여 신자들과 크리스트와의 관계를 지속적으로 지상에서도 유지할 수 있게끔 하면서, 포도라는 식물이 크리스트교에서 종교성을 가지면서 승화되었다는 사실을 증명하는 도구로 활용되었다.

세 번째는 포도주를 현재의 죄많은 인류에 대한 크리스트의 희생을

---

* 포도주에 대한 구절들은 성경의 여러 부분에서 볼 수 있는데, 대표적으로는 다음과 같다: 마태복음 21, 26~29, 33~44; 마가복음 12, 1~12; 누가복음 20, 9~18 등등.

** 또는 디오니소(*dioniso*)라고 하는 로마신화에 나오는 주신이다.

포도주를 마시고 있는 노아와 포도나무
(14세기 베네찌아 San Marco 성당의 모자이크 벽화)

상징하는 피로 해석함으로써 포도주가 종교의식과 일상생활에서 사용되어야 하는 당위성과 정당성의 의미로 받아들여지게 했다.*

이와 같은 종교적 해석으로 인해 로마제국이 멸망한 뒤에도 이탈리아 반도 내에서는 북방 게르만인들의 침입과 지배라는 어려운 상황 속에서도 포도주가 수도원들과 크리스트 교도들을 중심으로 살아남을 수 있었던 것이다.

중세를 지나는 동안 포도주는 이렇게 하여 미사와 같은 의식이나 일상생활에서 여전히 사용되는 문화와 종교의 중요한 매개체로 존재할 수 있었다.

---

* *Storia del vino*, pp.138~41 요약.

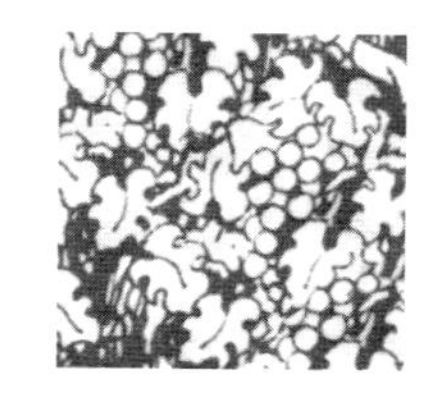

Vino

다섯 번째 이야기

로마 제국의 멸망과 필로세리까*의 침입

영원한 제국 로마도 영원하지 못하고 쇠락의 길을 거쳐 멸망하게 되었다. 로마가 멸망한 데에는 많은 내적 외적 요인들이 있겠지만, 여기서 모두 거론할 수는 없다. 하지만 그 원인들 중에서 중요한 것은 바로 농업의 피폐와 위기였다. 이는 로마가 농업사회로 시작했다는 사실만이 아니라, 로마제국의 주축이었던 산업의 기반이 붕괴되었다는 것에서도 중요한 의미를 갖는다.

농업의 피폐와 위기는 곧 이탈리아 반도 전체의 포도 농사와 포도주 양조업에 절망적인 영향을 미치게 되었고, 문화의 암흑기뿐만이 아닌 농업에서도 암흑기로 들어서게 되었다. 과중한 세금, 포도주 이동세, 농토의 황폐화, 끊임없이 이어지는 이민족의 침입, 전염병의 창궐, 농지 소유자에 대한 강제적 이주, 로마의 쇠락에 따른 시장으로서의 중요성 상실 등의 문제들이 로마 농업경제에 깊숙하게 각인되어 여러 지역의 농촌들이 이농과 해체라는 현상으로 발전하게 되었다.

특히 북방 이민족의 점령지나 거주지에서는 기존 소유자들의 농지

* *filosserica*는 18세기에 북방에서 침입하였던 포도나무 병충해의 이름이다.

를 압수하거나 재산을 몰수해버림으로써 농업 자체의 연속성이 끊어지게 되었다. 더욱이 포도 농사에 무지했던 북방 이민족들은 수많은 포도밭을 목초지로 전환시키는 어리석음을 서슴없이 자행하였다.

또 남부 아랍 영향권에서는 술을 금기시했던 종교적 이유로 포도주의 생산이 금지되고, 단지 지빕보(*zibibbo*)라는 모스카토용 와인*만 생산이 허용되었다.

이탈리아 전역에는 새로운 토지세가 도입되었고, 이는 전국토의 농지 대부분이 거의 방치되는 상태로 몰고가게 했다. 원거리 시장으로의 운송에 대한 제한, 생산물을 소모할 만한 로마와 같은 거대 도시들의 위축과 소멸은 이탈리아 전역을 자급자족 방식의 자연경제로 되돌리는 원인이 되었고, 이렇게 하여 유럽은 역사가들이 흔히 이야기하는 암흑기로 진입하게 된다.

암흑기에도 포도주는 제조되었고, 살아남은 포도주들도 있었다. 대부분의 지방이 북방 이민족의 침입으로 포도 경작지들이 불타 없어지거나 파괴되었지만, 몇몇 지방을 중심으로 여전히 포도주는 제조되었다. 이와 같은 포도주 양조의 중심지는 수도원이었다. 앞에서도 언급했듯이, 포도주가 종교적인 의미에서 새로운 매개체로, 또 중요한 종교성의 수단으로 해석되면서 포도를 재배하고 포도주를 생산하는 곳이 수도원이 되었던 것이다.

다른 문화의 중심지로서도 기능했던 당시의 수도원은 포도주 제조에서도 중요한 위치를 차지하고 있었다. 물론 그 이유가 종교적이긴

---

* 보통 식후 디저트에 곁들이는 포도주의 일종으로, 샴페인과 비슷하지만 같은 종류는 아니다. 가스가 들어 있고, 알코올 도수가 낮은(5~7도 정도) 포도주로서 단맛이 난다.

했지만, 오늘날까지 포도 재배기술과 포도주 양조기술을 전수할 수 있었던 것은 이들의 노력에 힘입은 바 크다. 그 중에서도 베네딕트 종파와 클루니 종파의 수도원들이 중심이 되었고, 미사와 수도원 자체의 수요로 인해 포도 재배와 포도주 제조는 계속될 수 있었다.

사유재산의 보호가 어려웠던 당시의 사정에서 비교적 안전했던 수도원은 주변의 미(未) 경작지의 개간을 담당했으며, 새로운 시장으로서의 기능도 수행하게 되었다.

수도원 중심의 포도 재배와 양조 방식은 거의 전(全) 중세 동안의 보편적 현상이었다. 아울러 포도 재배와 포도주 양조를 단순히 보존했다는 기술적이고 실용적인 공헌 이외에도 학문적 연구가 본격적으로 시작되었던 진원지도 바로 수도원이었다.

수도원의 학문적 성과 가운데 중요한 것으로, 꼴루넬라(*Colunella*)라는 지정학자가 쓴 지정학에 대한 기본 연구서 『포도 수확에 대한 책(*Liber de Vindemiis*)』이 있다. 아직도 원본이 발견되지 않아 완벽하게 라틴어로 번역이 되지 않은 채로 잊혀져 있지만, 여기에는 까또

중세 수도원의 포도주 양조 광경

네(*Catone*), 쁠리오(*Plinio*), 바로네(*Varrone*)*의 포도와 포도주 관련 저술들에 대한 언급이 들어있는데, 빨라디오(*Palladio*)라는 로마제국 말기의 농학자이자 측량기사의 주요 법전 해석에 대한 요약도 담겨 있다.

또 여러 규정과 중세의 계약관계 및 포도 수확을 기원하는 기도문 등이 담겨 있는 책으로, 카알 대제가 800년에 쓴 『전원과 영지관계에 대한 규정(*Capitulare de villis*)』에는 포도에 대한 축원 관습이 언급되어 있다. 이것은 7세기까지 거슬러 올라갈 수 있는 전통 관습이었다. 로마시대의 로비갈리아(*Robigalia*)라는 축원의식에 기원을 둔 것인데, 기원후 로마에서 시작된 강우와 좋은 기후를 염원했던 전형적 축원제의 하나로, 오늘날 로가찌오네(*Rogazioni*)**라는 축원제 행렬에서 그 흔적을 찾아볼 수 있다. 이 책에 수록되어 있는 내용은 로따리(*Rotari*)라는 농학자가 643년 11월 20일에 썼다는 포도주 관련 글들에서 증명되고 있다.

그러나 이 시대는 경제적 · 문화적으로 번영되고 평화로운 시대는 결코 아니었다. 여기저기서 약탈과 침입이 계속되던 어지러운 시기였다. 당시 가장 유명했던 포도주 생산지의 하나인 삐에몬떼(*Piemonte*)

---

* 카또네는 마르꾸스 뽀르치우스 까또네(*Marcus Porcius Catone*)가 정확한 이름으로, 로마 제국 말기의 유명한 웅변가이자 최초의 농업서를 지은 학자로 유명하다.(*Grande Enciclopedia, UTET, Torino*, 1990) 쁠리오는 쁠리니우스 베끼오라고 불리는 공화국 말기의 정치가이자 학자로 고대 백과전서의 창시자이다.(앞의 책) 바로네의 정확한 이름은 마르꾸스 떼렌띠우스 바로네(*Marcus Terrentius Varrone*)로 로마 공화정 말기의 인문학자이며, 라찌오(*Lazio*) 지방의 농업 연구서를 저술하였다. (앞의 책)

** 오늘날에도 이탈리아의 여러 지역에서 행해지고 있는 축원제로, 포도, 올리브 등의 질병이나 재해를 피하려는 염원을 담은 민간 풍속의 하나이다.

지방에도 헝가리인들과 사라센인들이 침입해 포도 농사에 막대한 피해를 입히는 등 많은 지역이 어려움을 겪었다.

그러나 세월이 흐르면서 침입과 약탈의 빈도가 적어지고, 봉건 영주들간의 세력싸움도 진정되면서 봉건경제와 정치제도는 차츰 안정되었다. 이에 따라 원격지에 위치한 영주나 장군들을 중심으로 자체 관할지에 대한 재배방식이 등장하게 되었다. 광활한 소유지에 효과적으로 재배하기 위해서는 분할 경작하거나 소작농들에게 위탁 재배하는 것이 가장 효과적이었음은 명약관화했다.

이렇게 하여 등장한 것이 영주와 소작농 사이의 농지임대차 계약이었다. 700년 경부터 시작된 이 농지계약은 보통 영구 임대차 계약의 양식을 띠게 되었으며, 계약의 내용에는 의무적으로 포도를 재배한다는 조항이 삽입되었고, 이로써 다시 이탈리아에 포도가 광범위하게 재배되었다.

13세기에 이르면 거의 모든 지역에서 농노에 의한 경작 형태는 사라지게 되었고, 농업은 다시 비약적인 성장을 하게 되며, 문화적으로도 르네상스라는 부흥의 시기를 맞게 된다. 이와 동시에 포도 농업과 포도주 양조업에서도 활기찬 진전이 이루어져, 오늘날까지 내려오는 유명한 포도주들이 이때부터 생산되기 시작하였다.

이들중 유명한 것으로는 넵비올로(*Nebbiolo*), 깔루조(*Caluso*), 발뗄리네지(*Valtellinesi*), 뜨렙비아노(*Trebbiano*), 모스까띠 디 리빠리(*Moscati di Lipari*), 베로네지(*Veronesi*), 비니 델 가르다(*Vini del Garda*), 알바나(*Albana*), 람브루스꼬(*Lambrusco*), 에스뜨 에스뜨 에스뜨 디 몬피아스꼬네(*Est Est Est di Monfiascone*), 비니 데이 꼴리 또

스까니(*Vini dei Colli Toscani*) 등이다.

이 포도주들이 중요한 의미를 갖는 것은 이것들을 생산하는 지역에서는 봉건제의 통치제도에서 벗어나 초기 형태의 근대국가적 정부가 갖추어지기 시작했다는 점이다. 이는 곧 보다 체계적이고 산업적인 규모에서 생산이 가능한 수준까지 포도주 양조업이 발달할 수 있는 정치적 · 경제적 근거가 될 만한 사건이었다.

이 시기에 들어오면 처음으로 포도 농업과 포도주 양조에 대한 체계적이고 독자적인 연구서를 갖게 되는데, 이는 포도주 양조가 산업적 측면에서 보다 규격화 · 체계화되었다는 것을 의미할 만큼 역사적 · 학술적 가치가 큰 것이다.

삐에르 드 끄레쉔찌(*Pier de' Crescienzi*)라는 볼로냐(*Bologna*) 태생의 농학자가 13세기에 저술한 『포도와 포도 수종의 재배에 관한 경작과 이의 사용과 특성에 대한 책(*De vitibus et vineis et cultu earum, ac natura et utilitate fructus ipsarum*)』은 모두 4권으로 된 전문 농업서이다. 이 사람은 성공적인 농업 사례에 대한 서술에 근거하여 132본의 수고와 16본의 초기 간행물을 저술하였는데, 이와 함께 12권의 라틴어판, 18권의 이탈리아어 판, 12권의 독일어 판, 2권의 폴란드어 판, 그리고 1권의 영어판을 제작하였다.

1424년 구텐베르크에 의해 인쇄술이 발명되자 포도주 관련 농업서와 교본들은 더욱 광범위하게 전파되게 되었다. 이는 곧 포도 재배기술과 포도주 양조에 대한 통일되고 체계적인 틀을 구축하는 기반을 만듦으로써 포도주 생산은 더욱 비약적인 발전을 하게 된다.

1596년 교황 시스또(*Sisto*) 5세의 주치의이자 식물학자였던 안드레아

바치(*Andrea Bacci*)에 의해 간행된 『이탈리아 포도와 만찬용 포도주에 대한 자연재배의 역사(*De naturali vinorum Historia, de vinis Italiae et de Conviviis Antiquorum Libri septem*)』도 귀중한 자료이다. 비록 이 책이 이탈리아 중남부 지방에서 생산되는 포도주에 국한하여 기술하였을지라도, 바치 박사는 당시의 이탈리아 포도주에 대한 기술적이고 경제적인 상황에 대하여 훌륭한 지침을 제공하였다.

이밖에도 위대한 미식가였으며, 동시에 포도주 애호가였던 교황 빠올로(*Paolo*) 3세 파르네제(*Farnese*)의 포도주 시중사 산떼 란체리오(*Sante Lancerio*)의 1549년 단행본도 상당히 흥미로운 내용을 담고 있다. 저자는 이 책에서 과장과 권위적 분위기를 털어내고 소탈한 문체로 저명한 교황들의 만찬에 곁들였던 포도주들에 대한 평가를 적고 있다.

이들 이외에도 수십 명의 의사와 학자들이 포도주에 관련된 글을 쓰고 책을 저술했다. 이 때까지만 해도 이탈리아 포도주는 이와 같은 여러 사람들의 노력으로 국제적으로 인정받아 그 옛날 로마시대의 명성을 되찾았다.

그러나 17세기 이후 19세기 중반까지 이탈리아 반도가 외국 세력의 쟁탈장으로 되고 속국화되면서 농민들은 빈곤해지기 시작했고, 이에 따라 포도주 생산도 상당한 타격을 입게 되었다. 잇따른 전쟁과 끊임없는 외국 세력의 침탈은 로마 제국 말기의 북방 이민족 침입기를 연상시킬 정도로 여러 지역, 특히 북부 지역의 농촌을 황폐하게 하였으며, 이 지역의 포도 재배 농가들 역시 심각한 타격을 입게 되었다.

농업의 피폐화는 이 지역의 농민들에게 보다 안정적인 산물의 생산을 강요하게 되었고, 이는 자연스럽게 포도의 질적 저하, 곧 포도주의 품질 저하를 수반하는 결과를 초래하였다.

이후 북부 지역은 계속적으로 프랑스와 오스트리아의 세력권에 있게 되었고, 특히 북부에서 가장 활발한 포도주 생산지였던 삐에몬떼(*Piemonte*) 지방은 200년 넘게 프랑스계 사보이 왕가의 지배에 놓이게 되었다. 다만 이탈리아의 여러 세력 중에서 피렌체를 중심으로 하는 공화국만이 상업적 부를 기반으로 강력한 세력을 유지하고 있었으므로, 이 지역의 포도주들은 여전히 이탈리아적 색채를 지니면서 생산을 지속할 수 있었다.

이탈리아의 내부 사정이 이렇게 복잡하게 전개되면서, 이탈리아 포도주들의 위상은 프랑스에 비하여 상대적으로 떨어질 수밖에 없었다. 더욱이 당시 유럽 문화의 중심지가 프랑스였다는 점은 프랑스 포도주의 국제적 위상 제고에도 커다란 기여를 하였고, 이탈리아의 주요 포도주들은 프랑스나 합스부르크 왕국 등 주변 강국의 하청을 받아 생산하는 위치로 전락하게 되었다.

이탈리아 내부에서도 이러한 위기 상황을 극복하기 위한 여러 노력들이 시행되었지만, 포도주의 질적 문제를 극복하고 당시 세계적으로 비약적 성장을 하고 있던 프랑스 포도주 산업과 경쟁하기에는 역부족이었다. 이탈리아 농업학회와 농업협회를 중심으로 많은 학자들이 저술과 연구결과들을 내놓으면서 포도주 산업의 위기를 극복하기 위한 노력이 다각도로 시행되었지만, 프랑스의 포도 재배기술과 포도주 양조기술이 월등히 앞서게 되는 것도 이 시기였다.

당시 프랑스에서는 두 명의 주목할 만한 화학자가 배출되었는데, 바로 18세기 최고의 화학자인 라보아지에와 19세기의 파스퇴르였다. 질량보존의 법칙을 확립한 라보아지에는 알코올 발효에 대한 방정식을 고안함으로써 포도주의 품질을 개선할 수 있는 기초를 확립하였고, 파스퇴르는 고온살균법을 개발한 것 이외에도 포도 재배기술 향상을 위한 중요한 연구와 실험결과들을 내놓음으로써 양질의 포도주를 대량 생산할 수 있는 길을 열어 놓았던 것이다.

이들에 의해 프랑스 포도주 산업은 비약적으로 발전했고, 세계시장에 최상의 포도주를 대량으로 공급할 수가 있었던 것이다.

프랑스의 포도주 양조업이 급속한 성장을 거듭하는 가운데, 1800년대 중반부터 이탈리아도 나름대로의 발전 방향을 모색하였고, 실제로 몇몇 지역에서는 활발한 움직임을 보이게 된다. 특히 사보이 왕가가 지배하고 있던 삐에몬떼 지방에서는 오랜 전통을 갖고 있던 포도 수종 넵비올로(*Nebbiolo*)를 재배, 바롤로(*Barolo*), 바르바레스꼬(*Barbaresco*) 지역의 발전된 생산기술과 품종 개량을 통해 고급 포도주를 양조하여 세계적으로 명성을 얻게 되었다.

또 아스띠(*Asti*) 지역에서는 샴페인과는 조금 다른 스뿌만떼(*spumante*)라고 하는 발포성 포도주가 특화 양조되었는데, 이 포도주는 모스까또 다스띠(*Moascato d'Asti*)라는 고유명사로 될 정도로 디저트용 포도주로서 커다란 성공을 거두었다.

이외에도 전통적으로 유명한 포도주 산지인 피렌체 주변의 끼안띠(*Chianti*) 지역에서는 끼안띠 끌라시꼬(*Chianti Classico*)의 대량 생산이 가능해졌다. 더불어 주변 지역에서 생산되는 브루넬로 디 몬딸치노(*Brunello di Montalcino*)와 비노 노빌레 몬떼뿔치아노(*Vino Nobile Montepulciano*) 등이 점차 세계적으로 알려지게 되었다.

그리고 베네또(*Veneto*)와 뜨렌띠노 알또 아디제(*Trentino Alto Adige*) 지역을 중심으로는 프랑스산 수종들이 많이 보급되면서 이탈리아에서 가장 유명한 흰 포도주 생산지역으로 발전하게 된다.

시칠리아 섬에서도 마르살라(*Marsala*) 포도주 제조회사들이 세계 포도주 시장에서 인정을 받게 되었고, 지역별 특성을 갖춘 좋은 포도주들이 앞다투어 생산되었다.

그러나 세계적으로 확고한 명성을 얻기도 전에 이탈리아 전역에는 이전의 인위적 사태보다 더 심각한 자연발생적 위기가 닥치게 되었다.

1850년은 이탈리아 포도주 산업의 역사에서 지울 수 없는 상처와 피해를 남긴 해였다. 바로 오이디우스 균의 침입이었다. 당시의 포도 재배 기술이 주로 자연적 수준에서 만들어지는 포도목 경작에 한정되고, 간혹 지역적 · 부분적으로 병충해 피해들이 발생하기도 했지만, 대체로 그 규모가 크지 않았었고, 일정 지역에 한정되는 경우가 많았다.

그러나 중부 유럽에서 먼저 발생한 오이디우스 균은 아직 이 균을 퇴치하기 위한 처방이 전혀 준비되어 있지 않았던 이탈리아 반도로 남하하면서 수많은 포도목을 고사시켰던 것이다. 중부 유럽에서는 이미 비슷한 피해가 발생하고 있었기 때문에, 여러 지역의 자치 정부들과 농학자들은 농민들에게 몇 년 전부터 은화병(백화병과 비슷한 것으로 잎과 가지를 희게 고사시키는 병충해의 이름) 처방제로 사용되고 있던 유황을 예방제 및 치료제로 쓸 것을 권했지만, 과학적으로 무지했던 농민들을 설득하는데 실패해 큰 피해를 볼 수밖에 없었다.

다행히 삐에몬떼 지역은 이탈리아 통일의 3대 주역의 한 사람으로 알려진 카부르의 노력으로 예방과 치료에 힘써 피해를 최소화하여 이 병충해로부터 벗어날 수 있었다. 당시 이 지역을 통치하고 있던 사보이 왕가의 농업상이었던 카부르는 유럽에서 이미 발생해 피해를 주고 있던 오이디우스 균의 이탈리아로의 확산에 대비해 철저한 예방작업을 벌여, 삐에몬떼 지역의 주 산업이었던 포도농사를 지켜낼 수 있었다.

역설적이게도 전(全) 유럽을 휩쓸었던 이와 같은 병충해 피해는 유럽의 포도주 산업에 새로운 장을 여는 계기가 되기도 했는데, 이는 과실율은 좋지만 병충해에 약한 유럽의 주요 포도 수종들과, 신대륙 발견 이후 유럽에 도입되었던 수종들 중에서 과실율은 떨어지지만 병충해에는 강한 수종들을 접목시킴으로써 포도주 산업이 비약적으로 발전될 수 있는 계기가 되었던 것이다.

이후 이러한 접목 형태, 즉 뿌리 부분은 병충해에 강한 미주산 수종으로, 가지 부분은 과실율이 좋은 유럽 수종으로 접목하는 형태가 가장 일반적인 포도 재배 방식이 되었다. 이탈리아 역시 이와 같은 노력으로 진일보한 수준으로 포도주 생산을 시작할 수 있었고, 이를 주변 국가들에 수출하게 되었다.

당시 유럽은 오이디우스 균의 피해로 부족하던 포도주에 대한 수요를 그때까지 피해를 입지 않고 있던 남부 유럽 국가들에서 충당하고 있었는데, 그 중에서도 이탈리아는 가장 활발한 포도주 공급국가였다. 이탈리아 역시 막대한 피해를 입었지만, 삐에몬떼 주를 비롯해 피해가 비교적 덜했던 남부 지역을 중심으로 유럽 시장에 포도주를 공급하면서 다시 포도주 산업이 발전하게 된다.

1879년에는 오이디우스 병충해에 뒤이어 백화병이 발생하여, 이탈리아 반도 역시 수많은 포도목이 고사하는 피해를 입게 되지만, 이 때

N.° 2301.

REPUBBLICA ITALIANA

Sondrio li 15 Maggio 1803. anno II.

IL VICE-PREFETTO DEL DISTRETTO DI SONDRIO

DIPARTIMENTO DEL LARIO

Alla Municipalità di Sondrio

통일 이탈리아 시대
포도주 관련 법령의 일부분

에는 전 지역의 포도재배 농가들이 스스로 기술자가 되어 병충해에 강한 새로운 수종을 이식하면서 백화병의 예방과 처방에도 힘을 기울여 피해를 최소화하였다.

백화병에 대한 처방 약품이 개발되었고, 새로운 포도주 제조용 기계들도 사용되기 시작했다. 또 낡은 지붕과 허름한 벽의 저장창고, 고대식 그대로의 오래된 목재를 사용한 또르끼오(*Torchio*)*, 낡은 운반용 용기, 기원전에 고안된 원시적 과즙 압착기 등의 설비와 장비들을 현대적인 것들로 교체함으로써 농업의 일부분이었던 가내수공업적 포도주 양조업이 하나의 독립된 산업분야로 발돋움할 수 있는 기틀을 갖추게 되었다.

---

* 포도송이 압착기를 일컫는 이탈리아어이다. 원래 올리브유를 짜는데 사용하는 유압기에서 고안되었으며, 로마식을 비롯하여 3, 4가지 정도가 당시 사용되고 있었다.

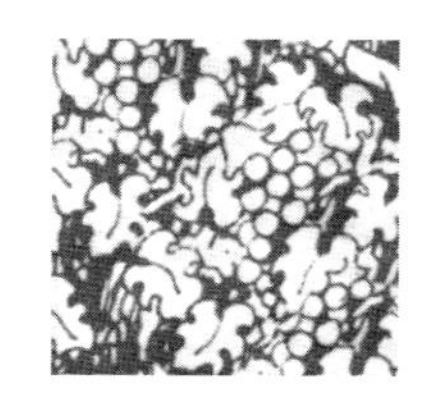

Vino

여섯 번째 이야기

또르끼오에 대하여

기술적인 면에서 포도주 양조에 대하여 이야기할 때, 고대와 현대를 이어주는 가장 중심적인 연결고리 과일인 포도를 알코올 음료인 포도주로 바꿀 수 있게 해주는 것이 바로 또르끼오라는 장치이다. 간단하게 말하자면 또르끼오는 포도를 부수고 압착시켜 과즙으로 변하게 하는 물리적 장치로, 포도 압착기라 할 수 있다.

물론 오늘날은 또르끼오를 그대로 사용하지는 않지만, 그 응용이나 실제적 적용이 모두 또르끼오에서 유래했다는 점은 의심할 여지가 없다. 특히 이탈리아 포도주에 대한 역사를 돌아보면 19세기 말까지는 고대로부터 이어져 내려오는 또르끼오를 거의 그대로 사용했었다는 점을 보다 돌아볼 필요가 있다.

또르끼오가 언제 처음으로 사용되었는지는 분명하지 않지만, 포도목의 확장과 함께 동시적으로 사용되었으리라 추정하고 있다. 혹자는 아리스토텔레스가 올리브의 압착기를 고안했다는 사실을 들어 그가 또르끼오도 고안했으리라 추정하지만, 확인된 것은 아니다. 어쨌든 올리브의 유압기에서 유래되었을 것이라는 점은 상당히 신빙성이 있다.

실제로 고대 크노소스 궁전*을 발굴하는 과정에서 이와 비슷한 압착기가 발견되었지만, 그 이후 고대형의 초보적 또르끼오는 유물로서 근거를 한 점도 남기지 않고 사라져 버렸다.

남아있는 것으로 유일하게 또르끼오일 것으로 추정되는 것은 두 개의 기둥이 있는 형태로, 힘을 가한 석추가 움직이면 두 개의 기둥이 상호 이격되면서 기능하게 되어 있다.

두 개의 기둥중 하나는 포도송이의 과즙 위 아래로 이동하게 되어 있고, 다른 하나는 상단부에서 다른 기둥과 연동적으로 움직이게 되어 있다.

역사적으로 확인된 또르끼오는 5, 6가지 정도인데, 그 중에서 비교적 확실한 사용기간과 모습을 남기고 있는 까또네(*Catone*)식, 라띠노(*Latino*)식, 쁠리니오(*Plinio*)식, 제노바(*Genova*)식 또르끼오를 살펴보겠다.

먼저 거론할 수 있는 것들은 로마 시대의 또르끼오들이다. 올리브 유압기가 그 기원이 된 포도 압착기 역시 2천년이 넘게 사용되었을 정도로 역사가 깊다. 하나의 기구나 장치가 이처럼 큰 변형없이 오랫동안 지속적으로 사용된 예는 인류사적으로도 거의 전무하다싶을 정도이다. 따라서 포도 압착기에 대한 흔적을 더듬어 보는 것은 포도주의 역사를 이야기할 때 매우 중요하다.

보통 까또네식과 쁠리니오식으로 구분되는 로마식 또르끼오는 역사

---

* 고대 그리스 문명 이전에 크레타 섬에서 발생했던 초기 크레타 문명의 중심지 크노소스에 있던 왕궁으로, 1900년 영국의 고고학자 에반즈에 의해 수많은 유적과 동물의 벽화 등이 발굴되었다.

제노바식 또르끼오

적으로 증명된 최초의 또르끼오라 할 수 있는데, 뽐뻬이의 유적 발굴 시 그 조각들이 발견되었을 정도로 로마시대 이전부터 사용되었던 형태라 할 수 있다.

이 압착기들은 양쪽에 커다란 기둥을 세운 뒤 중앙에 나사형의 지렛대를 설치하고, 이를 이용해서 압축판을 움직이도록 고안되었다. 이 압착판이 나사식 이동축에 의해 상하운동을 하게 되면, 아래에 부착된 포도통에서 압력에 의한 압착과 분쇄가 이루어지게 된다.

이와 같은 압착 원리의 적용방식이나 모양들에서 조금씩 변형되고 분화되어 또 다른 또르끼오들이 만들어졌다.

이중에는 최초의 형태가 기원후 1세기까지 변형없이 사용되었던 까또네식 포도 압착기가 있다. 이 부류는 모두 목재로 제작되었는데, 포도 압착에 사용되는 판과 이를 이동시키는 선이 달려 있는 고대 스타일로, 반대편 암석 위 포도를 담는 부분에서 압착과 혼합이 이루어진다. 분쇄력이나 압력은 설치된 지렛대의 길이에 맞추어 조절되는데, 이 장치를 작동하는데 필요한 인력은 2명 내지 3명으로, 인력이 많이 요구되고 제작비용이 많이 든다는 단점이 있다. 그러나 기능만큼은 거의 완벽하다는 장점 때문에 19세기 말까지 전(全) 이탈리아에서 광범위하게 사용되었다.

기본적인 제원은 11m 길이의 레버와 1,600Kg의 암석, 그리고 12톤의 사용압력이 필요하다. 현대에도 이를 응용한 기계들이 있을 정도로 고대에는 가장 중요한 또르끼오였다.

까또네식 압착기와 함께 가장 많이 사용된 형태가 쁠리니오식 압착기였다. 까또네식 압착기의 제작비용이 많이 들고 넓은 공간을 차지하는 단점을 보완하기 위해 작으면서도 기능성을 살린 형태가 바로 뻴리니오식 또르끼오이다.

이 형태는 중앙의 커다란 나사형 이동축을 통해 기계에 부착된 나무용기 안에서 압착과 혼합이 일어나게 고안된 축소된 형태의 또르끼오이다. 그러나 기계를 작동하는 노동력이 지속적이어야 하고 과중하다는 단점 때문에 소나 말의 힘을 빌려야 하는 어려움이 있어서, 사용압력(6천~7천 kg)의 경제성에도 불구하고 그다지 오래 사용되지는 않았다. 그리고 여기에서 변형되어 좀 더 크고 사용압력이 확장된 라띠노(*Latino*)식 또르끼오도 존재하였다.

세 번째 형태는 제노바식 또르끼오이다. B.C 125년 경 에로네 알렉산드리노(*Erone Alessandrino*)라는 사람에 의해 처음 고안된 이 형태는 초기에는 그다지 많이 사용되지 않았다. 작동원리에서는 다른 또르끼오들과 별 차이가 없었지만, 그리 크지 않았음에도 불구하고 제작비용이 비싸고 작동에 필요한 노동력이 과중하면서 오래 작용되어야 한다는 단점 때문이었다.

좌우 나사형의 기둥은 압력판을 상하 이동시키면서 무거운 하중을 부과할 수 있어서 한번에 많은 양의 포도주를 압착 분쇄할 수 있었다. 또 포도를 담았던 용기 안에는 작동이 끝날 때까지 내용물을 섞어주는 나무가지로 만든 줄이 있어 기능을 향상시켰다.

이와 같은 편리한 기능 때문에 크기를 변형시켜 올리브나 호도 등으로 기름을 얻을 수 있는 유압기로도 사용되었다.

그러나 기능에서는 뛰어났지만, 포도 분쇄에 소요되는 시간이 오래 걸리는 단점 때문에 큰 성공을 거두지는 못했다. 압착 시간이 오래 걸리면 공기중에 포도 과즙을 방치하는 시간이 길다는 의미가 되며, 이는 당시의 기술적 여건으로 보아 포도주의 질과 직접적으로 관련되는 문제라는 점에서 권장되지 못했던 것이다.

그러나 이와 같은 기술상의 결점들이 보완되고 발전되어 나가는 상태에서 여러 압착기들이 고안되었다는 점에서 이들에 대한 연구나 보존은 중요한 일일 것이다. 더군다나 이탈리아의 경우는 이와 같은 압착기들이 19세기 말까지 여러 지역에서 사용되었다는 점 때문에 이에 대한 고찰은 중요한 의미를 가진다.

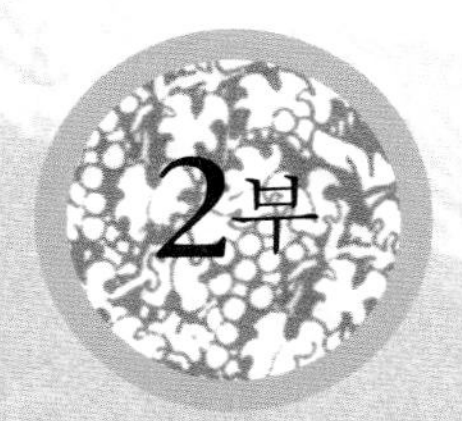

2부 이탈리아 포도주 이야기

혹자는 포도주를 자연이 인간에게 선사한 가장 귀중한 선물이라고 이야기하지만, 실제로 자연은 '산(酸)'을 만들었을뿐 포도주를 만들지는 않는다. 이는 최종적으로 인간의 노력이 가미되어야만 우리가 즐기는 포도주가 만들어진다는 의미로, 포도의 경작에서부터 수확 및 양조 등의 전(全)생산공정에서 인간의 노력과 기술이 적절하게 배치되어야만 보다 맛있는 포도주를 얻을 수 있다는 의미일 것이다.

이렇게 땀과 노력으로 획득할 수 있는 포도주를 인간이 어떻게 개입하여 만드는 것이며, 단일한 향이 아닌 여러 가지 맛과 향, 그리고 다양한 종류의 포도주를 생산하는 것일까? 그러나 이에 대해 전문적이고 자세한 분석적 설명은 할 수가 없을 뿐더러 할 필요도 없을 것이다. 포도를 재배하는 이들에게나 유용한 기술적이고 전문적인 이야기를 전개하기에는 필자의 능력범위를 넘어서는 것이기에 더욱 그러하다.

그러나 다만 이탈리아라는 국가의 지형 안에서 자라는 포도와 포도주의 일반적이고 기본적인 개념들을 밝히는 것이 이탈리아 포도주에 대한 충분한 이해를 위해 선행된다고 믿기에 이탈리아에서 양조되는 포도주와 관련하여 몇 가지 이야기를 제2부에서 전개해 보도록 하겠다.

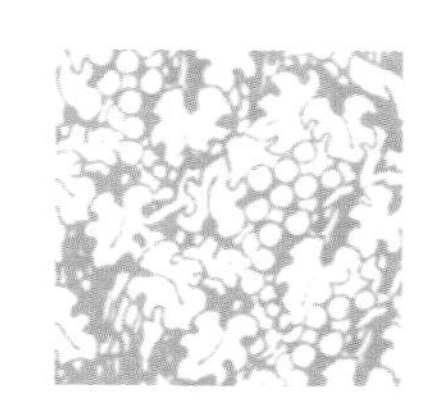

첫 번째 이야기

'이탈리아 포도주론' 서설

고대 지중해 연안에서 시작되었던 포도주 양조가 지리상의 발견 이후 전세계로 확산되고, 영국이 호주에 식민지를 건설하는 것을 끝으로 거의 현재와 같은 포도의 지리적 분포도를 갖게 된다. 따라서 오늘날 포도주를 생산하는 국가들 역시 이에 따라 분포하게 되며, 몇 나라만이 20세기 들어 새로운 생산을 시작할 뿐이다.

현재 세계적으로 포도주를 생산하는 나라는 40여 개국에 한정되어 있다. 가장 전통적인 국가는 이탈리아, 프랑스, 독일, 스페인, 포르투갈, 오스트리아, 스위스 및 동유럽과 발칸 반도의 나라들이며, 미국이나 호주 등 옛 영연방 국가들도 주요 생산국이다. 또한 칠레와 멕시코, 아르헨티나 등의 남미 국가들과, 포도주의 원산지라 할 수 있지만 종교적 이유 등으로 지금은 소량밖에 양조하지 않고 있는 지중해 연안 나라들도 포도주 생산국가들이다.

아시아에서는 유일하게 일본에서 생산되고 있는데, '메르상(*Mercian*)' 이라는 상표로 동경에서 그리 멀지 않은 야마나시라는 곳에서 양조된다. 이 포도주는 적포도주이지만 품질이나 양적인 면에서는 아주

미약하다. 한국도 포도주에 대한 관심과 수요가 늘어나면서 독일 등과 합작하여 OEM 방식으로 포도주를 생산하기 시작했으며, 최근 충북 영동에서 유럽식 기법에 의해 제조된 포도주들이 선보였다는 점에서 이제 막 포도주 생산국에 진입했다고 할 수 있겠다.

고대부터 포도 농사는 기술집약적이어서 가장 짓기 어려운 농사의 하나로 여겨왔다. 실제 역사적으로 포도 농사는 문명이 어느 정도 뒷받침되었던 국가나 왕국들에서 행해졌으며, 후속 왕조들이 이를 전승 발전시킬 역량이 없을 경우 포도 농사는 곧바로 단절과 쇠퇴를 거듭하였다는 예를 수없이 볼 수 있다.

포도 농사가 발전된 지역의 공통점은 기후와 지리적 여건들과 상당한 관련을 갖고 있다. 즉, 포도 농사는 일조량이 많고 강우량이 적은 기후에서, 그리고 평야보다는 산지나 구릉에서 발달하였으며, 생산성 면

20세기 초 이탈리아 포도주 양조 과정을 담은 사진

에서도 더욱 높다는 사실이다. 이런 조건에 적합한 것이 바로 지중해 연안의 해양성 기후이며, 평야가 많은 광활한 대륙보다는 산지나 구릉이 밀집한 유럽의 여러 나라가 이에 적당한 것이다.

이와 같은 기후와 지리적 조건에 각 지역을 대비시켜 보면 어째서 라틴계 국가들인 이탈리아, 프랑스, 스페인에서 좋은 품질의 포도주들이 생산되고 있는지에 대한 답을 구할 수 있다. 프랑스의 경우도 평야지대보다는 구릉이 밀집한 보르도 지역이나 알프스에 가까운 쪽에서 좋은 포도주들이 생산되고 있으며, 이탈리아도 산악과 구릉이 많은 삐에몬떼나 또스까나, 뜨렌디노, 알또, 아디제 지역 등에서 전통적으로 좋은 포도주들이 양조되고 있다.

그러나 얼마나 배수가 잘 되는 지형인가, 또 얼마나 일조량을 받을 수 있고 어느 정도 노력과 정성을 기울이느냐에 따라 같은 지역, 같은 해에 산출된 포도주라도 질에서는 큰 차이가 날만큼 기후와 토양, 지정학적 조건에 영향을 받는 것이 포도주이다.

로마시대부터 보존되어 온 수많은 유적들과 아름다운 건축물, 그리고 피자와 스파게티를 가장 먼저 떠올리게 하는 나라 이탈리아! 우리가 쉽게 연상할 수 있는 이탈리아에 대한 이미지일 것이다. 그렇지만 그와 같은 역사와 유적 외에도 강렬한 태양과 아름다운 해변, 그리고 푸른 바다를 간직하고 있는 곳이 이탈리아 반도이다. 삼면이 바다로 둘러싸여 있고, 평지보다는 산악과 구릉지대가 많은 이탈리아 반도는 지형적으로 한반도와 비슷한 면이 많다.

기다란 장화를 연상시키는 이탈리아 반도는 지형적인 조건과 함께 기후 역시 포도 재배를 위한 최적의 조건을 갖고 있는 지구상의 몇 안되는 국가의 하나다. 실제로 이는 이탈리아의 지형적 조건을 보면 더 욱 쉽게 이해할 수 있다.*

총 3,000만 헥타르의 면적을 갖고 있는 이탈리아는 한반도보다 3분의 1 정도가 더 큰 나라다. 이중 산악지대가 전국토의 33%에 해당하는 1,061만 헥타르이고, 구릉지대는 산악지대보다 훨씬 넓은 1,254만 헥타르의 면적을 차지하고 있다. 이 두 지역을 제외한 약 700만 헥타르가 평지로 구성되어 있어, 비교적 산과 구릉이 많은 지형을 가지고 있는 국가이다.

여기서 중요한 점은 구릉지대가 국토에서 차지하고 있는 비중이 가장 높다는 것이다. 우리에게도 친숙한 끼안띠(*Chianti*)라는 포도주를 비롯하여 브루넬로 디 몬딸치노(*Brunello di Montalcino*) 등의 산지인 또스까나 주는 구릉의 비율이 66.5%에 달하며, 그 외에 이탈리아 포도주 주요 산지인 움브리아 주는 70%, 라찌오 주 역시 54%에 이르는 등 주요 주들에서 포도 재배가 가능한 구릉이나 산지 면적이 70% 이상이 된다는 사실은 지형적 요소가 갖는 중요성을 잘 보여주고 있다.

이는 포도 재배의 최적지로 꼽히는 구릉 지대가 널리 분포되고 있다는 사실 하나만으로도 국가의 지형 자체가 이미 포도 농사에 적합하도록 특징지워졌다는 것을 의미한다.

지형적 조건 이외에도 이탈리아의 지중해성 기후는 포도 재배에 적당한 온도와 강우량, 일조시수 등을 구성하고 있다. 일년 내내 온화한 기후는 최고기온이 20도 정도이고, 최저기온 역시 8도를 나타낼 정도

---

* 이하의 통계 수치는 이탈리아 통계청(ISTAT)과 ISMEA라는 이탈리아 농산물시장 정보연구소의 자료(2001년)에 근거한 것이다.

로 포도가 경작되는 봄부터 늦가을까지의 온도차가 크지 않은 장점을 갖고 있다.

또한 강수량도 연평균 700~800ml의 수치를 보이고 있는데, 이 수치는 포도의 당도를 유지하면서도 일정한 양을 생산하는데 적합한 강수량이라고 전문가들은 이야기한다. 20개 이탈리아 주 가운데 700~800ml의 평균 강수량을 보이고 있는 곳이 삐에몬떼 주(797ml : 1999년 기준)와 또스까나 주(725ml), 라찌오 주(770ml) 등인데, 이들 주가 바로 이탈리아 포도주 생산의 요지라는 사실은 강수량이 포도주 생산에 미치는 중요성을 잘 나타내주고 있다.

지중해성 기후는 보통의 기후들과는 우기가 다소 차이가 있는데, 한국이 6월부터 7월까지 우기라면 이탈리아는 10월과 11월이 우기이다. 이는 과실이 한창 영글어 갈 무렵에 햇볕을 많이 받아 당도가 높다는 장점과 함께 우기 이후에 흔히 오는 병충해의 예방이라는 면에서도 긍정적인 요소가 될 수 있는 것이다.

한 가지 재미있는 사실은 같은 해 같은 지역에서 수확한 포도로 포도주를 만든다 해도 조금씩 맛이 차이가 날 수 있다는 점이다. 구릉의 위치가 어떤가에 따라서, 햇볕의 양에 따라서, 강우의 많고 적음에 따라서 미묘하지만 확실한 맛의 차이가 난다는 것이다. 이는 뒤에서 설명하게 될 포도주 선택의 기준이 될 수도 있는 중요한 요소인데, 같은 연도에 병입한 동일 상표의 포도주라 해서 모두 같은 맛과 향을 갖지는 않는다는 사실을 의미하기 때문이다.

지역 안에서도 최적의 조건에서 수확한 포도로 양조한 포도주가 품질 면에서 뛰어나며, 보통 이런 곳에서 생산되는 포도주가 일반적으로 최상의 품질을 가진 것으로 인식되고 있다.

그리고 지형적 조건이나 강우량 등의 요소에 한 가지 더 추가해야 할 사항은 아마 토질일 것이다. 우리에게 잘 알려져 있듯이 유럽 대부분의 지역은 석회질의 토양들이 많다. 이탈리아 역시 거의 전 국토가 석회질이 풍부한 토양 조건을 갖고 있는데, 이는 포도의 향과 관련하여 중요한 요소가 된다.

특히 이탈리아 반도 내의 화산지대들을 중심으로 분포된 포도 재배 지역에서는 화산재로 쌓여진 토질의 영향으로 포도에 유황이나 기타 물질의 향이 배어날 정도여서 그 지역 포도주의 맛과 향에 간접적으로 영향을 미치고 있다.

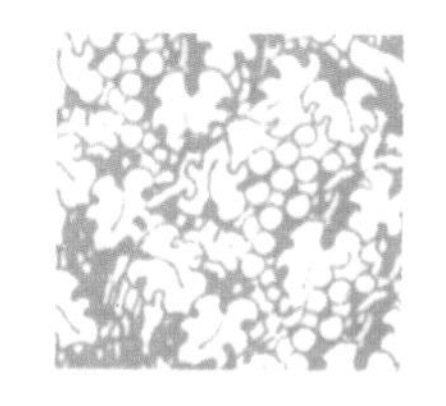

Vino

두 번째 이야기

이탈리아에서 재배되는 포도의 수종

포도의 수종이 포도주 이야기에서 큰 중요성이 있을까 생각하는 이들도 있을 것이다. 직접 포도를 재배하는 농부들에게나 어울릴 만한 주제를 선뜻 앞부분에 내놓은 것은, 포도 수종에 대한 최소한의 이해를 도우면서, 현재 판매되는 포도주 중에서 많은 상표가 포도 수종의 명칭을 따서 붙여졌다는 사실, 포도 수종에 대한 이해는 포도주를 구입할 때 가장 큰 참고 요소가 될 수 있기 때문이다.

현재 이탈리아에서 재배되는 포도 수종은 200여 가지*가 있다. 이는

* 이중 전국적으로 많이 재배되는 잘 알려진 수종들은 다음과 같다: 알바나(*Albana*), 모스까또 비안꼬(*Moscato bianco*), 넵비올로(*Nebbiolo*), 브라께또(*Brachetto*), 산죠베제(*Sangiovese*), 까나이올로 비안꼬(*Canaiolo bianco*), 까베르네 프랑크(*Cabernet Franc*), 까베르네 사비뇽(*Cabernet Sauvignon*), 까나이올로 네로(*Canaiolo nero*), 뜨렙비아노 또스까노(*Trebbiano Toscano*), 말바지아(*Malvasia*), 삐노 비안꼬/네로/그리죠(*Pinot Bianco/Nero/Grigio*), 샤도네이(*Chardonnay*), 베스뽈리나(*Vespolina*), 보나르다(*Bonarda*), 꼬르떼제(*Cortese*), 사그란띠노(*Sagrantino*), 가르가네가(*Garganega*), 알리안띠꼬(*Agliantico*), 비티스 헬레니까(*Vitis Hellenica*), 베르멘띠노(*Vermentino*), 베르나치아(*Vernaccia*), 쁘루뇰로 젠띨레(*Prugnolo gentile*), 알레아띠꼬(*Aleatico*), 네그로아마로(*Negroamaro*), 보르고냐 보르드(*Borgogna Bordeaux*), 안소니까 비안꼬(*Ansonica bianco*), 메를로(*Merlot*), 아스쁘리니오(*Asprinio*), 바르베라(*Barbera*), 프레지아(*Fresia*), 돌체또(*Dolcetto*), 그리뇰리노(*Grignolino*), 꼬르비노(*Corvino*), 론디넬라(*Rondinella*), 몰리나라(*Molinara*), 네그라라(*Negrara*), 비안께라(*Bianchello*), 비안까메(*Biancame*), 베롤네(*Bellone*), 봄

지역적인 구분를 하지 않고 수종으로만 분류한 것으로, 만일 지역적 구분까지 한다면 더욱 많은 종류로 나눌 수 있을 것이다.

이들 수종은 대략 몇 가지 기준에 의해 나눌 수 있는데, 그중 가장 많이 적용되는 것이 과일로 사용하는가 아닌가이다. 즉 한국과 같이 과일로 사용되는 경우도 있지만, 오직 포도주 제조만을 위해 경작되는 종류들도 있다는 의미이다. 그밖에도 적포도주를 위해 재배되는 것인가, 아니면 흰 포도주를 제조하기 위해 재배하는가라는 구분도 있으며, 고대로부터 내려오는 수종인가, 아니면 외래에서 들여온 수종인가 등의 구분도 있을 수 있다.

여기서 일일이 이러한 수많은 수종에 대해 장황하게 설명을 늘어놓을 수는 없지만, 최소한의 이해 가능한 수준에서, 특히 알아두면 포도주를 선택하거나 포도주의 질을 간접적으로나마 측정하는데 도움이 되는 수준에 한하여 이탈리아에서 재배되는 포도 수종에 대해 알아보

비노(*Bombino*), 까다라또(*Cataratto*), 다마스끼노(*Damaschino*), 그레까니꼬(*Grecanico*), 스끼아바(*Schiava*), 마르쩨미노(*Marzemino*), 끄로아띠나(*Croatina*), 브레간쩨(*Breganze*), 수쑤마니엘로(*Sussumaniello*), 뜨로이아(*Troia*), 몬떼뿔치아노(*Montepulciano*), 레포스꼬(*Refosco*), 알바롤라(*Albarola*), 깐노나우(*Cannonau*), 팔라기아나-그레꼬(*Falaghiana-Greco*), 뻬디로쏘(*Pedirosso*), 까리냐노(*Carignano*), 떼라노(*Terrano*), 뜨라미네르(*Traminer*), 라그레인(*Lagrein*), 떼를데고(*Terldego*), 프라빠또(*Frappato*), 깔라브레제(*Calabrese*), 체사네제(*Cesanese*), 피아노(*Fiano*), 보스꼬(*Bosco*), 갈리오뽀(*Gaglioppo*), 마체라띠노(*Maceratino*), 베르디끼오(*Verdicchio*), 베르두쪼(*Verduzzo*), 또까이(*Tocai*), 비안꼴렐라(*Biancolella*), 그레꼬 비안꼬/네로(*Greco Bianco/Nero*), 에르발루체(*Erbaluce*), 빠쎄리나(*Passerina*), 네렐로(*Nerello*), 노체라(*Nocera*), 라끄리마(*Lacrima*), 람브루스꼬(*Lambrusco*), 그라스빠로싸(*Grasparossa*), 말리오꼬(*Magliocco*), 마르실리아나(*Marsigliana*), 가르냐네가(*Gargnanega*), 꼬린또(*Corinto*), 그릴로(*Grillo*), 까따라또(*Cataratto*), 인쫄리아(*Inzolia*), 모니까(*Monica*), 세밀론(*Semillon*), 몬떼뿔치아노(*Montepulciano*), 지빕보(*Zibibbo*), 나스꼬(*Nasco*), 누라구스(*Nuragus*), 오따비아넬로(*Ottavianello*), 삐아베(*Piave*), 베르디조(*Verdiso*), 아르네이(*Arneis*), 세미자노(*Semidano*), 로씨뇰라(*Rossignola*), 아바나(*Avanà*), 베르디끼오(*Verdicchio*), 뻬라베르가 삐꼴로(*Pelaverga Piccolo*), 까쁘레또네(*Caprettone*).

넵비올로 수종

산죠베제 수종

모스까또 비안꼬 수종

뜨렙비아노 또스까노 수종

도록 하겠다.

한국에도 이미 소개가 된 끼안띠(*Chianti*)류나 브루넬로 디 몬딸치노(*Brunello di Montalcino*), 노빌레 디 몬떼뿔치아노(*Nobile di Montepulciano*)류, 그리고 바롤로(*Barolo*) 종이나 바르바레스꼬(*Barbaresco*) 포도주들은 세계적으로 확고한 명성을 얻고 있을 뿐만 아니라, 이들의 원료가 되는 포도 수종 역시 가장 우수한 품종의 하나로 평가받고 있다.

끼안띠의 원료가 되는 산죠베제(*Sangiovese*), 까나이올로 네로(*Canaiolo nero*), 뜨렙비아노 또스까노(*Trebbiano toscano*) 수종, 브루넬로 디 몬딸치노 포도주의 원료인 산죠베제 수종의 지역 이름인 브루넬로(*Brunello*), 노빌레 디 몬떼뿔치아노의 몬떼뿔치아노(*Montepulciano*) 수종, 바롤로와 바르바레스꼬 포도주의 재료가 되는 넵비올로(*Nebbiolo*) 수종은 이탈리아에서도 가장 품질이 좋은 포도 수종의 하나로 꼽는다.

한 가지 특이한 점은 이들은 모두 외래의 것이 아니라 이탈리아 각 지역의 풍토에 맞게 개발된 수종이라는 특색을 갖고 있으며, 대부분 적포도주의 원료가 된다는 사실이다. 물론 이탈리아에서 현재 경작하고 있는 수종 중에는 우수한 외래 수종들도 있으며, 흰 포도주도 많이 생산되고 있고, 이들의 품질이 적포도주보다 떨어지지는 않지만, 위에서 예시한 이탈리아의 대표격 포도주의 수종들은 대부분 적포도주 원료가 되는 수종들이라는 사실은 매우 흥미롭다.

그렇다면 어떻게 수종들을 구분하고 그 장단점을 파악할 수 있는 것일까? 이를 전문가의 입장에서 해설하거나 설명하는 것은 아무래도 무리일 것이다. 또 포도를 재배할 때에나 필요한 전문지식이며, 포도주를 구입하거나 음미할 때에는 하나의 참고자료에 지나지 않는다는 점에서 어떤 수종이 적포도주 혹은 흰 포도주의 대표적 수종이며, 이 포도주들에 대한 소개 및 포도주의 상표로 정착된 수종들에 대하여 알아보도록 하겠다.

현재 이탈리아에서 비교적 전국적인 분포도를 가지면서 많은 포도주들의 원료가 되고 있는 수종은 다음과 같다: 알바나(*Albana*), 모스까또(*Moscato*), 넵비올로(*Nebbiolo*), 브라께또(*Brachetto*), 산죠베제(*Sangiovese*), 까나이올로(*Canaiolo*), 까베르네(*Cabernet*), 뜨렙비아노 또스까노(*Trebbiano Toscano*), 말바지아(*Malvasia*), 삐노(*Pinot*), 샤도네이(*Chardonnay*), 베스뽈리나(*Vespolina*), 보나르다(*Bonarda*), 꼬르떼제(*Cortese*), 사그란띠노(*Sagrantino*), 베르나치아(*Vernaccia*), 알리아니꼬(*Aglianico*: 가장 오래된 이탈리아산 수종의 하나이다), 메를로(*Merlot*), 바르베라(*Barbera*), 프레지아(*Fresia*), 돌체또(*Dolcetto*), 그리뇰리노(*Grignolino*), 꼬르비노(*Corvino*), 벨로네(*Bellone*), 봄비노(*Bombino* : 벨로네와 함께 이탈리아에서 재배되는 대표적인 스페인 수종), 삐노 그리죠(*Pinot Grigio*), 깐노나우(*Cannonau*: 1300년대 초기 스페인에서 도입된 수종으로 사르데냐 섬에서 주로 재배된다), 깔라브레제(*Calabrese*), 에르발루체(*Erbaluce*), 람브루스꼬(*Lambrusco*), 몬떼뿔치아노(*Montepulciano*: 미국에서 제일 먼저 유명해진 이탈리아 포도주의 하나로, 이탈리아 포도주의 세계적 명성에 큰 역할을 했던 수종), 누라구스(*Nuragus*: 페니키아인들이 사르데냐에 전한 수종으로, 아주 오래된 고대 수종이다), 삐아베(*Piave*), 아르네이(*Arneis*) 등.

이 수종들 중에서 적포도주의 원료가 되는 것은 넵비올라, 브라께또, 산죠베제, 보나르다, 몬떼뿔치아노, 바르베라, 프레지아, 돌체또, 메를로, 람브루스꼬, 뜨렙비아노 또스까노, 말바지아 등이다.

이외에도 하나의 수종이 과실의 색에 따라 적포도주와 흰 포도주의 원료로 각각 사용되는 경우가 있는데, 이 때는 비안꼬(*bianco*: '흰'이라는 뜻)나 네로(*nero*: '검은'이라는 뜻)를 수종 뒤에 붙여 종류를 구분한다. 삐노 네로(*Pinot nero*), 까나이올로 네로(*Canaiolo nero*), 그레꼬 네로(*Greco nero*), 말바지아 네라(*Malvasia nera*) 등이 대표적인데, 이들 수종 이름 뒤에 비안꼬(*bianco*)를 붙이면 흰 포도주의 원료가 되는 것이다. 흰 포도주의 원료가 되는 수종으로는 알바나, 모스까또 비안꼬/좔로, 꼬르떼제, 에르발루체, 아르네이, 샤도네이, 삐노 비안꼬/그리죠, 까베르네 사비뇽 등이 대표적이라 할 수 있다.

이와 같이 수종에 대한 최소한의 구분만이라도 가능하다면, 이탈리아에서 생산되는 포도주 중에서 어떤 것이 적포도주이며, 어떤 것이 흰 포도주인가를 알 수 있는 것이다.

또한 포도주 역시 하나의 식품이기 때문에 제조 성분에 대한 표시가 필수적인데, 구성 성분을 통해 원료로 사용된 수종이 어떤 것인가를 알 수 있으며, 어떤 구성비를 통해 포도주가 양조되었는지도 알 수 있다. 포도 수종의 구성비나 배합비 역시 포도주의 품질을 가늠하는 중요한 기준의 하나가 될 수 있다. 예를 들어 산죠베제나 넵비올로, 모스까또 등의 수종이 100% 원료가 된 포도주들은 좋은 품질의 포도주일 가능성이 상당히 높다는 의미로 해석될 수 있다.

끝으로 포도주 수종과 관련한 중요성은, 첫머리에서 언급한대로 대개의 포도주들은 상표를 붙이거나 이름을 부여할 때 포도주의 수종과 생산지 명을 함께 표기하는 경우가 많기 때문에 포도주의 이름만으로도 언제 어디에서 어떤 수종으로 제조된 포도주라는 사실을 알 수 있는 것이다.

브루넬로 디 몬딸치노(*Brunello di Montalcino*), 모스까또 다스띠(*Moscato d'Asti*), 바르베라 달바(*Barbera d' Alba*), 바르께또 다뀌(*Brachetto d'Acqui*), 몬떼빨꼬 사그란띠노(*Montefalco Sagrantino*), 베르나챠 디 산 쥐미냐노(*Vernaccia di San Gimignano*), 람브라스꼬 디 소르바라(*Lambrusco di Sorbara*), 몬떼뿔치아노 다브루쪼(*Montepulciano d'Abruzzo*), 모스까또 디 사르데냐(*Moscato di Sardegna*), 넵비올로 달바(*Nebbiolo d'Alba*) 등이 수종과 산지명을 결합한 포도주 이름들이다.

정확한 이해를 돕기 위해 몇 가지 예를 들어 보기로 하자. 브루넬로 디 몬딸치노(*Brunello di Montalcino*)라는 포도주는 수종을 나타내는 브루넬로와 지역명을 나타내는 몬딸치노가 전치사 디(*di*: 영어의 *of*로 보통 소속을 나타낸다)와 결합하여 상표를 구성하고 있는데, 이것은 몬딸치노*라는 지역에서 브루넬로라는 이 지역 특산의 산죠베제(*Sangiovese*) 수종으로 생산된 포도주라는 의미이다. 모스까또 다스띠(*Moscato d'Asti*) 역시 아스띠**라는 지역에서 모스까또라는 수종으로

---

* 시에나(*Siena*)라고 하는, 피렌체에서 남쪽으로 80km 정도 떨어진 곳에 위치한 꼬무네(*Comune*)에 속한 한 지역 명칭이다.

** 삐에몬떼 주의 한 지역 명칭으로 포도주보다는 샴페인의 일종인 이탈리아산 발포성 포도주 산지로

생산된 포도주라는 뜻이다.

그외의 다른 포도주들 역시 이와 비슷한 의미가 상표 안에 내포되어 있다. 따라서 수종에 대한 정확한 지식은 포도주의 선택이나 품질을 가늠하는 중요한 척도의 하나가 될 수 있다는 사실을 말해주고 있으며, 어째서 이탈리아 포도주에 대해 설명하면서 수종에 대한 이야기를 먼저 시작하는가에 대한 답이 될 수 있는 것이다.

유명하며, 북부에서는 가장 유명한 빨리오(*Pallio*: 말을 타고 달리는 경주로, 전통적인 이탈리아 중세 축제) 축제가 열리는 도시이다.

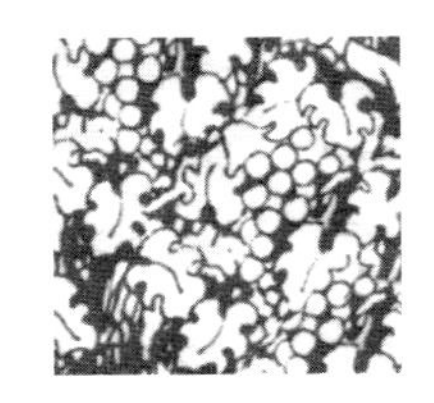

Vino

세 번째 이야기

이탈리아 포도주와 그 등급

이탈리아에서 생산되는 모든 포도주의 종류를 한정된 지면 안에 거론할 수는 없다. 공식적으로 이야기되는 이탈리아 포도주는 1만 2천 여 종이고, 개인이나 소규모의 깐띠나(*Cantina*)에서 제조되는 지역 토산품, 또는 하우스 와인이라고 하여 공식적인 유통과정에 포함되지 않는 종류까지 합한다면 그 수는 헤아릴 수 없을 만큼 많으며, 포도를 원료로 하지만 포도주는 아닌 술 종류까지 이야기한다면 너무나 방대하고 지루하게 될 것이다.

따라서 여기에서는 비교적 잘 알려진 포도주들을 중심으로 기본적인 특색과 종류들, 그리고 이탈리아 포도주의 일반적 특징에 대하여 집중적으로 다루면서 포도주와 관련된 다른 술에 대해서도 간단하게나마 짚어보도록 하겠다.

세계적으로 포도주에 대한 이야기를 시작할 때 가장 먼저 거론되는 것이 프랑스 와인이다. 품질면에서도 우수할 뿐만 아니라 이미 세계적으로 마케팅 면에서 가장 성공한 국가라는 점 때문일 것이다.

이에 반해 이탈리아산 포도주들은 가격이 저렴하다는 이유와, 다른 나라 사람들에게 프랑스산 포도주에 비해 덜 알려져 있으며, 더불어 국제적인 마케팅에서 프랑스에 비해 많이 뒤져 있었던 원인, 그리고 한국 시장에의 본격적인 소개가 최근에야 이루어졌다는 사실 등으로 인해 프랑스산 '와인'은 무언가 품격이 있고 고급스러운 이미지를 갖추고 있는 것으로 인정하는 분위기인데 반하여, 이탈리아산 '포도주'는 저급하고 조잡한 이미지를 갖는 등, 품질에 비하여 인정을 못받고 있는 포도주라 할 수 있다.*

그러나 프랑스산 와인과 이탈리아산 포도주를 간접적으로 비교해보면 다음과 같은 사실들을 얻을 수 있다. 즉, 프랑스산 와인은 양조방법에서 이탈리아산 포도주에 비해 약간 차이가 있으며, 품질면에서 월등한 포도주들도 많지만 지나치게 비싸다는 점, 또 주로 흰 포도주들에 기술적으로 발달해 있다는 이야기이다.

이에 반해 이탈리아산 포도주는 흰 포도주보다는 적포도주 중에서 품질이 좋은 제품들이 많으며, 특히 더욱 강점인 것은 가격에 비해 질이 좋다는 사실이다. 또 두 나라의 음식문화가 조금은 다르다는 점 역시 포도주 생산방법과 준비기간 등 양조론적 차이를 발생시킨 원인이 되었다고 필자는 생각한다. 즉, 일반적으로 손이 많이 가는 프랑스 음식들에 어울리는 포도주 역시 손이 많이 가고 숙성이 오랜 제품들이 적합한 반면, 비교적 시간이 적게 들고 조리방법이 간단한 이탈리아 음식들은 포도주 자체도 짧은 기간에 준비된 것이나 간단하게 양조된

---

* 필자의 포도주에 대한 경험이 주로 이탈리아에 국한되어 있으므로 다른 나라, 특히 프랑스 와인과의 정확하고 체계적인 비교는 어렵지만, 이 내용들은 이탈리아 포도주 관련 종사자들과의 대화 속에서 얻어진 것이라는 점을 밝힌다.

것들이 많을 수밖에 없다는 이야기이다.

그러나 지정학적 측면에서는 이탈리아가 프랑스보다 포도주 생산에 더욱 적합하다는 것이 일반적 의견이다. 전 국토에 구릉과 산악이 많은 이탈리아는 많은 일조량과 적은 강수량 등 천혜의 조건을 갖고 있으며, 로마 시대부터 이어져오는 오랜 전통의 포도주 생산국가라는 유리한 조건들이 있다.

이탈리아가 역사적으로 유일하고 최대의 포도주 생산국가였다가 중세와 근대에 들어서면서 퇴보하였던 이유에 대해서는 앞에서 설명했다. 오늘의 시점에서 이탈리아 포도주에 대한 국제적 평가가 어느 정도 수준인지는 필자의 판단을 넘어서는 일이므로 더 이상의 설명은 어

이탈리아의 전형적인 포도밭과 구릉(또스까나)

렵겠지만, 흔히 알려진 대로 이탈리아 포도주가 싸구려 포도주는 결코 아니라는 점을 다시 한번 밝힌다.

이탈리아에서 생산되는 포도주의 종류를 소개하기에 앞서 중요한 사실을 먼저 거론하지 않을 수 없는데, 그것은 바로 포도주의 등급 분류에 대한 이야기이다. 헤아릴 수 없이 많은 포도주를 모아서 일정한 시기 안에 단번에 그 품질을 정확하게 측정하고 분류하기가 그리 쉽지 않을 것이란 점은 당연하다. 생산년도에 따라, 지역에 따라, 기후에 따라, 또 수확 시기에 따라 일률적으로 품질 규정을 하기 어려운 농산물인 포도를 원료로 하는 포도주를 일률적으로 통제하기 어려운 이유도 바로 이 때문이라고 할 수 있다.

이러한 이유 때문에 이탈리아에서는 포도주 품질관리제도가 시행되고 있다. 즉, 품질과 가격 등 측정기준이 되는 요소에 따라 통상적으로 4가지 기준을 정해 매년 양조되는 포도주들이나 이미 양조된 포도주들에 등급을 부여하는 제도이다. 따라서 포도주 양조업자들은 자기의 포도주가 최상의 등급을 받을 수 있도록 매년 엄청난 노력과 홍보를 하고 있다.

현재 이탈리아의 품질관리 제도에서 분류되는 등급은 4가지이다. 최저등급인 비노 다 따볼라(*Vino da tavola*)에서 IGT, DOC 및 DOCG의 4가지로 나눈다.

비노 다 따볼로에 속하는 포도주들은 '비노 다 따볼라'라는 문구를 상호 아래 표기하기도 하고, 이를 생략한 채 상호만을 쓰기도 한다. 판매용도 있지만 일반 가정이나 농가 등에서 자급자족용으로 생산하는 것도 상당한 양을 차지하고 있다. 이와 같은 사실은 전국 20개 주의 포

비노 다 따볼라 등급의 포도주 에티켓

도 재배면적과 생산량이 일반적으로 알려져 있는 이탈리아 주요 포도 산지와 일치하지 않는다는 점에서도 잘 알 수 있다.

그러면 여기서 잠깐 통계를 보도록 하자. 2000년 기준*으로 이탈리아에서 포도 재배용으로 사용한 용지는 모두 88만 4천 헥타르이며, 여기서 생산된 포도주용 포도가 모두 73,500,000 뀐딸리(*quintali*: 양을 측정하는 이탈리아 도량형으로, 1 뀐딸리는 100Kg이다)였고, 과실용 포도는 15,200,000 뀐딸리에 달하였다. 이중에서 54,100,000 에또리뜨리(*ettolitri*: 100리터를 나타내는 이탈리아 측정단위)의 포도주가 양조되었으며, 그중 51.5%가 흰 포도주였고, 48.5%가 적포도주였다.

---

* 자료는 ISMEA(이탈리아 농산물시장 조사 및 정보연구소)의 2000년 보고서이다.

그런데 포도주 생산량과 관련하여 재미있는 사실은 비노 다 따볼라와 상업용 포도주와의 산지가 일치하지 않는다는 점이다. 잘 알려진 이탈리아 포도주 산지 중에서 삐에몬떼 주와 또스까나 주 등은 전체 생산량에서 20개 주 중 7번째(4,201,000 뀐딸리)와 8번째(4,098,000 뀐딸리)의 순위를 차지할 뿐이고, 흰 포도주 산지로 유명한 베네또(*Veneto*) 주가 11,553,000 뀐딸리를 생산했으며, 뿔리아(*Puglia*) 주가 10,904,000 뀐딸리로 그 뒤를, 에밀리아 로마냐 주(9,195,000 뀐딸리)와 시칠리아 주(9,164,000 뀐딸리)가 바로 뒤를 이었다.

또 상업용이 아니라는 사실은 가격대가 저가인 경우가 대부분이며, 포도의 수종 역시 여러 종류를 배합하여 만드는 것이 일반적이고, 향이나 맛도 다양하기 때문에 처음 포도주를 대하는 사람에게는 이탈리아 포도주에 대한 잘못된 선입견을 심어줄 수 있는 위험이 있다. 따라서 처음으로 포도주를 대하는 이들에게는 그리 권하기 어려운 등급의 포도주라고 할 수 있다.

두번째 등급인 IGT는 인디까찌오네 제오그라피까 띠삐까(*Indicazione Geografica Tipica*)의 영문 이니셜의 첫 글자를 따서 지칭하는 것으로 1995년부터 시행되었다. 이것은 과거의 인디까찌오네 제오그라피까를 보다 규격화한 등급이라고 할 수 있다. 우리말로 해석하면 '지역 특산 지정' 포도주라 할 수 있는데, 말 그대로 각 지역에서 생산되는 지역 특산물이라는 의미이다.

실제로 포도주를 분류하는 등급의 시작인 이 등급은 일정한 기준과 규격을 갖추어야 부여되는 것으로, 포도의 수종이나 배합비 등을 기본으로 표기하며, 보통 그 지역의 특산 음식이나 산물 등에 조화가 잘 되

IGT 등급의 포도주 에티켓

는 포도주라는 의미로 해석할 수 있다. 2000년 현재 이 등급을 받은 포도주는 117종으로 사르데냐(*Sardegna*) 섬이 제일 많은 15종이 있으며, 깔라브리아(*Calabria*) 주가 13종, 그리고 롬바르디아(*Lombardia*) 주에 12종이 있다. 117종의 IGT 등급에 속하여 생산되고 있는 포도주 상표 수는 모두 2,800여 종이다.

그 다음은 DOC로, 떼노미나찌오네 디 오리쥐네 꼰뜨롤라따(*Denominazione di Origine Controllata*)의 영문 이니셜로 표기되는 등급인데, 우리말로 바꾸면 '원산지 품질검사 표기'라 할 수 있다. 즉, 포도의 수종이나 산지 등을 검사한 포도주라는 뜻이며, 앞의 두 등급보다는 엄격한 기준이 부여된다.

이탈리아 전역의 300여 지역단위들에서 현재 이 등급에 속하는 포도주들은 대략 7천 여 종에 이르며,* 매년 이 등급을 획득하는 포도주

---

* 이 통계 기준은 1999년으로, ISMEA(농산물시장 조사 및 정보연구소)에서 발표하였다.

의 수가 증가하고 있다. 처음 포도주를 접하는 이에게 있어 DOC 등급 포도주는 어느 정도 포도주에 대한 지식과 안목이 있어야 실패할 위험을 줄일 수 있다. 간혹 이 등급의 포도주가 이보다 한 단계 높은 등급인 DOCG보다 다 나은 맛을 보이는 경우가 종종 있을 정도로, 품질에 있어서는 어느 정도 검증된 등급이라고 할 수 있다.

DOC 등급의 포도주 에티켓

마지막으로 최상의 등급으로 평가받는 DOCG는 데노미니찌오네 데 오리쥐네 꼰뜨롤라따 에 가란 띠 따 (*Denominazione di Origine Controllata e Garantita*)의 영문 이니셜을 표기한 것으로 '원산지 품질검사 및 보증 표기' 정도의 의미로 해석할 수 있는 등급이다. 일단 이 등급을 받게 되면 이탈리아뿐만 아니라 세계적으로 품질에 관하여는 보증받은 제품이라는 인식을 주기 때문에 초보자에게도 무난히 받아들여질 수 있는 포도주라 할 수 있다.

2002년 3월 현재 이탈리아에서 총 25개의 포도주가 이 등급을 획득하고 있는데, 특정 지역을 중심으로 산지가 분포되어 있으며, 각각 고

DOCG 등급의 포도주 에티켓

유 명칭을 가지고 있다. 알파벳 순서대로 이 포도주를 열거해보면 다음과 같다. 괄호 안은 산지 소재 주의 명칭.

알바나 디 로마냐(*Albana di Romagna*: 에밀리아 로마냐 주), 아스띠 스뿌만띠와 모스까또 다스띠(*Asti Spumanti*, *Moscato d'Asti*: 삐에몬떼 주), 바르바레스꼬(*Barbaresco*: 삐에몬떼 주), 바르돌리노 수뻬리오레(*Bardolino Superiore*: 베네또 주), 바롤로(*Barolo*: 삐에몬떼주), 브라께또 다뀌(*Brachetto d'Acqui*: 삐에몬떼 주), 브루넬로 디 몬딸치노(*Brunello di Montalcino*: 또스까나 주), 까르미냐노(*Carmignano*: 또스까나주), 끼안띠와 끼안띠 끌라시꼬(*Chianti*와 *Chianti Classico*: 또스까나 주), 프란치아꼬르따(*Franciacorta*: 롬바르디아 주), 가띠나라(*Gattinara*: 삐에몬떼 주), 가비(*Gavi*: 삐에몬떼 주), 겜메(*Ghemme*: 삐에몬떼 주), 몬떼팔꼬 사그란띠노(*Montefalco Sagrantino*: 움브리아 주), 라만돌로(*Ramandolo*: 프리울리 줄리아 베네찌아), 레쵸또 디 소아베(*Recioto di Soave*: 베네또 주), 소아베 수뻬리오레(*Soave*

Superiore: 베네또 주), 따우라지(*Taurasi*: 깜빠냐 주), 또르쟈노 로쏘 리제르바(*Torgiano Rosso Riserva*: 움브리아 주), 발뗄리나 수뻬리오레(*Valtellina Superiore*: 롬바르디아 주), 베르멘띠노 갈루라(*Vermentino Gallura*: 사르데냐 주), 베르나챠 디 산 쥐미냐노(*Vernaccia di San Gimignano*: 또스까나 주), 비노 노빌레 디 몬떼뿔치아노(*Vino Nobile di Montepulciano*: 또스까나 주).

이중에서 적포도주는 모두 15종으로 바르바레스꼬, 바르돌리노 수뻬리오레, 바롤로, 브라께또 다뀌, 브루넬로 디 몬딸치노, 까르미냐노, 끼안띠와 끼안띠 끌라시꼬, 가띠나라, 겜메, 몬떼팔꼬 사그란띠노, 따우라지, 또르쟈노 로쏘 리제르바, 발뗄리나 수뻬리오레, 비노 노빌레 디 몬떼뿔치아노이다.

또 흰 포도주는 10종으로 알바나 디 로마냐, 아스띠 스뿌만띠와 모스까또 다스띠, 프란치아꼬르따, 가비, 레쵸또 디 소아베, 라만돌로, 소아베 수뻬리오레, 베르멘띠노 갈루라, 베르나챠 디 산 쥐미냐노이다.

DOCG 등급 포도주를 생산하는 지역 중에서 특이한 것은 삐에몬떼 주(모두 8종)와 또스까나 주(모두 5종)에 집중적으로 몰려 있다는 점과, 아무래도 적포도주가 더 많이 DOCG 등급을 획득하고 있다는 사실이다.

이는 이탈리아산 포도주 중에서 국제적 인지도와 선호도를 갖고 있는 포도주들이 이 두 개 주에 많이 있다는 의미이며, 외국인이 이탈리아 포도주를 선택할 경우 좋은 참고자료가 될 수 있을 것이다.

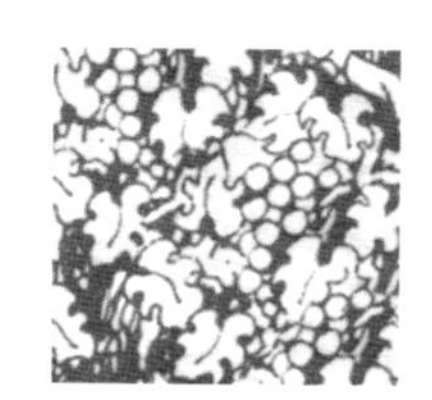

네 번째 이야기

이탈리아의 최고급 포도주들

앞에서 언급한 4 등급의 포도주를 모두 소개하기는 어려운 일이고, 한국이나 이탈리아에서 포도주를 선택할 경우 거의 실패의 위험이 없다고 볼 수 있는 DOCG 등급 25개 포도주들에 대하여만 그 특징과 연원을 알아보겠다.

한국에 소개된 이탈리아 포도주 중에서 역사가 가장 오래되었다고 볼 수 있는 것은 아무래도 끼안띠와 끼안띠 끌라시꼬일 것이다. 이미 세계적으로도 유명한 이탈리아 포도주의 하나로 각인되어 있으며, 특히 이 포도주를 생산하고 있는, 피렌체를 중심으로 주변 100여 개 꼬무네(*Comune*: 보통 시 · 읍, 또는 면 정도의 행정구역으로 볼 수 있다)가 속해 있는 또스까나 주는 이탈리아에서도 가장 볼거리가 많으며, 기후도 좋고 자연풍광이 아름다운 곳이다.

유럽인들이 유럽에서 가장 선호하는 지역으로 꼽히는 이 지역은 일년 내내 관광객들로 붐비는데, 특히 여름 휴가철이면 유럽 각지와 일본, 미주 지역에서도 많은 관광객들이 찾아온다.

'끼안띠'라는 이름이 이 지역의 포도주를 지칭하는 고유명사가 된

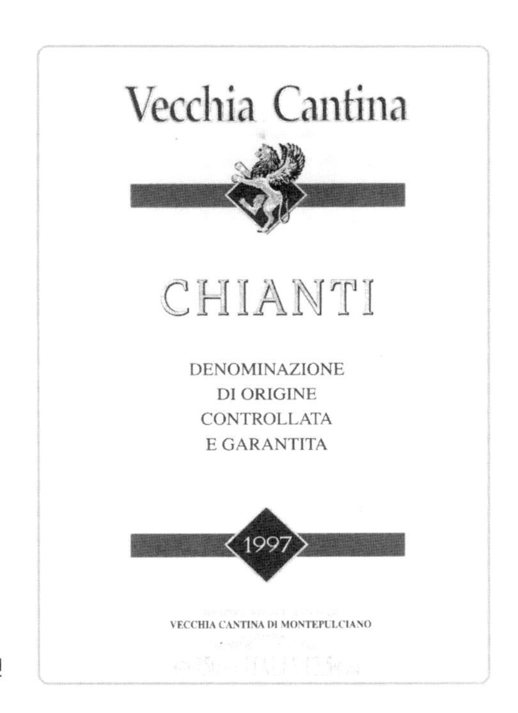

끼안띠 포도주의 에티켓

것은 1716년 또스까나의 영주였던 그라두까 디 또스까나 꼬스모(*Granduca di Toscana Cosmo*) 3세 때로, 이 사람이 이 지역의 끼안띠 끌라시꼬 포도주를 보존하고자 주요 생산지역을 중심으로 포도주 양조업을 보호하고 보존, 권장하는 공고를 내게 되었던 데서 시작된다. 이 포도주는 1932년에 정식으로 '끼안띠'라는 상표를 등록하고, 1967년에 DOC 등급을, 1984년에 DOCG 등급을 획득하게 되었으며, 이후 이탈리아 포도주의 국제화와 마케팅에 크게 공헌했다.

특히 이탈리아 여러 도시 중에서 예술의 수도라고 일컬어지는 피렌체뿐만 아니라, 영화 〈인생은 아름다워(*La vita è bella*)〉의 배경이 되었던

DOCG 인증 라벨(적포도주)

DOCG 인증 라벨(흰포도주)

아레쪼(*Arezzo*), '피사의 사탑'으로 유명한 삐사(*Pisa*), 그리고 이탈리아의 섬유 생산지로 유명한 쁘라또(*Prato*), 빨리오(*Palio*)라는 축제로 우리에게도 낯설지 않은 시에나(*Siena*) 등 크고 작은 지역들이 끼안띠의 주요 산지들이다. 즉, 또스까나 주는 주변의 많은 볼거리를 제공하면서 좋은 음식과 포도주, 그리고 아름다운 자연 풍광을 함께 보여주기 때문에 매년 많은 사람들이 찾아오는 것이다.

끼안띠 포도주에는 3가지 자체 등급이 있는데, 그저 '끼안띠'라고 하는 일반 포도주, '*Superiore*'라고 하는 고급 포도주, 그리고 전통적 방식으로 한정된 양만을 생산하는 '끌라시꼬(*Classico*)'가 있다.

'끼안띠 끌라시꼬'는 다시 숙성연도에 따라 젊은(*giovane*) 끼안띠 끌라시꼬와 오래된(*vecchio*) 끼안띠 끌라시꼬로 구분된다. 앞의 두 종류의 끼안띠는 생산지역이 넓게 분포되어 있지만, '끼안띠 끌라시꼬'는 피렌체 주변의 그레베 인 끼안띠(*Greve in Chianti*)를 포함한 3개 꼬무네와 시에나 주변의 5개 꼬무네에서만 생산되고 있다.

포장이 완료된 끼안띠와 끼안띠 끌라시꼬 포도주에는 보통 DOCG를 인증하는 라벨이 붙게 되는데, 이런 류의 라벨은 농림부에서 공인하여 부착하는 것이며, 그것은 다른 DOCG 등급 포도주도 동일하다.

이와는 별도로 꼰소르찌오(*Consozio*)*라는 동업자 조합에서 엄격한

끼안띠 생산조합의 문장

---

* 꼰소르찌오는 정식 명칭이 꼰소르찌오 델 마르끼오 스또리꼬 끼안띠 끌라시꼬(*Consorzio del Marchio Storico Chianti Classico*)인데, 이 조합에서 사용하는 검은색 바탕의 노란 수탉 모양의 문장은 끼안띠 지방의 군사동맹에 사용하였던 것을 1500년 경에 피렌체에서 다시 제작하였고, 1924년에 정식으로 조합이 창립되면서 문장으로 사용하게 되었다. 라다 인 끼안띠(*Radda in Chianti*)에서 33명의 생산업자들에 의해 처음 발족한 이 조합은 현재 600명이 넘는 업자들이 250여 종의 포도주를 생산하는 규모로까지 발전하였다. 그러나 끼안띠 끌라시꼬를 생산한다고 모두 이 조합에 속해 있는 것은 아니다. 전체 생산업자의 80% 정도만이 조합의 회원이며, 총 5,500 헥타르에 달하는 경작지를 소유하고 있다.

기준을 통과한 제품들에만 부착하는 표가 있다. 수탉 모양을 한 이 표가 바로 고전적인 끼안띠 포도주라는 인증이며, 이를 부착한 포도주는 전통적인 방식으로 오래 전부터 제조되었던 '끼안띠 끌라시꼬' 이다.

전통적인 끼안띠 포도주는 숙성연도에 따라 두 가지로 구분한다고 앞에서 기술했는데, 그 구분은 수탉의 색깔이다. 빨간색이면 젊은 끼안띠, 노란색이면 오래된 끼안띠이다. 젊은 끼안띠는 보통 1년에서 3년 정도의 숙성기간을 거쳐 시음하는 것이 바람직하지만, 오래된 끼안띠는 최소 3년 이상의 숙성기간을 요구하는데, 보존용은 10년에서 15년까지도 변질되지 않는다.

끼안띠에 사용되는 수종은 산죠베제(*Sangiovese*)와 까나이올로 네로(*Canaiolo nero*), 뜨렙비아노 또스까노(*Trebbiano Toscano*) 등이 보통인데, 주성분이 되는 산죠베제 수종이 얼마만한 비율로 포함되었는가가 품질 결정의 중요한 요소가 된다. 보통 산죠베제 수종이 80% 이상은 되어야 좋은 등급이라 할 수 있으며, 다른 수종을 20% 정도 혼합한다. 양조가 완료된 후의 알코올 도수는 최소 11.5도는 되어야 하며, 통상 12도 이상인 경우가 많다.

포도주의 색깔은 진한 적색을 띠며, 숙성연도가 오래될수록 적갈색으로 변하는 것이 일반적이다. 포도주 향이 진하게 느껴질 정도가 되어야 좋은 제품이며, 탄닌이 섞인 듯한 맛을 낸다. 대부분이 적포도주인 끼안띠는 차게 마시는 포도주가 아니기 때문에 18도에서 20도 정도의 실온에서 마셔야 제맛을 즐길 수 있으며, 숙성연도가 짧은 끼안띠는 빼스따, 고기요리, 치즈 등 전채요리에 적합하지만, 숙성연도가 오래된 것들은 구운 고기 요리나 야생 동물 요리 등에 적합하다.

이탈리아의 적포도주 중에서 국내외적으로 품질과 가격면에서 고급으로 평가받는 것의 하나가 브루넬로 디 몬딸치노(*Brunello di Montalcino*)이다. 이탈리아 포도주 중에서 최초로 DOCG 등급을 획득했을 만큼 품질에 관해서는 자타가 인정할 만하다. 또스까나 주의 시에나 지방에 속한 몬딸치노라는 곳에서 생산되는데, 포도주 이름 앞에 붙여진 브루넬로는 이 포도주의 원료인 산죠베제 수종의 이 지방 고유 이름인 바, 이 포도주는 오직 이 수종 100%만으로 제조한다. 부연하자면, 산죠베제 수종으로서 포도 알이 큰 종류를 이 지방에서는 브루넬로라 부르고 있는데, 이를 포도주 이름에 붙이고 있다.

이 포도주는 18세기 경 일단의 농부들과 양조업자들이 숙성연도를 오래할 수 있으면서도 최고의 품질을 갖는 지역 특산 포도주 제조를 위한 연구 끝에 탄생된 포도주다. 최소 요구되는 숙성기간이 5년 이상이지만, 보통 10년에서 12년 사이의 숙성기간을 거친 포도주들이 제맛을 내며, 병입 과정이나 포도 상태 등에 따라 15년 이상인 것이 최고의 등급을 갖기도 한다.

브루넬로 디 몬딸치노

진한 적색으로 거의 갈색에 가까우며, 아주 강하면서도 드라이한 맛을 느낄 수 있다. 약간의 탄닌 맛과 함께 따뜻한 기분을 가질 정도의 맛이 느껴지고, 요크 향이 잘 배어 있어 그윽한 내음을 낸다.

제대로 숙성되면 13도 이상의 알코올 도수를 함유해야 되며, 숙성기간이 긴 것은 보통 13.5도 이상이다. 이 포도주는 20～22도의 온도에서 최상의 맛을 느낄 수 있다고 알려져 있기 때문에 마실 때 약간 따뜻한 느낌을 갖게 된다. 이상적으로 조화되는 음식은 야생 동물 요리이고, 기타 고기 요리 중에서도 고급스러운 것들이 잘 어울린다. 흔히 식사와 곁들이는 '반주'로서의 포도주가 아닌, 대화와 생각을 위해 곁들이는 '술'로서의 포도주라는 의미에서 이탈리아인들은 이 포도주를 '명상을 위한 포도주'라고 부르기도 한다.

브루넬로 디 몬딸치노와 함께 또스까나 지방에서 생산되는 명성이 높은 적포도주의 하나가 비노 노빌레 디 몬떼뿔치아노이다. 브루넬로 디 몬딸치노와 함께 시에나 지방에 속한 발 도르챠(*Val d'Orcia*)와 발 디 끼아나(*Val di Chiana*) 지역에서 생산되고 있다.

포도주 이름에서 볼 수 있듯 노빌레(*Nobile*)는 '귀족의'라는 뜻의 이탈리아어 형용사인데, 이는 이 포도주의 품격이 귀족적이고 고급스럽다는 의미를 내포하고 있다. 17세기에 탄생된 이 포도주는 당시부터 영주들이나 귀족들이 선호했으며, 오늘날에는 전세계적으로 명성을 얻고 있다. 1989년에 DOCG 등급을 획득하면서 개발된 몬떼뿔치아노 수종을 원료로 하여 새롭게 품질을 규격화하고 향상시켰다.

즉, 산죠베제 종의 지역 명칭인 쁘루뇰로 젠띨레(*Prugnolo gentile*)와 까나이올로 네로(*Canaiolo nero*)를 각각 6 대 4에서 8 대 2의 비율로 배합하여 제조한다.

비노 노빌레 디 몬떼뿔치아노 에티켓

색조 역시 진한 홍색으로 적갈색에 가까우며, 빛에 비추면 오렌지색을 띠기도 한다. 드라이한 맛과 약간의 탄닌 향기가 나며, 짙은 맛과 함께 비교적 손이 많이 가는 음식들에 적합하다. 특히 구운 고기 요리나 야생동물 요리에 어울린다.

최소한 4년 이상의 숙성기간이 요구되며, 8년이 넘어야 맛을 느낄 수 있는 것들이 많다. 18~20도가 제맛을 느낄 수 있는 최상의 온도이며, 양조가 끝난 뒤의 알코올 도수는 13도 이상이다. 브루넬로 디 몬딸치노와 함께 이 포도주도 '명상용 포도주'라는 별칭을 갖고 있다.

위의 세 종류 포도주가 또스까나 주에서 생산되는 최상급 적포도주라면, 바롤로(*Barolo*), 바르바레스꼬(*Barbaresco*), 브라께또 다뀌(*Brachetto d'Acqui*), 가띠나라(*Gattinara*), 겜메(*Ghemme*)는 이탈리아 최대의 포도주 산지인 삐에몬떼 주를 대표하는 DOCG급 적포도주이다.

이중에서도 바롤로는 한국에도 몇 해 전에 소개되었을 정도로 국제적으로 인정을 받고 있는 우수한 품질의 포도주이다. 이 포도주는 또리노 남쪽에 위치한 꾸네오(*Cuneo*) 지방에 속한 바롤로 시를 중심으로 몇몇 지역에서 생산되고 있는데, 이탈리아의 통일을 주도했던 사보이 왕국의 수상 카부르로부터 칭송을 받았던 포도주로도 유명하다.

1980년에 DOCG 등급을 획득한 이 포도주는 3년 이상의 최저 숙성기간 중에 요크 통과 밤나무 통에 적어도 2년은 담아 숙성시키기 때문에 맛이나 향기가 독특하다. 100% 넵비올로(*Nebbiolo*) 수종으로 제조된 이 포도주의 알코올 도수는 최저 13도이며, 20도에서 22도 사이의 온도에서 마시는 것이 바람직하다.

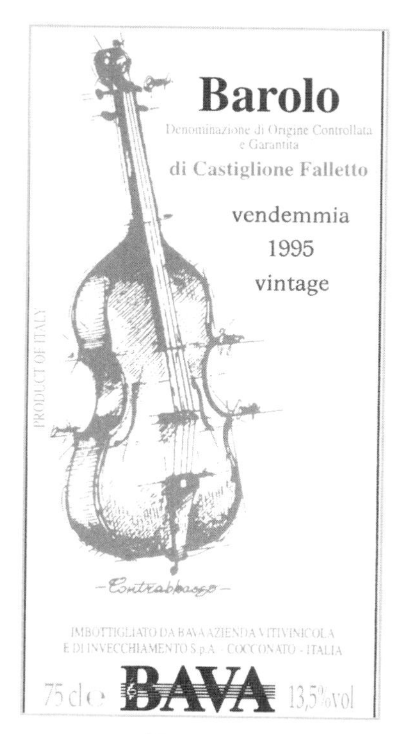

바롤로의 에티켓

최저 3년의 숙성기간이라고 하지만, 보통 5년 이상이 되어야 제 맛이 나며, 10년 정도의 숙성기간이 최상이라고 이야기된다. 요크 향과 밤나무 향이 어우러지면서 에테르 향이 나며, 약간 따뜻한 감의 산이 느껴질 정도의 맛을 갖고 있고, 목에 넘어갈 때는 부드러운 벨벳과 같은 느낌을 경험한다.

바롤로와 함께 삐에몬떼를 대표하는 포도주의 하나가 바르바레스꼬이다. 바르바레스꼬란 중세 성의 이름에서 유래한 것으로, 꾸네오 지방의 한 고성이 위치한 도시 이름이기도 하다. 1400년대까지 거슬러 올라갈 수 있는 이 포도주는 넵비올로 수종으로 양조되는데, 이 지역의 또 다른 유명한 포도주 바롤로의 수종과 같다.

1980년에 바롤로와 함께 DOCG 등급을 획득한 바르바레스꼬는, 바롤로보다는 숙성기간이 짧다(법에 규정된 기간은 26개월인데, 이중 13개월은 요크 통이나 밤나무 통에 저장해야 한다). 이 포도주는 최소 3년이 넘어야 제맛이 나는데, 12.5도에서 13도의 알코올 도수를 갖는다.

숙성이 완료된 포도주는 적갈색을 띠며, 포도 과육의 육질을 느낄 수 있을 만큼 강한 맛과 드라이하면서도 진한 향, 요크 향과 밤나무 향이 섞인 향기를 갖는 것이 특징이다. 18도에서 20도 정도의 온도가 맛을 음미하기에 가장 적합하며, 삐에몬떼 지방의 토속 요리들에 잘 어울리고, 딱딱한 치즈 류나 향이 강한 빠스따 요리, 소고기 요리 등과도 제법 조화된다.

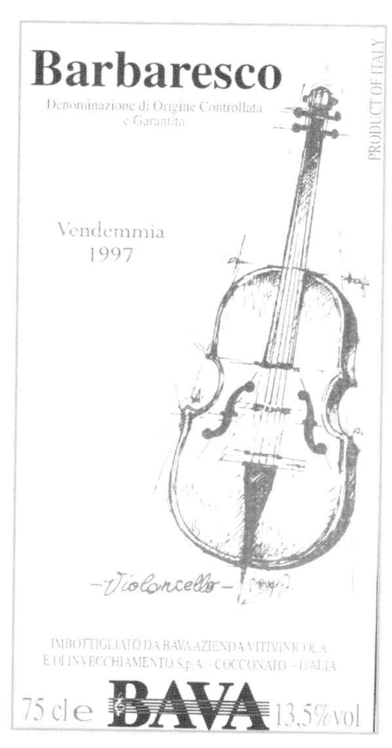

바르바레스꼬의 에티켓

지금까지 보았던 적포도주와는 다른 유형의 포도주가 브라께또 다뀌이다. 디저트용 적포도주와 발포성 포도주(스뿌만떼라고 하는 샴페인과 비슷한 종류)류를 전문적으로 생산하는데, 이 포도주는 1996년에 DOCG 등급을 획득했다. 아스띠(*Asti*)와 알렉산드리아(*Alessandria*) 지방의 몇몇 지역에서만 생산되는데, 브라께또라는 수종을 원료로 하며, 맛은 아주 부드럽고 달콤하며 섬세하다.

보통 디저트용 와인은 흰 포도주 계열이 많은데, 독특하게도 이 포도주는 아주 붉은색을 띤다. 최소한의 알코올 농도는 11.5도(이 포도주는 양조 때 5도 정도의 알코올을 혼합하여 11.5도에서 12도의 알코올 도수를 유지한다)이며, 발포성 포도주의 경우는 12도가 일반적이다. 디저트용이기 때문에 식후 가벼운 후식들에 잘 어울린다.

피렌체시 북쪽에 위치한 까르미냐노(*Carmignano*) 꼬무네를 비롯

브라께또 다뀌의 에티켓

하여 뽀지오(*Poggio*), 까이나노(*Caiano*) 등의 지역에서 생산되는 까르미냐노(*Carmignano*)는 또스까나 지역의 유명한 포도주들 못지 않은 명성을 갖고 있다. 까르미냐노 포도주의 특징은 산죠베제 수종을 50% 정도 넣고 까나이올로 네로(*Canaiolo nero*), 까베르네 프랑(*Cabernet Franc*) 등의 수종과 흰 포도주 원료인 뜨렙비아노 또스까노(*Trebbiano Toscano*), 까나이올로 비안꼬(*Canaiolo bianco*) 등의 수종을 적절하게 배합하여 제조한다는 데 있다.

앞에서 소개한 포도주들이 보통 산죠베제를 100% 사용하거나, 혼합을 하더라도 다른 수종의 비율이 비교적 적다는 점에 비추어 특이한 점이라 할 수 있다. 이는 이 포도주의 양조기법이 아주 뛰어나다는 점을 간접적으로 증명하고 있다. 이 양조방식은 오랜 전통을 갖고 있다. 이 포도주는 과육의 맛이 진하게 느껴지면서도 에테르 향이 섞인 듯한 향기가 나고, 약간의 산이 첨가된 듯한 맛과 부드러움이 함께 느껴진다.

최소 2년 이상의 숙성기간을 거쳐야 하며, 오래 저장하는 포도주들은 5년 이상 숙성시키며, 18도에서 20도 사이의 온도에서 음미하는 것이 좋다. 양조가 완료된 포도주는 12.5도에서 13도 정도의 알코올 도수를 함유하게 되고, 일반적으로 잘 어울리는 음식은 육류 요리와 향이 강한 치즈 등이다.

또리노에서 밀라노 쪽으로 가다보면 베르첼리(*Vercelli*)라는 지방이 있고, 여기에 가띠나라(*Gattinara*)라는 곳이 속해 있는데, 이 지역을 중심으로 생산되는 포도주가 가띠나라이다. 1991년에 DOCG 등급을 획득하였으며, 넵비올로 수종 90%와 보나르다(*Bonarda*) 수종이나 기타 다른 수종들을 10% 비율로 배합하여 제조한다.

가띠나라의 에티켓

오래된 것일수록 적갈색을 띠며, 꽃향이 섞인 듯한 섬세하고 진한 향기가 특색이고, 가벼운 산이 포함된 맛과 과즙 맛이 나면서도 절제된 맛을 잃지 않을 정도의 감미로움이 느껴진다.

향이 강한 육류나 구운 고기 요리에 적합하며, 최저 숙성기간은 3년이고, 가장 좋은 숙성연도는 4년에서 5년 사이이다. 숙성된 포도주는 최소 12.5도의 알코올을 함유하게 되고, 16도에서 18도의 실온에서 음미하는 것이 바람직하다.

가띠나라 포도주 산지에서 그리 멀지 않은 곳에 겜메(*Ghemme*)라는 지역이 있는데, 이 지역의 포도주 역시 8개의 DOCG 등급을 받은 삐에몬떼 주 포도주의 하나로 명성이 높다. 1997년에 DOCG 등급을 획득한 이 포도주는 특히 밀라노에 거주하는 한국인들 사이에서 입 소문을 타 직접 한국인들이 현지 포도주 창고들을 방문하여 구입하는 것으로도 유명하다. 수종은 가띠나라 포도주와 비슷한데, 넵비올로 75%, 베스뽈리나(*Vespolina*)와 기타 수종들을 25%의 비율로 배합한다.

최저 숙성기간은 3년이며, 최적의 숙성기간은 4년에서 5년이다. 섬세하고 독특한 향과 에테르 향의 그윽한 특징을 가지며, 드라이하면서도 약간 텁텁한 맛이 느껴진다. 18도에서 20도의 실온에서 음미하는 것이 좋고, 최저 알코올 도수는 12도로 구운 고기 요리나 육류 요리에 어울린다.

2002년 한국에서 개최된 월드컵 이탈리아와의 16강전 때문에 한국인들에게 악명높은 가우치(*Gaucci*)가 구단주인 뻬루지아 구단이 소재한 주가 움브리아(*Umbria*)이다. 움브리아 주의 대표적인 포도주가 몬떼팔꼬 사그란띠노(*Montefalco Sagrantino*)인데, 이 포도주는 바로 뻬루지아 구단이 있는 몬떼빨꼬 지역에서 생산된다.

이 지역 특산의 사그란띠노라는 수종 100%로 제조되는 이 포도주는 1979년에 DOC 등급을 획득한 뒤, 다시 1992년에 DOCG 등급을 획득하여 현재까지 움브리아의 대표적 적포도주의 하나로 여겨지고 있다. 이 포도주는 두 가지 유형이 유명한데, 하나는 드라이한 적포도주이고, 다른 하나는 앱티타이저용이나 디저트용—이 두 유형의 포도주를 총칭하여 빠시또(*passito*)라고 한다—포도주이다.

적포도주의 경우 제조가 끝난 뒤의 알코올 도수는 최저 13도이며, 18도에서 20도 사이에서 마시는 것이 제 맛을 느낄 수 있는 온도이다. 이 포도주는 나무통이나 병에 넣기 전에 까다롭고도 세심한 준비 절차를 거치는 것으로도 유명하다. 진한 붉은빛을 띠며, 모라(*mora*: 머루와 같이 보라색이 도는 산 과일)의 그윽하고 감미로운 향과 드라이하면서도 깨끗한 맛을 갖는다. 이 포도주에는 육류 요리나 구운 고기 요리, 야생 동물 요리 등이 어울린다.

세계 3대 미항의 하나이며 이탈리아 정통 피자의 도시로 잘 알려져 있는 나폴리(*Napoli*)가 속한 주가 깜빠니아(*Campania*)인데, 바로 이 주의 유일한 DOCG 등급 포도주가 따우라지(*Taurasi*)이다. 나폴리에서 동쪽으로 30분 정도 가면 아벨리노(*Avellino*)라는 도시가 있는데, 이 포도주가 이 지역에서 생산되고 있다.

이미 로마시대에도 '비녜 오삐메(*vigne opime*: 잘 익은 포도주라는 뜻)'라고 불렸을 정도로 그 명성을 확고하게 얻었다. 이 포도주의 기원이 로마제국 이전 그리스 식민도시 시대까지 거슬러 올라갈 정도로 이탈리아에서 가장 오래되며 품질 또한 좋은 것으로 유명하다.

포도주 제조 역사만큼이나 수종 역시 이탈리아에서 가장 오래된 알리아니꼬(*Aglianico*)와 비띠스 헬레니까(*Vitis Hellenica*)를 쓰는데, 85 대 15의 비율로 다른 수종들을 배합한다.

특히 고대로부터 유래했다는 점 때문에도 이 수종을 재배하는 방식이 독특한데, 경작지를 몇 개의 구역으로 분할하여 나무 하나하나를 선으로 연결하여 재배한다. 그리고 생산량도 제한적이어서 1헥타르에서 100Kg 정도밖에는 수확하지 않는다.

진한 붉은색으로 에테르 향이 나며, 뒷맛이 강하고 길게 남는다. 보통 3년 이상의 숙성기간을 거치는데, 2년은 나무통에서, 나머지 1년은 병에서 숙성시키며, 숙성이 완료된 뒤의 알코올 도수는 13도가 되어야

로쏘 디 또르쟈노의 에티켓

한다. 이 지방 특산의 음식인 나폴리식 라쟈냐에 잘 어울리며, 구운 고기 요리 및 딱딱한 치즈 등과도 조화가 잘 되는 포도주이다. 특히 이 포도주는 고대부터 내려온 전통적인 양조기법과 맛으로, 미국이나 유럽 각지에서 특별한 이탈리아 포도주 맛을 원하는 이들이 즐겨 찾는다.

몬떼팔꼬 사그란띠노와 더불어 움브리아의 유명한 포도주가 또르쟈노 로쏘 리제르바(*Torgiano Rosso Riserva*)이다. 몬떼팔꼬 사그란띠노보다 1년 전인 1991년에 DOCG 등급을 획득했을 정도로 품질면에서 우수한 포도주인데, 뻬루지아 지방에 속한 또르쟈노 지역을 중심으로 생산되고 있다.

주요 수종은 산죠베제와 까나이올로, 뜨렙비아노 또스까노 등이며, 18도에서 20도 사이의 온도에서 시음하는 것이 바람직하고, 3년의 최저 숙성기간이 필요하다. 숙성이 끝난 포도주의 알코올 도수는 12.5도이다. 고기 요리 등에도 잘 어울리지만, 이 지역의 빠스따 요리와도 조화가 잘 된다.

이 포도주가 생산되는 또르쟈노 시에는 유명한 박물관이 하나 있다. 1974년, 그라찌오니-발리오니(*Graziani-Baglioni*)라는 18세기에 지은 건물에서 개장된 이 포도주 박물관은 이탈리아 포도주의 역사를 한 눈에 둘러볼 수 있는 곳이다.

롬바르디아(*Lombardia*) 주의 손드리오(*Sondrio*) 지방에 속한 발뗼리나 지역에서 생산되는 발뗼리나 수뻬리오레(*Valtellina Superiore*)는 롬바르디아 주의 대표적인 적포도주이다. 넵비올로 수종을 90% 이상 사용하여 제조되는 이 포도주는 보통 2년 정도의 숙성기간이 요구되며, 3년이 지나면 오래 보관할 수 있는 포도주가 된다. 특히 생산지역별로 숙성기간의 차이가 있는데, 그루멜로(*Grumello*) 지역에서 생산되는 포도주는 3~4년이 이상적이며, 인페르노(*Inferno*) 지역은 5~6년, 사쎌라(*Sassella*) 지역은 8~10년이 적당하다.

과육의 향이 진하게 느껴질 만큼 향기가 강하며, 드라이하면서도 탄닌의 맛이 떫게 느껴지면서도 감칠맛이 도는 것이 특징이다. 숙성이 끝난 뒤의 알코올 도수는 12도이며, 18도에서 20도 사이의 온도에서 시음하는 것이 이상적이다. 다른 적포도주와 마찬가지로 요리 시간이 많이 걸리는 고기 요리나 야생 동물 요리 등이 잘 어울린다.

롬바르디아 주에서 동쪽으로 베네찌아행 고속도로를 타고 가다 주 경계에 거의 맞닿아 있는 지역이 베로나를 중심으로 하는 또 다른 포도주 산지이다. 가르다(*Garda*) 호수를 둘러싸고 바르돌리노 수뻬리오레(*Bardolino Superiore*)라고 하는 베네또 지역의 DOCG 등급 포도주가 생산된다. 베네또 주의 유일한 DOCG 등급으로, 가장 최근에 그 등급을 받은 적포도주이다.

바르돌리노 수뻬리오레의 에티켓

이탈리아의 호수 중에서도 주변 경관이 아름답기로 유명한 가르다 호수는 연안의 풍광이 절경인 곳이 많지만, 다른 지역들에 비하여 포도주 재배에는 그다지 뛰어난 기후 조건을 갖고 있지 않다. 특히 비가 많이 오는 가을 기후는 포도 알을 숙성시키는데 가장 큰 걸림돌이다. 그렇지만 중세 이후부터 전해 내려오는 포도 재배기술 덕분에 비교적 양질의 포도주를 생산하고 있는데, 바르돌리노 수종에서 수확된 포도송이 중에서 엄선된 재료로 제조함으로써 그러한 약점을 보완하고 있다.

이 포도주 시음에 적합한 온도는 보통 16도에서 18도이며, 가르다 호수 주변의 특색있는 요리들이 잘 어울리는데, 고기 요리와 말린 생고기 요리 등과도 잘 조화된다. 최소한 1년 이상의 숙성 기간을 거쳐야 하며, 아주 오래된 것도 그리 나쁘지는 않지만 보통 3년에서 4년 사이에 숙성된 포도주가 시음하기 최적이다. 햇빛이 들지 않는 약간 어두운 곳에서 10도에서 15도 사이에 보관해야 하며, 코르크 마개가 마르는 것을 예방하기 위해 수평으로 눕혀 놓는 것이 바람직하다.

지금까지 설명한 15종의 DOCG 포도주들은 모두 적포도주인데, 이외에 10종의 DOCG 등급 흰 포도주가 있다. 마케팅 능력과 그에 따른 성과가 미흡하여 프랑스산과 비교해서 국제적으로 덜 알려져 있지만 품질은 상대적으로 뛰어나다고 할 수 있다. 같은 DOCG 등급이지만, 적포도주는 등급 표시가 분홍색 띠로 부착되는데 반하여, 흰 포도주는 연두색 띠를 부착한다(띠는 지역에 따라 병목 부분에 부착하지 않을 수도 있다).

흰 포도주 중에서 먼저 이야기될 수 있는 것이 알바나 디 로마냐(*Albana di Romagna*)이다. 1987년 가장 먼저 DOCG 등급을 받은 흰포도주로, 볼로냐(*Bologna*) 지방에서 동쪽으로 포를리(*Forlì*), 라벤나(*Ravenna*) 지방까지 그 산지가 넓게 퍼져 있는 에밀리아 로마냐(*Emilia Romagna*) 주의 유일한 DOCG 등급 포도주이기도 하다.

알바나라는 수종을 100% 사용하여 제조하며, 드라이하면서도 감미롭고 약간 단맛이 나는 특징이 있고, 가벼우면서도 조화가 잘 된 열대과일 향기를 내고 있다. 보통 3가지 유형의 포도주를 생산하는데, 정찬용 흰 포도주와 발포성 포도주—이탈리아식 샴페인으로 이해하면 된다—및 디저트용 포도주—빠시또라고 하는 종류—이다.

숙성연도에 따라 1년 정도가 이상적인 젊은 포도주와 2년 이상의 숙

알바나 디 로마냐의 에티켓

성기간을 거친 정찬용 흰 포도주가 있으며, 디저트용도 앱티타이저용과 일반 디저트용으로 구분할 수 있다.

포도주의 색깔 역시 이러한 구분에 따라 옅은 노란색으로부터 진한 황색, 그리고 오래 숙성된 디저트용 흰 포도주는 호박색에 가까운 빛을 띠며, 알코올 도수 역시 젊은 정찬용 흰 포도주의 11.5도에서부터 디저트용 포도주의 15.5도까지 다양한 도수를 갖는다.

이 포도주에 잘 어울리는 요리는, 유형에 따라 약간 차이가 있는데, 드라이한 맛의 포도주는 각종 수프나 마요네즈 소스를 뿌린 생선요리, 감미로운 맛이 나는 유형은 과일과 함께 마시는 것이, 그리고 단맛이 나는 종류는 후식용 과자나 파이 등에 적합하다.

보통 실온에서 시음하는 적포도주와 달리 흰 포도주는 저온에서 시음하는 것이 좋은데, 알바나 디 로마냐 역시 저온에서 시음하며, 특히

아스띠 스뿌만떼

발포성 포도주는 8도, 젊은 정찬용 포도주는 10도, 그리고 오래된 정찬용 포도주는 12~14도에서 시음하는 것이 이상적이다.

프랑스의 발포성 포도주는 현재 세계적으로 '샴페인'이라는 명칭으로 통일되어 있지만, 이탈리아 경우는 샴페인류 이외에도 스뿌만떼(*spumante*)라는 것이 있다. 샴페인과 스뿌만떼의 차이에 대하여는 다음 장에서 자세히 다루겠지만, 가장 큰 차이는 양조방법에 기인한다.

이탈리아에서는 이에 대한 구분을 정확히 하고 있고, 샴페인이라는 이름 이외에도 스뿌만떼라고 구분하여 부르고 있기 때문에 이 책에서도 이탈리아식 명칭인 스뿌만떼, 또는 발포성 포도주로 번역하여 사용하도록 하겠다. 가장 유명한 스뿌만떼 산지가 아스띠(*Asti*)이며, 여기서 생산되는 것이 그 유명한 DOCG 등급 아스띠 스뿌만띠(*Asti Spumanti*)와 모스까또 다스띠(*Moscato d' Asti*) 흰 포도주이다. 이 포도주들은 1200년대부터 아스띠와 알레산드리아, 꾸네오 지방을 중심으

모스까또 다스띠

로 생산되고 있으며, 1993년에 DOCG 등급을 획득했다.

모스까또 다스띠와 아스띠 스뿌만띠 두 종류 모두 모스까또 비안꼬(*Moscato bianco*) 수종으로 제조된다. 모스까또 다스띠는 염황색의 포도주로, 아주 투명하며 감미로운 향기가 느껴지고, 대개는 발포성 가스가 약간 포함되어 있다. 4.5도에서 6.5도 사이의 알코올이 함유되어 있다. 이 포도주는 디저트용으로 마시는데, 잘 어울리는 후식은 오븐이나 화로에서 구운 과자나 파이 종류이다. 다른 포도주들과 달리 숙성기간이 길지 않아, 6개월에서 8개월 사이에 마시는 것이 가장 이상적이다.

아스띠 스뿌만떼는 병에 넣어 자연적인 방식으로 발효시켜 제조하거나, 잔바띠스따 끄로체(*GianBattista Croce*)라는 밀라노의 보석가공사가 특별히 제작한 압력가마에서 발효시켜 제조한다. 색깔이 염황색보다 약간 진한 이 포도주는 샴페인의 큰 발포성 가스에 비해 작고 섬세하며

프란치아 꼬르따

지속적으로 발생하는 가스가 함유된 특성이 있다. 향기가 아주 섬세하고 부드러우며, 달콤함과 특이한 맛이 은은한 향기 속에 스며들어 있다.

보통 7도에서 9.5도 사이의 알코올 도수를 갖는 이 포도주는 모스까또 다스띠와 마찬가지로 디저트용이며, 오븐과 화로에서 구운 과자나 파이, 케이크류와 잘 조화되고, 6개월에서 8개월 사이에 시음하는 것이 바람직하다.

프랑스의 샴페인과 동일한 유형의 포도주는 롬바르디아 주의 베르가모(*Bergamo*)와 브레샤(*Brescia*) 지방 이제오(*Iseo*)라는 섬의 남쪽을 따라 생산되는 프란치아꼬르따(*Franciacorta*)이다. 이 포도주 이름의 유래는 고대 프랑크 왕국에서 이 포도주가 종교집단에 의해 생산되었기 때문에 왕국의 세금을 면제받았던 역사적 사실에서 왔다.

특히 이 지방은 비르질리오(*Virgilio*)라는 로마시대 시인의 작품에서도 거론되었을 만큼 유서가 깊은 포도주 생산지였다. 근세 들어 1800년대부터 체계적인 경작이 시작되었지만, 그다지 좋은 품질의 포도주를 생산하지 못하다가 40여 년 전부터 병에서 발효시키는 샴페인류를 제조하면서 지금은 프랑스 샴페인들과 경쟁할 수 있는 수준에까지 달할 정도로 이탈리아의 대표적 샴페인 산지가 되었다.

주요 수종은 삐노 비안꼬와 네로(*Pinot bianco/nero*), 샤도네(*Char-*

donnay) 등이며, 1995년에 DOCG 등급을 획득하였다. 진한 노란색을 띠는 이 샴페인은 과일향을 맛볼 수 있을 만큼 냄새가 좋고 섬세하면서도 시원함을 느끼게 한다. 발포화 작업이 시작된 뒤 최소한 2년의 숙성기간이 요구되며, 제조가 완료되면 보통 12도 정도의 알코올 도수를 갖는다. 가장 이상적인 시음 온도는 6도에서 7도 사이이며, 디저트용보다는 앱티타이저나 조개류 음식, 또는 가벼운 해물 요리 및 흰 살코기 요리를 곁들인 정찬용으로 어울린다.

가비의 에티켓

삐에몬떼 주의 또 다른 유명한 정찬용 흰포도주가 가비(*Gavi*)이다. 알레산드리아 지방의 가비 지역에서 생산되는 이 포도주는 꼬르떼제라는 흰 포도주용 수종 100%로 제조되며, 다소 옅은 노란색을 띤다. 섬세하고 가벼운 느낌의 향이 나며, 드라이하면서도 시원한 맛이 나는 이 포도주는 10.5도에서 11.5도의 알코올 도수를 함유하며, 생선 요리에 잘 어울린다. 보통 8개월 정도의 숙성기간이 이상적이며, 너무 오래된 것은 피하는 것이 바람직하고, 8도에서 10도가 적절한 시음 온도이다.

이탈리아에서 유명한 흰 포도주 산지는 베네또(*Veneto*) 주이다. 세계적으로 유명한 수상도시 베네찌아(*Venezia*)가 주도인 이 주는 전통적으로 프랑스산 포도 수종이 많이 재배되고 있고, 기후가 흰 포도주

레쵸또 디 소아베와
소아베 수뻬리오레

에 적합하여 적포도주보다는 흰 포도주가 생산되는 곳인데, 그 명성에 합당한 생산지역이 여럿 있다.

그 중 하나가 소아베(*Soave*)라는 지역인데, 이 지역을 중심으로 생산되는 DOCG 등급 흰 포도주가 레쵸또 디 소아베(*Recioto di Soave*)이다. 이 포도주의 이름에 나오는 레쵸또는 레치아(*recia*)라는 베네또 지방의 방언인데, 그 뜻은 포도알 중에서 일광을 가장 많이 받는 부분을 뜻한다. 다시 말해 포도 알 중에서 가장 발육이 좋고 당도가 높은 부분을 가지고 포도주를 제조한 만큼 품질이 우수하다는 의미이다.

이 포도주에는 오래된 전설이 하나 깃들어 있는데, 5세기 이 지역의 집정관이었던 까시도로(*Cassidoro*) 영주가 황제 떼오도리꼬(*Teodorico*)에게 이 포도주를 진상하면서 시인들을 시켜 이름을 붙이도록 했다는 것이다. 가르가네가(*Garganega*) 수종을 70% 정도 쓰고, 삐노 비안꼬나 샤도네, 또는 뜨렙비아노 디 소아베(*Trebbiano di Soave*) 수종들을 30% 배합하여 제조한다. 알코올 도수는 12도이며, 당분에서 생긴 알코올 함유량까지 포함하면 보통 14도가 일반적이다. 진한 노란색을 띠며, 과일향과 포도향이 강하게 느껴지고, 단맛이 나면서도 부드러운 느낌을 준다.

일반적으로 1년의 숙성기간을 거치는데, 5년을 넘지 않는 것이 바람직하다. 흰 포도주로서는 드물게 약간 온도가 높은 상태에서 시음하기도 하는데, 10도에서 14도까지가 가장 이상적이라고 한다. 디저트용으로 많이 마시며, 과일이나 비스킷류의 후식에 잘 어울린다. 특히 크리스마스나 부활절에 먹는 이탈리아 전통 케이크의 하나인 빤도로(*Pandoro*)가 유명한 이곳 베로나에서는, 이 케이크와 어울리는 포도주로 평가한다.

레쵸또 디 소아베와 함께 베네또 주에서 DOCG 등급을 획득한 흰 포도주가 소아베 수뻬리오레(*Soave Superiore*)이다. 베로나 북서쪽에서 생산되는 레쵸또와 달리 남쪽의 포도 산지에서 생산되는 것이 소아베 수뻬리오레이다. 이 포도주는 당대의 여러 문학작품들과 역사서에도 나올 정도로 맛과 품질에서 오래 전통을 가지고 있다.

중세부터 이 지방의 영주들이 황제에게 진상하였다는 기록을 자주 볼 수 있으며, 이탈리아 르네상스를 열었던 위대한 문호 단테 알리기에리(*Dante Alighieri*)에 얽힌 일화는 유명하다. 단테의 친구였던 베로나의 영주 깐그란데 델라 스깔라(*Cangrande della Scala*)는 단테를 위하여 이 흰 포도주를 매년 선물하였고, 단테 역시 이 흰 포도주를 항상 곁에 두고 마셨다고 전해온다.

근세에는 데카당스 문학의 거장이자 1920~30년대 이탈리아 파시즘 문학의 선구자였던 단눈찌오(*D'Annunzio*)가 이 포도주를 평하기를 "젊음과 사랑의 포도주이다"라고 할 정도로 그 맛이 신선하고 향긋하다. 최소한 2년의 숙성기간을 거쳐 다시 병입한 뒤 1년 이상의 보관기를 거쳐야 좋은 맛을 얻을 수 있다.

보통 8도에서 10도 사이가 최상의 시음 온도이며, 가벼운 수프나 빠스따 요리에 적합하고, 양념을 많이 하지 않은 생선요리에 어울리는 포도주이다. 이 포도주와 같은 유형은 보관이 중요한데, 햇빛이 비치지 않는 서늘한 곳에서 10~15도 사이에 두어야 한다.

베네찌아를 따라 북쪽으로 올라가면 오스트리아 국경과, 한때 유고연방이었던 슬로베니아와 접하고 있는 주가 프리울리 베네찌아 쥴리아(*Friuli Venezia Giulia*)인데, 이곳에서 생산되는 DOCG 등급 흰 포도주가 라만돌로(*Ramandolo*)이다. 주요리에 곁들이는 포도주는 아니고 보통 후식용으로 마신다.

이 포도주는 지역 특산 수종인 베르두쪼 프리울라노(*Verduzzo Friulano*)로 만드는데, 이 수종의 특징은 흰 포도주를 만드는 포도라기보다는 후식용 포도주인 빠시또(*Passito*)를 만드는 포도라는 점이다. 따라서 일반 포도주보다 벤뎀미나(*Vendemmia*)를 늦게 시작하는데, 이는 포도알을 햇볕에 좀 더 노출시켜 보다 높은 당도를 얻고자 함이다.

이 포도주를 생산하는 지역은 우디네(*Udine*) 주변으로, 특히 니미스(*Nimis*)라고 하는 곳이 최적의, 그리고 최대 산지로 알려져 있다. 시음하기 적합한 온도는 12도에서 14도 사이이며, 정찬용 흰 포도주가 아니므로 보통 후식용 단과자와 함께 곁들인다. 이 지방에는 구바나(*gubaba*)라고 하는 단과자가 있는데, 말린 과일을 비스킷처럼 만든 것이다. 이 과자에 가장 잘 어울리며, 오래 숙성시킨 딱딱한 치즈와도 궁합이 맞는 포도주이다.

이탈리아에는 섬으로 구성된 두 개의 주가 있는데, 하나는 영화 〈대부〉 등으로 유명한 시칠리아(*Sicilia*)이며, 다른 하나가 사르데냐(*Sardrgna*)이다. 자연 풍광이 눈부시게 아름다운 사르데냐 섬에서 생산되는 DOCG 등급 흰 포도주가 베르멘띠노 디 갈루라(*Vermentino di Gallura*)이다. 사르데냐 북서부의 사싸리(*Sassari*) 지방과 북동부의 누오로(*Nuoro*) 지방을 중심으로 생산되는 이 포도주는 중세에 번창했던 제노바 공국에까지 그 기원이 거슬러 올라간다.

1996년에 DOCG 등급을 획득한 이 포도주는 생산량이 매우 한정되어 있다. 총 생산량의 70%는 사르데냐 내에서 소비되며, 나머지 30%만이 본토에서 판매되고 있는데, 품질에 비해 국내외적인 인지도가 많이 떨어지는, 지역 특산품에 가까운 포도주이다. 상품화를 위해 1997년 수출진흥조합을 지역 생산자들이 설립하였는데, 향후 그 추이를 관심있게 지켜볼 만하다.

베르멘띠노 수종 100%로 제조되는 이 포도주는 염황색을 띠며, 섬세하고 엷은 향을 내면서도 드라이한 맛을 보인다. 8개월에서 12개월의 기간이 최상의 숙성기간이며, 양조가 끝난 상태의 포도주는 12도의 알코올 도수를, 보다 등급이 높은 수뻬리오레(*Superiore*)는 13도의 알코올 도수를 보인다. 8도에서 10도 사이가 가장 이상적인 시음 온도이며, 해물 전채 요리나 가벼운 생선 요리 등에 잘 어울린다.

"LA QUERCIA DI RACCIANO"

베르나챠 디 산 쥐미냐노의 에티켓

DOCG 등급 포도주 중에서 마지막으로 소개되는 베르나챠 디 산 쥐미냐노(*Vernaccia di San Gimignano*)는 적포도주로 유명한 끼안띠 생산 지역에서 최초로 DOCG 등급을 딴 흰 포도주이다. 산 쥐미냐노라는 지역은 얼마 전 영국 총리 토니 블레어가 별장을 구입해 여름 휴가를 보냈던 사실로 유명해진 곳인데, 구릉에 위치한 도시가 석양빛을 받을 때는 저절로 탄성이 나올 만큼 너무나 아름다운 도시이다.

이 포도주는 베르나챠라는 수종 100%—간혹 특별한 맛을 내기 위해 깐띠나별로 10% 정도의 다른 수종을 배합하기도 한다—를 쓰는데, 13세기 말부터 본격적인 양조가 시작되었으며, 품질도 또스까나 지방에서 가장 우수하다는 평가를 듣고 있다.

이를 입증이나 하듯 1993년 또스까나 주에서는 처음으로 DOCG 등급을 획득하였다. 보통 2년 정도의 숙성기간을 거치면 옅은 염황색이 돌며, 2년 이상 저장된 것들은 점차 호박색으로 변한다. 2년 정도의 숙성기간을 거친 것은 11.5도의 알코올 도수를 보이며, 오래 저장이 가능한 종류는 12도 이상의 알코올 도수를 함유한다.

섬세한 포도향이 가득하며, 드라이하면서도 산이 적절하게 함유되어 신선한 맛을 느낄 수 있다. 10도 정도에서 시음하며, 잘 어울리는 것은 수프나 해산물 요리, 흰 살코기 요리 등이지만, 숙성이 잘 되고 오래된 것들은 디저트용으로도 마실 수 있다.

끝으로 25개 DOCG 등급 포도주 중에서 많은 이들에게 사랑을 받고 있으며, 우리나라에도 소개되어 있는 주요 포도주들의 품질기준표를 작성해 보았다. 이는 포도주를 고를 때 적절한 지표가 될 수 있다는 점과,

이탈리아 주요 포도주의 연도별 품질기준표

	바르바 레스꼬	브루넬로 디 몬딸치노	바롤로	끼안띠 끌라시꼬	비노 노빌레 디 몬떼뿔치아노	아마로네
1971	★★★★	★★★	★★★★★	★★★★	★★★★	★★★★
1971	★	★	★	★	★★	★
1973	★★	★★★	★★	★★	★★★	★★
1974	★★★★	★★	★★★★	★★★	★★★	★★★★
1975	★★	★★★★★	★★	★★★★	★★★★	★★★
1976	★★	★	★★	★★	★★	★★★★
1977	★★	★★★★	★★	★★★★	★★★★	★★★
1978	★★★★★	★★★★	★★★★★	★★★★★	★★★★★	★★★
1979	★★★★	★★★★	★★★★	★★★★	★★★★	★★★★
1980	★★★★	★★★★	★★★★	★★★★	★★	★★★
1981	★★★	★★★	★★★	★★★	★★★	★★★
1982	★★★★★	★★★★★	★★★★★	★★★★	★★★★	★
1983	★★★★	★★★★	★★★★	★★★★	★★★★	★★★★★
1984	★	★★	★★	★	★	★★
1985	★★★★★	★★★★★	★★★★★	★★★★★	★★★★★	★★★★
1986	★★★	★★★	★★★	★★★★	★★★★	★★★
1987	★★	★★	★★	★★	★★	★★
1988	★★★★★	★★★★★	★★★★★	★★★★★	★★★★★	★★★★★
1989	★★★★★	★★	★★★★★	★	★	★★
1990	★★★★★	★★★★★	★★★★★	★★★★★	★★★★★	★★★★★
1991	★★★	★★★	★★★	★★★	★★★	★★
1992	★★	★★	★★	★	★	★
1993	★★★	★★★★	★★★	★★★★	★★★★★	★★★★
1994	★★	★★★	★★	★★	★★	★★
1995	★★★★★	★★★★★	★★★★★	★★★★★	★★★★	★★★★
1996	★★★★★	★★★	★★★★★	★★★	★★★	★★★
1997	★★★★★	★★★★★	★★★★★	★★★★★	★★★★★	★★★★★
1998	★★★★★	★★★★	★★★★★	★★★★	★★★★	★★★★

★가 많을수록 품질이 좋은 포도주로 평가된다.

같은 연도의 동일 등급 포도주일지라도 숙성도에 따라 품질이 차이날 수 있다는 사례를 보여준다는 점에서 중요한 의미를 갖는다.

이 표는 1971년부터 최저 숙성연도를 기준으로 1998년까지 병입 된 것을 대상으로 한 것이며, 그 이전에 병입한 포도주들에 대한 기준은 제시하지 않았다.

3부 이탈리아의 특색있는 포도주들

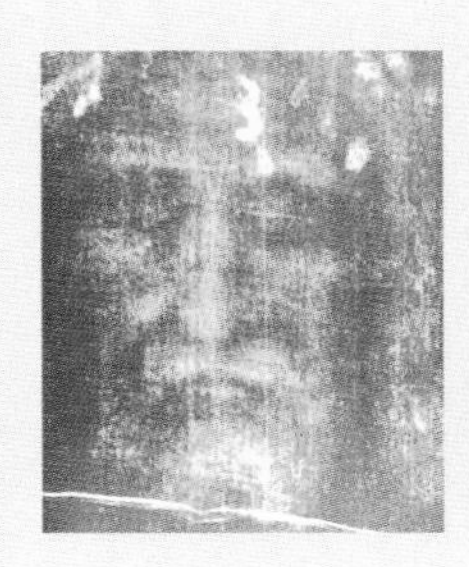

현재(2000년 기준) 이탈리아에서 생산되고 있는 포도주는 공식적으로 1만 2천여 종이 넘으며, 생산업체만도 1,680여 업체에 달한다. 이외에 자신의 상표를 달지 않고 납품하는 소규모 업체나 흔히 '하우스 와인'이라고 하는 종류까지 포함한다면 그 수를 헤아리기 어려울 정도이다.

또 생산지역도 어느 지방에 편중된 것이 아니라 이탈리아 20개 주 전역에 산재해 있다. 여기서 이를 모두 다룰 수는 없겠지만, 가능한 한 체계적인 분류가 될 수 있도록 정리함과 동시에 각 주별로 포도주를 소개함으로써 지역에 맞는 포도주를 소개하고, 또 주요 포도주에 대하여는 보다 상세한 설명을 덧붙이도록 하겠다.

빠스따나 치즈로 대표되는 이탈리아 음식 종류보다 더 많은 가지수가 생산되는 이탈리아 포도주를 이해하기 위해서는 기본적인 설명이 꼭 필요하다. 지중해성 기후에 적합한 작물의 하나인 포도가 포도주 생산의 기본임은 두말할 필요가 없지만, 어떤 기후적 · 지형적 특성을 갖고 있느냐는 결국 포도주를 이해하는 기본이 된다. 또한 포도라는 '과실' 을 통하여 '술' 이라는 성격이 전혀 다른 음식으로 변환되는 과정에서 기본이 되는 요소들과 조건들에 대하여도 함께 알아보는 것이야말로 가장 기본적 개요의 하나일 것이다.

그저 같은 빛깔도 비슷한 맛을 지닐 것 같은 포도주가 맛과 색에서 의미있는 차이를 가지고 있으며, 이는 기후와 지질이라는 지형적 요소에 커다란 영향을 받는다는 사실은 토질이나 기후가 갖는 문화적 차이를 이해할 수 있게 해 줄 것이다. 그리고 이를 국가적인 차원에서 체계적으로 품질에 따라 관리한다는 사실은 여전히 농업적 사고가 뒤떨어진 우리나라에게 많은 점을 시사해 줄 것이다. 바로 그와 같은 품질관리가 어떻게 이루어지고 있는 지에 대한 확인이 제3부이다

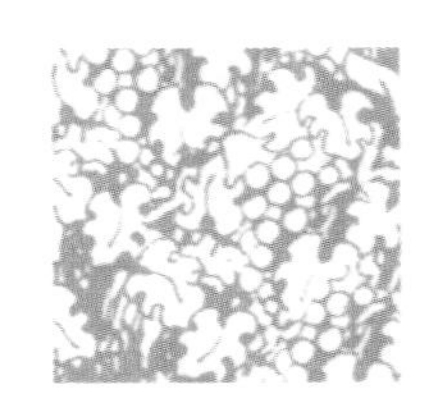

첫 번째 이야기

이탈리아 20개 주의 포도주들

이탈리아는 지중해의 중간에 위치한 반도 국가이다. 남북이 무려 1,500km가 될 정도로 길게 뻗어 있으며, 구릉과 산악이 많아 한국과 비슷한 분위기를 풍긴다. 행정적으로는 20개의 주가 있는데, 각 주마다 방언이라고 할 수 있는 고유 언어와 관습, 제도 등이 따로 존재할 정도로 특색이 뚜렷하다.

이는 역사적으로 수많은 도시국가들이 존재했었다는 사실에서 연유되는 것으로, 이탈리아라는 정치적 · 행정적 의미에서의 근대국가는 1861년에야 이룩되었을 정도로 유럽에서는 비교적 일천한 나라다. 경제적으로나 정치적으로 유럽의 강대국이었던 영국이나 프랑스에 비하여 늦게 국가가 형성되었다는 이유로 이탈리아의 포도주 산업 역시 프랑스나 독일 등에 비하여 낙후된 것으로 평가된다.

포도주 산업은 프랑스의 영향을 많이 받았던 역사적 · 정치적 배경으로 19세기 초까지만 하더라도 프랑스 등 유럽의 왕실에서 수요되는 포도주 납품 국가, 또는 프랑스 포도주 하청지로서의 역할밖에는 하지 못하였다. 그러나 곧 천혜의 기후적 · 지형적 조건 및 오랜 하청 국가

취리히 Zürich
리히텐슈타인 LIECHTENSTEIN
인스부르크 Innsbruck
오스트리아 AUSTRIA
그라츠 Graz
부다페스트 Budapest
베른 Bern
루체른 Luzern
파두츠 Vaduz
바트가스타인 Badgastein
유덴부르크 Judenburg
알트도르프 Altdorf
쿠르 Chur
다보스 Davos
로잔 Lausanne
스위스 SWITZERLAND
생 모리츠 St. Moritz
볼차노 Bolzano
클라겐푸르트 Klagenfurt
헝가리 HUNGARY
코르티나 담페초 Cortina d'Ampezzo
마리보르 Maribor
노디코니조 Nagykanizsa
로카르노 Locarno
루가노 Lugano
트렌토 Trento
우디네 Udine
류블랴나 Ljubljana
펠트레 Feltre
고리치아 Gorizia
슬로베니아 SLOVENIA
자그레브 Zagreb
페치 Pécs
코모 호 Lago di Como
벨로바르 Bjelovar
아오스타 Aosta
가르다 호 Lago di Garda
비첸차 Vicenza
그라도 Grado
트리에스테 Trieste
시사크 Sisak
크로아티아 CROATIA
오시예크 Osijek
이브레아 Ivrea
베르가모 Bergamo
메스트레 Mestre
카를로바츠 Karlovac
밀라노 Milano P.89
산 미켈레 San Michele
토리노 Torino
아스티 Asti
파비아 Pavia
크레모나 Cremona
베로나 Verona
파도바 Padova
베네치아 Venezia P.103
리예카 Rijeka
피네롤로 Pinerolo
피아첸차 Piacenza
비하치 Bihać
도보이 Doboj
맥아더 글렌 디자이너 아울렛 세라발레
파르마 Parma
모데나 Modena
페라라 Ferrara
풀라 Pula
바냐 루카 Banja Luka
쿠네오 Cuneo
사보나 Savona
제노바 Genova
볼로냐 Bologna
라벤나 Ravenna
고스피치 Gospić
빅토리아 아울렛
포를리 Forlì
보스니아-헤르체고비나 BOSNIA-HERZEGOVINA
프랑스 FRANCE
라스페치아 La Spezia
피스토이아 Pistoia
파엔차 Faenza
리미니 Rimini
산 마리노 SAN MARINO
산 마리노 San Marino
알라시오 Alassio
몬테카티니 테르메 Montecatini Terme
프라토 Prato
자다르 Zadar
페사로 Pesaro
니스 Nice
벤티밀리아 Ventimiglia
비아레조 Viareggio
루카 Lucca
피렌체 Firenze P.55
파노 Fano
세니갈리아 Senigallia
리브노 Livno
사라예보 Sarajevo
피사 Pisa
우르비노 Urbino
칸 Cannes
모나코 MONACO
리보르노 Livorno
포지본시 Poggibonsi
더 몰 럭셔리 굿스 아울렛
안코나 Ancona
시베니크 Šibenik
돌체 & 가바나 스파치오
스플리트 Split
리구리아 해 Mar Ligure
산 지미냐노 San Gimignano
시에나 Siena
인치사 Incisa
구비오 Gubbio
마체라타 Macerata
몬테바르키 Montevarchi
파브리아노 Fabriano
아시시 Assisi
바스티아 Bastia
피옴비노 Piombino
몬탈치노 Montalcino
페루자 Perugia
폴리뇨 Foligno
산 베네데토 S. Benedetto
몬테풀치아노 Montepulciano
아스콜리 피체노 Ascoli Piceno
아드리아 해 Mar Adriatico
두브로브니크 Dubrovnik
칼비 Calvi
오르비에토 Orvieto
테르니 Terni
테라모 Teramo
비테르보 Viterbo
이탈리아 ITALIA
페스카라 Pescara
코르시카 섬 Corsica
코르테 Corte
치비타베키아 Civitavecchia
티볼리 Tivoli
라퀼라 L'Aquila
키에티 Chieti
바티칸 VATICAN CITY
바스토 Vasto
테르몰리 Termoli
아작시오 Ajaccio
비에스테 Vieste
로마 Roma P.27
프로시노네 Frosinone
산 세베로 S. Severo
만프레도니아 Manfredonia
테베레 강 Tevere
사르텐 Sartène
포르토 베키오 Porto Vecchio
불가리 아울렛
보니파시오 Bonifacio
오스티아 안티카 Ostia-Antica
캄포바소 Campobasso
포자 Foggia
루체라 Lucera
바를레타 Barletta
테라치나 Terracina
라 마달레나 La Maddalena
카세르타 Caserta
안드리아 Andria
템피오 파우사니아 Tempio Pausania
가에타 Gaeta
베네벤토 Benevento
비톤토 Bitonto
바리 Bari
포르토 토레스 Porto Torres
올비아 Olbia
사사리 Sassari
나폴리 Napoli P.118
베수비오 Vesuvio
포텐차 Potenza
브린디시 Brindisi
알게로 Alghero
이스키아 섬 Ischia
폼페이 Pompei P.118
타란토 Taranto
보사 Bosa
누오로 Nuoro
에르콜라노 Ercolano
소렌토 Sorrento
레체 Lecce
사르데냐 섬 Sardegna
카프리 섬 Capri
갈리폴리 Gallipoli
오리스타노 Oristano
아르바탁스 Arbatax
티레니아 해 Mar Tirreno
카스트로빌라리 Castrovillari
로사노 Rossano
이글레시아스 Iglesias
카르보니아 Carbonia
칼리아리 Cagliari
코센차 Cosenza
산 조반니 S. Giovanni
크로토네 Crotone
카탄차로 Catanzaro
비보 발렌시아 Vibo Valentia
메시나 Messina
로크리 Locri
트라파니 Trapani
팔레르모 Palermo
레조 디 칼라브리아 Reggio di Calabria
지중해 Mar Mediterraneo
알카모 Alcamo
시칠리아 섬 Sicilia
타오르미나 Taormina
마르살라 Marsala
카스텔베트라노 Castelvetrano
칼타니세타 Caltanissetta
엔나 Enna
아치레알레 Acireale
카타니아 Catania
유럽
로마
아프리카
비제르트 Bizerte
아그리젠토 Agrigento
피아차 아르메리나 Piazza Armerina
튀니지 TUNISIA
리카타 Licata
젤라 Gela
라구사 Ragusa
시라쿠사 Siracusa
튀니스 Tunis
노토 Noto
모디카 Modica
나뵐 Nabeul

이탈리아 전도

로서의 기술 축적으로 단기간 안에 유럽에서 중요한 포도주 생산국으로 발돋움할 수 있었다.

기후나 지형적으로 포도를 재배하기에 적합한 조건을 갖고 있는 이탈리아는 20개 주 전역에 걸쳐 각 지방에 맞는 고유 포도주들을 생산하고 있으며, 거의 모든 지역이 국내외적으로 명성이 높은 포도주들을 보유하고 있다.

이 장에서는 각 주의 주요 포도주 산지를 중심으로 2001년에 출고된 포도주 중에서 뜨레 비끼에리(*tre bicchieri*)* 라는 가장 높은 등급을 받은 포도주와 제조창고들—보통 깐띠나라고 이야기하는 전통적 양조업체를 말한다—에 대하여 집중적으로 소개하도록 하겠다.

이탈리아 포도주를 정확히 이해하는데 한 가지 분명히 할 점은 이탈리아 20개 주의 고유성이다. 이는 오랜 분열에 기인한 것이지만 바로 이 점 때문에 각 지역은 독자적이면서도 고유한 문화와 풍습, 독특한 먹거리 문화를 여전히 간직하고 있다. 또 이는 곧바로 포도주들의 지역성과 연결될 수 있는 특징이 되었으며, 오늘날 12,000여 종의 포도주들이 왜 제각기 다른 맛을 가지고 생산되고 있는 지에 대한 간접적 대답이 될 수 있는 것이다.

따라서 이탈리아 포도주 역시 이러한 문화적 관점에서 접근해야 한다. 단지 세계의 여러 술 중에서 우리 나라 술과 다르다는 이유만으로,

---

* 이탈리아의 포도주와 음식 관련 협회 중에서 국제적 연결망을 갖고 있는 것이 Slow Food 협회인데, 이 협회가 중심이 되어 현재 이탈리아에서 생산되는 모든 포도주와 각 깐띠나에 대하여 품질을 조사하여 등급을 매긴다. '뜨레 비끼에리'는 '세 개의 잔'이라는 뜻인데, 각 포도주는 등급에 따라 하나에서 세 개까지의 잔을 부여받는다. 잔의 수가 많을수록 품질이 좋다는 의미이며, 2001년 기준으로 부여된 평가이다.

그저 건강에 좋다는 이유만으로는 아무리해도 이해하기 힘든 '문화적 요소'가 개재되어 있다는 점을 독자들은 고려하기 바란다.

1. 발레 다오스따(Valle d'Aosta)

이탈리아 20개 주 중에서 가장 면적이 작으며, 주 이름과 관할지가 지방 행정구역—이탈리아어로 쁘로빈치아(*Provincia*)라고 한다—과 일치되는 특별 주*이다. 서쪽으로는 프랑스와 접해 있고, 알프스 산맥의 최고봉 몽블랑 자락 밑에 위치해 있으면서 북쪽으로는 스위스와 접해 있는 주이다.

알프스라는 자연 조건 때문에 이탈리아에서 가장 아름다운 국립공원의 하나인 '넓은 천국'이라는 뜻을 가진 그란 빠라디조(*Gran Paradiso*) 공원이 있으며, 역사적으로 프랑스의 흔적이 많이 남아 있다.

여러 지역에서 여전히 프랑스어를 사용할 정도이고, 음식문화에서도 프랑스의 흔적을 쉽게 찾아볼 수 있을 정도로 프랑스의 영향을 많이 받은 곳이다. 곳곳에 중세의 조그만 성들이 원형 그대로 남아 있을 정도로 문화 유물들도 많은 편이다. 서쪽과 북쪽 양면이 알프스로 둘러싸여 그림같은 경관과 아름다운 풍광이 눈을 즐겁게 한다.

---

* 이탈리아에는 지방 행정단위로서 20개 주가 있다. 그리고 20개 주는 지방자치의 독립성에 따라 헌법에서 부여한 일반 주(삐에몬떼, 롬바르디아, 베네또, 리구리아, 에밀리아 로마냐, 또스까나, 움브리아, 마르께, 몰리제, 아브루쪼, 라찌오, 깜빠냐, 깔라브리아, 바실리까따, 뿔리아) 15개와 5개의 특별 주(발레 다오스따, 뜨렌띠노 알또 아디제, 프리울리 쥴리아 베네찌아, 시칠리아, 사르데냐)로 나뉜다.

발레 다오스따 전경

또 공기가 맑고, 산악과 구릉 지대가 많아 여름을 제외하고 거의 일년 내내 스키를 탈 수 있어 휴양을 하려는 사람들이 많이 찾는다. 주도인 아오스따(*Aosta*)는 로마 시대의 유적이 아직까지도 잘 보존되어 있을 정도로 오래된 도시이며, 전형적인 중세의 성이 보존되어 있는 페니스(*Fenis*) 역시 가볼 만한 곳이다.

산자락과 구릉에 위치한 지역들에서 포도주가 생산되고 있는데, 흰포도주와 샴페인류가 적포도주보다 더 많이 제조되고 있다. 이 지방의 포도주는 발레 다오스따(*Valle d'Aosta*)라는 DOC 등급의 단일 명칭에 지역별 25개 부속 상호로 양조되고 있는데, 주요 산지는 돈나스(*Donnas*), 참바베(*Chambave*), 누스(*Nus*), 블랑 드 모제 에드라 살레(*Blan de Morgex et de La Salle*), 아르나드-몬뜨요베(*Arnad-Montjovet*), 아이마빌(*Aymavilles*) 등이다.

이 지역들에서는 이탈리아에서도 가장 품질이 좋은 것으로 평가되는 샤도네(*Chardonnay*), 삐노 비안꼬, 넵비올로 수종들이 많이 경작되며, 이 수종들로 제조된 포도주들은 대부분 품질이 우수하다. 이 중에서 아이마빌에서 생산된 발레 다오스따 샤도네 꾸베베 프리쏘니에르레 끄레뜨스 보이스(*Vallé d'Aoste Chardonnay Cuvée Frissoniére Les Crêtes Cuvée Bois*) 98년산이 1997년에 이어 '뜨레 비끼에리' 등급을 획득하였다.

이외에도 발레 다오스따 뮬러 트루가(*Müler Thurgau*) 99년산, 산 발레 다오스따 푸민(*Vallée d'Aoste Fumin*) 98년산, 발레 다오스따 삐오 그리스(*Vallée d'Aoste Pinot Gris*)도 추천할 만한 등급의 포도주로 선정되었다.

그리고 아이마빌에 위치한 레 끄레뗴(*LES CRÊTES*) 깐띠나는 2001년 발레 다오스따 샤도네 꾸베베 프리쏘니에르 레 끄레뜨스 보이스 98년산을 생산하여 '뜨레 비끼에리' 등급을 받았고, 푸민 델(*Fumin del*) 98년산과 꼬뜨 라 뚜르(*Coteau La Tour*) 99년산 등 질좋은 적포도주를 생산함으로써 2001년에 이 지역에서 가장 우수한 깐띠나로 선정되었다.

2. 삐에몬떼(Piemonte)

발레 다오스따와 바로 인접한 주로 또스까나 주와 함께 이탈리아 최대, 그리고 최고의 포도주 생산 지역이 삐에몬떼이다. 한국의 충청북도와 자매결연을 맺고 있는 주로 2006년 동계 올림픽 개최 예정지이기도 한데, 주도는 이탈리아의 대표적 자동차 기업인 피아트(*Fiat*) 본사가 위치한 또리노(*Torino*) 시다. 전통적으로 포도주뿐만 아니라 목축이나 유가공 산업이 발달한 곳이기도 하다.

역사적으로 삐에몬떼 주는 중요한데, 특히 근현대사에서 더더욱 그러하다. 이곳을 지배했던 사보이 왕가는 프랑스계 왕국으로 오래 전부터 프랑스의 영향을 많이 받았으며, 나폴레옹 시대에는 나폴레옹이 자주 머물렀을 정도로 프랑스 문화가 지배적이었다. 이후 이탈리아에서 최초로 산업혁명을 경험했고, 그런 연유로 기계산업과 섬유산업, 영화산업 등이 처음으로 탄생한 곳이기도 하다.

19세기 유럽에서 일어났던 국민국가 열기에 영향을 받아 근대 이탈리아를 통일한 지역으로, 당시 이곳을 지배하던 사보이 왕가가 중심이 되어 오늘날의 이탈리아를 완성시킨 것이다.

주도인 또리노는 역사적 · 문화적으로 중요한 도시인데, 흔히 알려져

또리노 시를 관통하고 있는 뽀강 유역 전경

있듯 이탈리아 자동차 산업의 중심지라는 것보다는 문화와 풍부한 역사성을 갖고 있는 도시로 유명하다. 로마제국 시대에는 프랑스와 북부 유럽을 정복하기 위한 중간 병참기지의 역사를 갖고 있으며, 이렇게 군사기지라는 목적을 띠고 건설된 계획도시이기 때문에 다른 도시들과는 다르게 직사각형으로 곧게 뻗은 도로를 갖고 있다. 그리고, 사방이 산으로 둘러 싸인 지형적 특색도 특이하다.

역사적 전통만큼 중요하고 흥미있는 것들이 곳곳에 산재해 있는데, 세계에서 두 번째로 큰 이집트 박물관은 소장품 수와 그 다양성에서 관람객의 시선을 오래 잡아두는 곳이다. 또한 이탈리아 자동차 산업의 중심지답게 수많은 자동차들이 전시되어 자동차의 역사를 한 눈에 볼 수 있는 자동차박물관 역시 즐거움을 배가시켜 준다. 그외에도 또리노의 상징탑으로 현재 영화박물관으로 사용하고 있는 몰레 안또넬리아나(*Mole Antonelliana*)는 옥탑 부분에 전망대가 있어 시내의 전경을 한 눈에 내려다 볼 수 있는 명소이다.

이탈리아에서 가장 긴 뽀(*Po*)강이 시내를 관통하고 있고, 강주변을 따라 자연스럽게 펼쳐진 크고 작은 녹지들과, 시에서 가장 큰 발렌띠노(*Valentino*) 중앙공원은 시민들의 휴식처로 손색이 없다. 도시 전체가 프랑스

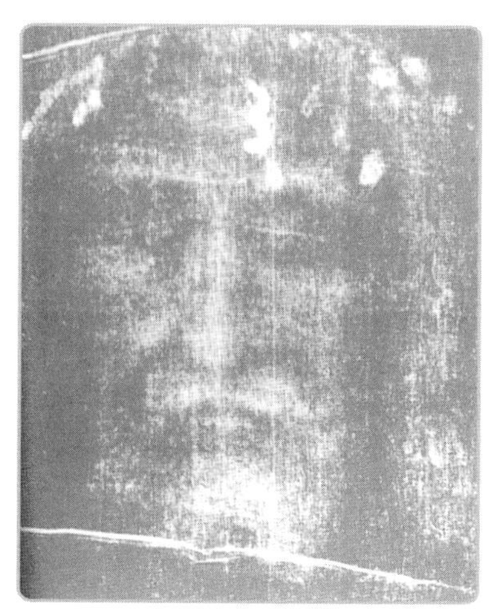

신도네(Sindone)라고 하는 예수 성의 사진

바로크 양식의 영향을 받아 중심가의 많은 건물들이 아름다운 바로크 풍으로 도열해 있어 건축적 아름다움을 보인다.

한국에도 알려진 예수님의 성의(聖衣)—진위 여부를 떠나서 중요한 역사적 의미를 갖는다—가 전시되어 있는 중앙성당 역시 기도교 신자이건 아니건간에 매우 흥미로운 곳이다. 그 외에도 협궤열차를 타고 올라갈 수 있는 수뻬르가(*Superga*) 산 위의 성당은 또리노의 수호신처럼 위용을 자랑하고 있으며, 또리노 시를 병풍처럼 두르고 있는 알프스 산맥들은 한 여름에도 눈덮인 채로 도시를 감싸고 있어, 이 또한 또리노에서 볼 수 있는 색다른 즐거움이다.

또리노 이외에도 북부에서 가장 오래된 빨리오 축제로 유명한 아스띠(*Asti*), 오랜 전통의 오렌지 축제가 유명한 이브레아(*Ivrea*), 16~18세기에 걸쳐 건설된 또리노 주변의 수많은 성들과 요새들, 유럽에서 가장 높은 곳에 위치한 사끄라 산 미켈레(*Sacra S. Michele*) 수도원, 그리고 알렉산드리아, 베르첼리 등 유서깊은 크고 작은 도시들이 제각기 독특한 면을 갖고 있어 찾는 이들에게 즐거움을 준다.

이외에도 북동부와 북서부 쪽으로 펼쳐진 산악지대 사이로 간간이 보이는 크고 작은 호수들은 삐에몬떼 주의 아름다움을 배가시켜 주고 있다. 또한 역사·문화적 배경이 프랑스풍이라는 사실은 삐에몬떼 주의 음식과 포도주 등에도 많은 영향을 미쳤고, 실제로 현재까지도 여러 음식에 고스란히 남아 있는 프랑스풍의 조리법이나 양념 등에서 그 흔적을 쉽게 찾을 수 있다.

다른 이탈리아 주들의 음식과 달리 정제되고 세련된 소스를 쓴다든지, 버터나 빤나(*panna*)라고 하는 우유 크림을 많이 사용한다는 점들은 이곳의 음식이 우리에게 알려진 전통 이탈리아 음식들과는 다소 다르다는 것과, 이것이 프랑스 음식에서 받은 영향이라는 사실을 유추할 수 있는 것이다.

이와 같은 사실은 식사 때 동반관계에 있는 포도주, 특히 삐에몬떼의 포도주 맛에도 상당한 영향을 미칠 수밖에 없었고, 오늘날 이 지역의 많은 포도주들을 바로 이러한 음식들과 연장선 상에서 이해해야 하는 이유가 되는 것이다.

삐에몬떼 주는 이런 배경에서 특이한 음식물들이 많이 생산되고 있는데, 그리시니(*grissini*)라고 하는 젓가락처럼 생긴 막대기 빵은 또리노를 중심으로 전 이탈리아 생산량의 70%를 점유하고 있으며, 이탈리아 전체 초콜릿의 60%가 이 지역에서 생산되고 있고, 따르뚜포(*tartufo*)라는 자연식품의 산지로도 유명하다.

따르뚜포는 팡이류 식물로 땅속에서 자라는 자연식품의 일종인데, 각종 요리의 맛을 내는 향료, 조미료 또는 재료로서 사용되고 있다. 특히 삐에몬떼 주에서는 따르뚜포를 넣는 요리가 많은 데, 따르뚜포 중에서도 흰색 따르뚜포의 특산지로 유명하다.

삐에몬떼 주에서 비교적 품질 좋은 포도주를 오랫동안 생산하는 산지로 랑게(*Langhe*)와 몬페라또(*Monferrato*) 지역을 들 수 있다. 꾸네오(*Cuneo*) 동부에서 알바(*Alba*)를 거쳐 아스띠와 아뀌(*Aqui*) 주변에 이르는 지역은 현재 생산되고 있는 8개의 DOCG 등급 포도주 중에서 아스띠 스뿌만떼(*Asti Spumante*)를 비롯하여 바르바레스꼬(*Barbaresco*), 바롤로(*Barolo*), 브라께또 다뀌(*Brachetto d'Acqui*), 가비(*Gavi*), 모스까또 다스띠(*Moscato d'Asti*) 등 6종을 차지할 정도로 포도주 특산지이다.

거의 전 지역이 포도 재배에 알맞는 낮은 산과 구릉으로 형성되어 있으며, 기후가 온화하고 일조량이 많아 좋은 품질의 포도주를 생산하기에 적합한 조건을 지닌 땅이며, 1997년 이후 현재까지 매년 포도주의 생산량이 증가하고 있다.

또 삐에몬떼 주는 8종의 DOCG 등급 이외에도 43종의 DOC 등급을 획득한 지역 단위가 있어, 이를 중심으로 모두 천여 가지가 넘는 포도주를 생산하고 있을 만큼 양적으로나 질적으로 이탈리아 최대 포도주 산지라 할 수 있다. 이를 입증이나 하듯 2000년에 '뜨레 비끼에리' 등급을 받은 포도주가 50개였는데, 2001년에는 14개가 증가한 64개가 '뜨레 비끼에리' 등급을 받았다.

'뜨레 비끼에리' 등급 포도주를 10개 이상 생산하는 양조업체들은 별 모양의 인증을 받게 되는데, 20개 이상일 경우에는 두 개의 별을 수여받는다.

2001년에 이탈리아 전체 주에서 모두 33개의 양조업체들이 한 개 이상의 별 등급을 받았는데, 이 중 9개가 삐에몬떼 주에서 나왔다. 또 33개 양조업체 중에서 20개 이상의 '뜨레 비끼에리' 등급 포도주를 생산한 양조업체는 단 한 개였는데, 이 업체도 역시 삐에몬떼 주에서 나왔을 정도로 최고의 생산업체들이 이 지역에 몰려 있다.

27개의 '뜨레 비끼에리' 등급 포도주를 인증받았던 가자(*GAJA*)라는 업체는 2001년 최고 품질 양조업체의 영예를 받았고, 18개를 받은 엘리오 알따레(*ELIO ALTARE*), 그리고 '올해의 양조업체'로 선정된 16개를 받은 라 스삐네따(*LA SPINETTA*), 13개를 받은 빠올로 스까비노

(*PAOLO SCAVINO*), 12개의 도메니꼬 끌레리꼬(*DOMENICO CLERICO*), 11개의 까쉬나 라 바르바뗄라(*CASCINA LA BARBATELLA*)와 뽀데리 알도 꼰떼르노(*PODERI ALDO CONTERNO*), 10개의 쟈꼬모 꼰떼르노(*GIACOMO CONTERNO*)와 로베르또 보에르찌오(*ROBERTO VOERZIO*)가 뒤를 이었다.

빼에몬떼주의 '뜨레 비끼에리' 등급 포도주들

포도주명	제조업체	포도주명	제조업체
Barbaresco '97	*Gaja*	*Barbaresco Bricco Asili '97*	*Bricco Rocche-Bricco Asili*
Barbaresco Bricco Libero '97	*Rino Varaldo*	*Barbaresco Cole '97*	*Moccagatta*
Barbaresco Coparossa '97	*Bruno Rocca*	*Barbaresco Cotta Vigna Brichet '97*	*Sottimano*
Barbaresco Gaiun '97	*Cisa Asinari dei Marchesi di Gresy*	*Barbaresco Rombone '97*	*Fiorenzo Nada*
Barbaresco Serraboella '97	*F.lli Cigliuti*	*Barbaresco Sori Paitin '97*	*Paitin*
Barbaresco Vanotu '97	*Pelissero*	*Barbaresco Vigna Borghese '97*	*Piero Busso*
BarbarescoVigneto Brich Ronchi '97	*Albino Rocca*	*Barbaresco Vigneto Galiina '97*	*La Spinetta*
BarbarescoVigneto Starderi '97	*La Spinetta*	*Barbera d'Alba Bric Roira '98*	*Cascina Chicco*
Barbera d'Alba Superiore '98	*Hilberg-Pascquero*	*Barbera d'Alba Vigna Vigia '98*	*Bricco Maiolica*
Barbera d'Alba Vigneto Gallina '98	*La Spinetta*	*Barbera d'Alba Vittoria '98*	*Gianfranco Alessandria*
Barbera d'Asti Bricco Dell'Uccellone '98	*Braida*	*Barbera d'Asti Superiroe La Vigna dell'Angelo '98*	*Cascina La Barbatella*
Barbera del Monferato Superiore Bricco Battistia '98	*Giulio Accornero e Figli*	*Barolo Bric del Fiasco '96*	*Paolo Scavino*
Barolo Bricco Fiasco '96	*AzeliaBarolo*	*Bricco Luciani '96*	*Silvio Grasso*
Barolo Brunate '96	*Roberto Boerzio*	*Barolo Bussia '96*	*Prunotto*

Barolo Bussia Vigna Munie '96	Armando Parussso	Barolo Ca'Mia '96	Brovia
Barolo Cannubi '96	E. Pira & Figli.- Chiara Boschis	Barolo Cerequio '96	Michele Chiarlo
Barolo Cerequio '96	Roberto Voerzio	Barolo Enrico VI '96	Monfalletto Cordero di Montezemolo
Barolo Falletto '96	Bruno Giacosa	Barolo Fossati '96	Enzo Boglietti
Barolo La Serra '96	Gianni Voerzio	Barolo Parafada '96	Vigna Rionda Nassolino
Barolo Percristina '96	Domenico Clerico	Barolo Vigna Capella di Santo Stefano '96	Podere Rocche dei Manzoni
Barolo Vigna Conca '96	Mauro Molino	Barolo Vigna del Gris '96	Conterno-Fantino
Barolo Vignetto Rocche '96	Andrea Oberto	Barolo Vignetto Rocche '96	Mauro Veglio
Colli Tortonesi Bigolla '98	Vigneti Massa	Dolcetto di Dogliani San Fereolo '99	San Fereolo
Dolcetto di Dogliani Siri d'Jermu '99	F.lli Pecchenino	Dolcetto di Dogliani Vigna del Pilone '99	San Romano
Gavi del Comune di Gavi Monte Rotondo '96	Villa Sparina	Harys '98	Giovanni Battista Gillardi
Langhe Arborina '98	Elio Altare	Langhe Larigi '98	Elio Altare
Langhe Nebbiolo Sperss '96	GajaLanghe	Rosso Bric Du Luv '98	Ca'Viola
Langhe Rosso Luigi Einaudi '98	Poderi Luigi Einaudi	Langhe Rosso Monprà '98	Conterno-Fantino
Loazzolo Piasa Rischei '97	Forteto della Luja	Minaia '98	Franco M. Martinetti
Monferrato Rosso Pin '98	La Spinetta	Monferrato Rosso Sonvico '98	Cascina La Brbatella
Roero Roche d' Amps ? j '97	Matteo Correggia	Roero Superiore '97	Malvirà
Roero Superiore '98	Filippo Gallino	Spumante Metodo Classico Brut Riserva Giuseppe Contratto '96	Giuseppe Contratto

3. 리구리아(Liguria)

삐에몬떼 주 밑으로 연중 따뜻한 지중해성 기후의 바다에 접해 있는 주가 리구리아(*Liguria*)이다. 조선업을 비롯한 중공업이 발달한 제노바(*Genova*)를 주도로 하는 이 주는 따뜻한 기후로 겨울에도 많은 휴양객의 발길이 끊어지지 않는 곳으로, 크고 작은 아름다운 해변이 프랑스의 니스와 깐느까지 이어져 있다. 긴 해안을 따라 바다 풍경을 배경으로, 작지만 아름다운 항구도시들이 산재해 있다.

프랑스 국경과 거의 맞닿은 곳에 위치한 돌체아꾸아(*Dolceaqua*)에는 중세 때 건축된 것으로 알려진 33m 길이의 유명한 아치형 다리가 있으며, 리구리아 주의 몇 안되는 포도주 산지로도 유명하다. 해안을 따라 남쪽에 위치한 산레모(*San Remo*)시는 우리에게도 낯설지 않은 세계적 음악축제 '산레모 가요제'가 열리는 도시로 유명하며, 해안을 향해 웅장한 모습으로 서 있는 고풍스러운 성당 산 죠반니 바띠스따(*San Giovanni Battista*)가 있는 체르보(*Cervo*) 역시 아름다운 도시이다.

리구리아에서 가장 유명한 휴양지의 하나인 뽀르또 삐노 전경

크고 작은 요트가 넘쳐나고, 붉은 황토색과 녹색 등 파스텔 색조의 집들이 아름답게 해안의 풍경을 장식하고 있는 뽀르또삐노(*Portofino*)는 부유한 관광객들이 많이 찾고 있다.

바다 위로 솟은 지형이 다섯 가지 형태를 띠고 있다고 해서 항구 이름도 '다섯 가지 땅'이란 의미의 친꿰떼레(*Cinqueterre*)라고 하는 항구도시도 매우 아름다운 휴양지이고, 중세의 아름다운 성이 해안을 향해 우뚝 서 있는 레리치(*Lerici*) 역시 볼만한 곳이다.

제노바는 그리스와 페니키아 시대부터 명성을 전 지중해에 떨쳤을 정도로 강력한 해양국가를 건설했던 항구도시이다. 막강한 부를 바탕으로 베네찌아(*Venezia*) 공화국과 어깨를 겨룰 정도의 해양제국을 건설한 제노바는 특히 12세기 이후 아랍계의 사라센 해적들을 몰아내면서 더욱 강력한 위치를 확보하고, 수차의 유럽 십자군 운동의 전진기지로서 더욱 융성하게 된다.

이와 같은 번성기는 16세기까지 지속되는데, 특히 안드레아 도리아(*Andrea Doria*) 시대는 공화국 최고의 융성기였다. 그러나 1668년 프랑스로의 복속과 1734년 오스트리아에 점령당하면서 도시는 쇠퇴하였다. 이후 이탈리아 통일의 주역이었던 마찌니(*Mazzini*)에 의해 통일운동의 주요 거점으로서 역할을 하면서 다시 중요성을 찾았고, 1861년 이탈리아 통일 이후 조선업과 중공업의 중심지로서 중요한 위치를 현재까지 이어오고 있다.

또한 아메리카 대륙을 '발견한' 끄리스또포 꼴롬보가 성장한 도시로도 유명한데, 실제로 그가 이 도시에서 태어났는지에 대한 사실 확인은 어렵지만, 그의 부친이 제노바에서 거주하였다는 사실은 역사적으로 증명되어 최소한 유년기를 제노바에서 보내면서 대양횡단의 꿈을 키웠을 것이라는 추측은 가능케 하여 준다.

풍부한 해산물을 재료로 하는 해물요리와 우리나라의 전과 비슷한 리뻬에니(*ripieni*)라는 음식이 리구리아 토속음식이며, 산자락을 끼고 있어 토끼 고기 요리로도 유명하다.

삐에몬떼와 경계인 알삐 리구리(*Alpi Liguri*)와 아펜니노 리구레(*Appennino Ligure*) 산맥 아래를 중심으로 리구리아 요리와 어울리는 흰 포도주들이 주로 생산되고 있다.

전통적으로 올리브 농사를 집중적으로 재배하던 이 지역은 16세기 이후 본격적으로 포도 농사를 활성화시키면서 현재에는 품질 개량과 지역 토양에 맞는 수종들, 예를 들면 칠리에지올로(*Ciliegiolo*), 부쩨또(*Buzzetto*), 루마씨나(*Lumassina*), 비안께따(*Bianchetta*), 마싸르다(*Massarda*), 바르바로싸(*Barbarossa*), 삐가또(*Pigato*) 등을 개발하여 포도주 애호가들의 목젖을 유혹하고 있다.

2000년 현재 7종의 DOC 등급 포도주가 740여 개의 상표로 생산되고 있을 정도로 재배 면적에 비하여 높은 생산성을 보이고 있다.

2000년에는 '뜨레 비끼에리' 등급 포도주가 하나도 없었지만, 2001년에는 리비에라 리구레 디 뽀넨떼 삐가또(*Riviera Ligure di Ponente Pigato*) 99년산이 드디어 '뜨레 비끼에리' 등급을 획득하였다.

이밖에도 꼴리 디 루니 베르멘띠노(*Colli di Luni Vermentino*) 99년산과 리비에라 리구레 디 뽀넨떼 베르멘띠노(*Riviera Ligure di Ponente Vermentino*) 99년산 흰 포도주들도 좋은 평가를 받고 있다.

4. 롬바르디아(Lombardia)

이탈리아의 도시중 한국인에게 아주 낯익은 도시가 밀라노(Milano) 일 것이다. 전세계 패션의 중심지로 파리와 함께 가장 화려한 도시인 밀라노는 이탈리아 경제의 중심지 롬바르디아(Lombardia) 주의 주도이다. 바다를 접하고 있지 않은 내륙 주로서 북부 이탈리아의 중앙에 위치하고 있다.

북쪽으로는 스위스와 국경을 끼고 있어 산세가 아름다우며, 산자락을 따라 주변에 크고 작은 호수들이 많은 것으로도 유명하다.

이탈리아 최대의 실크 산지인 꼬모(*Como*)를 중심으로 맑고 푸른 호수들이 북쪽으로 넓게 산재해 있는데, 마죠레(*Maggiore*)호, 가르다(*Garda*)호, 꼬모호 등이 관광객들의 사랑을 받고 있다. 또한 이탈리아에서 가장 인구가 많은 주인만큼 산업적으로나 경제적으로 매우 중요한 위치를 차지하고 있고, 섬유와 의류 및 가구산업 등 디자인 관련 산업들이 발달해 있으며, 은행과 보험 등 금융 서비스업의 중심 역할을 하고 있는 곳이다.

롬바르디아라는 이름의 연원은 기원후 이 지역을 지배하고 있던 롱고바르도에서 유래한 것으로, 12세기에는 롬바르디아 동맹을 결성하여 당시 지배 군주였던 페데리꼬 바르바로싸(*Federico Barbarossa*)에게 대항하는 국가연합체의 성격을 띠면서 하나의 지역국가 형태로 발달하기 시작한 곳이다.

이후 롬바르디아의 지배 권력은 밀라노를 중심으로 하는 주요 귀족

가문들에게 넘어가게 되었는데, 밀라노의 스포르짜(*Sforza*)가와 비스꼰띠(*Visconti*)가, 만또바(*Mantova*)의 곤짜가(*Gonzaga*)가 등이 주요 지배세력이었다.

그러나 17세기 이후 롬바르디아는 스페인에게, 이어 오스트리아 세력의 영향 아래 놓이게 되었다. 이탈리아 통일 후에는 다시 섬유와 가구 등 디자인 관련 산업과 금융 중심지로서의 역할을 찾게 되었다.

밀라노는 최근 한국의 대구시가 중심이 된 '밀라노 프로젝트'로 더욱 친밀하게 다가서고 있는 도시로, 전세계 오페라 팬들을 사로잡는 스깔라(*Scala*) 극장이 자리하고 있다. 아름답고 화려한 두오모(*Duomo*) 대성당의 위용이 숨쉬고 있으며, 레오나르도 다빈치의 명작의 하나로 꼽히는 〈최후의 만찬〉이 소장되어 있다. 패션 거리 몬떼 나뽈레오네(*Monte Napoleone*)에는 전세계의 유명 브랜드들이 밀집해 있다.

기원전 222년 로마인들에 의해 건설된 밀라노는 근대와 현대를 거

밀라노 대성당의 웅장한 모습

치면서 중요한 역사적 사건과 기록을 남긴 것으로도 유명하다. 11세기 이후에는 이탈리아뿐만 아니라 유럽의 상업 및 교역 도시로서의 역할도 맡아 왔으며, 이탈리아 파시즘 운동이 본격적으로 시작된 곳이기도 하다. 다시 말해, 파시즘의 수장 무솔리니가 꼬모 호수 부근에서 암살당한 뒤 시신이 밀라노의 한 광장에 걸리기까지 이탈리아 파시즘의 진원지이자 종착지로서 밀라노는 잘 알려져 있다.

밀라노 이외의 도시들은 호반의 도시 꼬모, 아름다운 중앙성당과 함께 바이올린 제작지로 유명한 끄레모나(*Cremona*), 중세도시로 유서 깊은 만또바(*Mantova*), 거의 원형에 가까운 상태로 보존되어 있는 로마시대의 유물 까삐똘리노(*Capitolino*) 신전이 있는 브레샤(*Brescia*), 이탈리아 르네상스의 위대한 유물의 하나로 손꼽히는 건축물 체르또자(*Certosa*)가 소재하고 있는 빠비아(*Pavia*), 15세기 이후 롬바르디아

마죠레 호수에 있는 이졸라 벨라의 아름다운 정원

문화의 중심지로서 큰 역할을 했던 베르가모(*Bergamo*), 꽃과 아름다운 정원으로 유명한 중세 성이 있는 이졸라 벨라(*Isola Bella*: 아름다운 성이란 뜻) 등이 전세계 관광객들의 사랑을 받고 있다.

문화적 · 경제적 중요성과 함께 음식과 관련하여 몇 가지 특징들을 볼 수 있는데, 이탈리아에서 성탄절이나 새해, 부활절 등 축제 때에 빼놓을 수 없는 빠네또네(*panetone*)라는 원추형 케이크가 태어난 곳으로도 유명하며, 야채와 고기 등을 섞어 만든 수프도 지역 특산 요리이고, 포크커틀릿과 비슷한 고기 요리 역시 이 지방의 대표적 음식으로 손꼽힌다.

밀라노 주변의 평원은 분지 형태를 보이고 있어 포도 재배에 그리 뛰어난 입지조건은 아니지만, 북서와 북동쪽으로 펼쳐진 산악과 구릉지대 및 가르다 호수의 남쪽 지역은 포도 재배에 적합한 토양과 기후로 인해 가격에 비해 품질이 좋은 포도주를 많이 생산하고 있다.

특히 롬바르디아의 DOCG 등급 적포도주 발뗄리나 수페리오레(*Valtellina Superiore*)의 산지인 손드리오(*Sondrio*) 주변 지역과 프랑스 샴페인과 비슷한 발포성 포도주 프랑치아꼬르떼(*Franciacorte*)를 생산하는 이제오(*Iseo*) 호수 주변 지역 등은 최고의 롬바르디아 포도주를 생산하는 곳으로 평판이 나 있다.

이외에도 밀라노 남쪽 빠비아 지방의 구릉지를 중심으로 생산되는 올뜨레뽀 빠베제(*Oltrepò Pavese*)라는 DOC 등급 포도주가 특히 유명한데, 적포도주와 흰 포도주, 분홍 포도주와 앱티타이저용 포도주, 발포성 포도주 등 거의 전 품목을 생산하는 이 지역은 롬바르디아 주에서도 가장 포도주 산업이 특화되어 있어, 양이나 품질면에서 최고로 손꼽힌다.

삐노 네로(*Pinot nero*) 수종으로 1872년 도메니꼬 마짜(*Domenico Mazza*)라는 사람이 처음 개발한 발포성 포도주는 전통적 방식으로 제조한 적색 발포성 포도주의 일종으로 '올뜨레뽀의 샴페인'으로 명명되었을 만큼 유명하다. 이 포도주는 2001년에 처음으로 '뜨레 비끼에리' 등급을 획득하는 경사가 있었다. 이외에도 만또바(*Mantova*)와 브레샤(*Brescia*) 지역을 중심으로 포도주들이 생산되고 있다.

현재 롬바르디아 주가 생산하고 있는 두 가지 DOCG 등급 포도주 외에도 DOC 등급 포도주들은 부여받은 명칭에 따라 모두 13 종류를 생산되고 있다. 이 주에서 2001년에 받은 '뜨레 비끼에리' 등급 포도주는 모두 9개이다. 제조업자들에게 부여하는 별 등급을 받은 곳도 2곳인데, 18개의 '뜨레 비끼에리' 등급 포도주를 생산하는 까델 보스꼬(CA'DEL BOSCO)와 11개의 '뜨레 비끼에리' 등급 포도주를 생산하는 벨라비스따(BELLAVISTA)가 이들이다.

롬바르디아주의 '뜨레 비끼에리' 등급 포도주들

포도주명	제조업체	포도주명	제조업체
Franciacorta Cuvee Annamaria Clementi 93	*Ca'del Bosco*	*Franciacorta Extra Brut Comarì del Salem 95*	*Uberti*
Franciacorta Gran Cuvee Brut 96	*Bellavista*	*Franciacorta Saten*	*Monterossa*
Oltrepò Pavese Pinot Nero Classico Nature	*Monsupello*	*Terre di Franciacorta Chadonny 98*	*Ca'del Bosco*
Valtellina Pestigio Millennium 97	*Casa Vinicola Triacca*	*Valtellina Sfursat 5 Stelle 98*	*Nino Negri*
Valtellina Sfrusa Ca'Rizzieri 97	*Aldo Rainoldi*		

5. 뜨렌띠노 알또 아디제(Trentino Alto Adige)

북쪽으로 스위스와 오스트리아를 끼고 있는 이 주는 알프스를 따라 산세가 아름다우며, 특히 스키와 관련된 스포츠와 관광산업이 유명하고, 또 낙농업도 발달해 있다. 그리고 게르만족의 영향, 특히 오스트리아의 언어와 풍습에 영향을 많이 받은 주이다.

이탈리아의 한 주로 편입된 것이 1919년이었을 정도로 가장 늦게까지 이곳은 독일어가 제2 국어로 사용되고 있었고, 이 지방의 사투리 역시 독일어의 영향을 상당히 받았다. 곧 지리적으로는 이탈리아에 속해 있지만, 문화적으로는 게르만 문화권에 속해 있다고 할 수 있을 만큼 독특한 이탈리아 주이다.

마돈나 디 깜삐돌리오의 스키장(뜨렌띠노)

볼짜노(*Bolzano*)를 중심으로 하는 북부 볼짜노 쁘로빈치아(한국의 군보다 조금 큰 이탈리아 행정단위)는 거의 게르만 문화권이라고 볼 수 있을 정도로 독특하고, 남부의 뜨렌띠노 쁘로빈치아는 이탈리아 문화권에 가깝다. 두 쁘로빈치아 모두 자치권을 가지고 있으며, 언어, 인종, 문화, 행정 등 모든 면에서 다른 주들과는 차이가 있다.

60년대 이후 겨울철 관광지로서 세계적 명소로 떠올랐으며, 관광 산업을 기반으로 하여 유가공 식품과 포도주 산업 등이 잘 발달되어 있다.

이곳에서는 적포도주보다 흰 포도주가 많은데, 흰 포도주에 적합한 독일, 오스트리아산 수종들이 많이 보급되어 경작되고 있다. 주요 생산지는 2개 지역으로 대별될 수 있는데, 북부 볼짜노 지방을 중심으로 한 지역과 남부 뜨렌또(*Trento*) 지방을 중심으로 한 지역이다. 이 지역에서 7개의 DOC 등급 포도주들이 생산되는데, 양보다는 질적인 면에서 상당히 주목할 수 있는 곳이다. 하나의 주이지만, 두 개의 지역으로 구분하여 각 설명하도록 하겠다.

알또 아디제 지방의 '뜨레 비끼에리' 등급 포도주들

포도주명	제조업체	포도주명	제조업체
Barbanico '97	*Nicola Balter*	*Giulio Ferrari '92*	*Ferrari*
San Leonardo '97	*Tenuta San Leonardo*	*Teroldego Rotaliano Sangue del Drago '98*	*Marco Donati*
Trentino Chardonnay '99 Pergole '99	*Maso Furli*	*Trentino Pinot Bianco*	*Longariva*

스키장으로 유명한 볼짜노 지역을 중심지로 하는 알또 아디제(*Alto Adige*) 지방은 앞에서 언급한 바와 같이 게르만 문화의 영향으로 포도

수종에서도 타 지역의 것들과는 약간 차이가 있는데, 라그라인(*lagrein*), 제비르쯔라미너(*gewirztraminer*), 실바너(*sylvaner*), 케너(*kerner*) 등의 수종들은 중남부 이탈리아의 다른 지역에서는 거의 보기 힘든 것들이다. 이들은 대부분 흰 포도주를 생산하는 수종인데, 실제로 이 지역의 주품목은 흰 포도주이며, 다른 이탈리아 지역보다 양과 질에서 상대적으로 우수한 것으로 평가받는다.

이러한 사실은 이 지방에서 2001년에 17종의 포도주가 '뜨레 비끼에리' 등급을 받았다는 결과로도 확인할 수 있는데, 이 지방에서 생산된 500여 가지 포도주로부터 100여 가지 양질의 포도주가 일차적으로 선택된 뒤 결정되었을 만큼 양에 비례하여 질적 면에서 우수성을 인정받고 있다.

볼짜노에서 남쪽으로 1시간 정도 내려오면 뜨렌또 지방이 있다. 한번쯤은 역사책에서 보았을 법한 1673년 트렌티노 공의회가 소집되었던 곳으로, 오스트리아 · 헝가리 왕국 시기에 융성했던 지방으로 잘 알려져 있으며, 뜨렌또 하면 떠오르는 것이 포도주일 정도로 포도주 산지로 유명하다.

특히 223 꼬무네의 반 정도가 DOC 등급 포도주를 생산하는 지역으로 등록되었을 만큼 포도주 특산지이며, 이탈리아에서도 드물게 포도주 생산과 관련하여 기술적 · 금융적 지원이 가장 잘 수립되어 있는 지방으로 유명하다.

잘 알려진 DOC 등급 포도주로는 '뜨렌띠노 지방의 포도주 왕자'라는 별칭을 얻고 있는 떼롤데고 로딸리아노(*Teroldego Rotaliano*)와 샴페인으로 유명한 뜨렌또 등이다. 떼롤데고 로딸리아노는 떼롤데고라는 수종으로 제조되는데, 이 이름은 뜨렌또의 황금시대를 의미했던 'Tiroler Gold' 에서 유래되었다. 이 수종은 A.D 200년 경부터 재배되기 시작하여 1500년대에는 세계적으로 널리 알려질 만큼 우수한 포도수종의 하나가 되었다.

뜨렌또는 프랑스 샴페인과 비슷한 포도주로 19세기 말에 이 지역에 소개된 샤도네이 수종으로 제조된다. 지역의 토양에 가장 적합한 수종으로 정착되면서 전통적 샴페인 양조법으로 제조되어 오늘날까지 생산되고 있다.

뜨렌또 지역의 '뜨레 비끼에리' 등급 포도주들

포도주명	제조업체	포도주명	제조업체
Alto Adige Cabernet Freienfeld '97	*Cantina Produttori Cortaccia*	*Alto Adige Cabernet Puntay Ris. '97*	*Prima & Nuova/Erste & Neue*
Alto Adige Cabernet Savignon Castel Ringberg Ris. '97	*Poderi CastelAlto Ringberg e Kasteaz Elena Walch*	*Adige Cabernet Savignon Lafoa '97*	*Cantina Produttori Colterenzio*
Alto Adige Chadonnay Cornel '98	*Cantina Produttori Colterenzio*	*Alto Adige gewüztraminer Campaner '99*	*Cantina Viticoltori di Caldaro*
Alto Adige gewüztraminer Kolbenhof '99	*Hofstátter*	*Alto Adige gewüztraminer Nussbaumerhof '99*	*Cantina Produttori di Termeno*
Alto Adige gewüztraminer Passito Terminum '98	*Cantina Produttori di Termeno*	*Alto Adige Lagrein curo Gries Ris. '97*	*Cantina di Terlano*
Alto Adige Alto Adige Lagrein Scuro Ris. '97	*Cantina Convento Muri-Gries*	*Alto Adige Alto Adige Lagrei Scuro Ris. '97*	*Josephus Mayr*
Alto Adige Alto Adige Lagrein Scuro Taberhof '98	*Cantina Produttori Santa Maddalena*	*Alto Adige Moscato Rosa Schweizer '99*	*Franz Haas*
Alto Adige Sauvignon St. Valentin '99	*Cantina Produttori San Michele Appiano*	*Aureus '98*	*Josef Niedermayr*
Kaiton '99	*Kuenhof-Peter Pliger*		

그러나 이 지방 포도주들의 높은 품질에 비하여 2001년에 '뜨레 비끼에리' 등급을 받은 포도주는 6종에 불과했으며, 10개 이상의 '뜨레 비끼에리' 등급 포도주를 생산하는 업체에 부여하는 별 등급을 받은 곳도 페라리(*FERRARI*) 하나였다.

포도주 전문가들 사이에서는 이런 결과를 두고 이 지방 포도주의 질의 문제라기보다는 생산자들의 부족한 마케팅 의지와 열악한 조직 문제라고 평하고 있다.

6. 프리울리 베네찌아 쥴리아 (Friuli Venezia Giulia)

뜨렌띠노 알또 아디제 주와 동쪽으로 이웃하는 주가 프리울리 베네찌아 쥴리아이다. 오스트리아와 슬로베니아를 접하고 있는 주로서, 뜨리에스떼(*Trieste*)가 주도이며, 우디네(*Udine*), 뽀르데노네(*Pordenone*), 고리찌아(*Gorizia*) 등이 주요 도시이다.

주도인 뜨리에스떼를 중심으로 해운업과 금융업이 발달해 있으며, 내륙으로는 가구산업, 특히 뽀르데노네는 이탈리아 최대의 의자 전문 생산지역이다. 또 돌로미띠(*Dolomiti*)라는 산을 중심으로 넓게 발달한 휴양지는 이탈리아뿐만 아니라 유럽의 많은 곳에서 관광객들이 끊임없이 찾아오고 있다.

요즈음에는 신문과 TV에 이곳 프리울리 베네찌아 쥴리아 주가 자주 등장하는데, 그것은 외국인들이 슬로베니아와 접한 국경을 통해 밀입

국하는 장면이 보여지기 때문으로, 현재 외국인 불법 체류 문제는 이탈리아뿐만 아니라 전 유럽에서도 심각한 사회문제가 되고 있는 실정이다.

뜨리에스떼는 아름다운 이탈리아 항구도시의 하나로 손꼽히며, 도시로 들어서는 곳에 위치한 미라마레(*Miramare*) 성채는 그 아름다움과 우아함이 보는 이들의 탄성을 자아내게 하며, 해안을 따라 늘어선 웅장한 바로크 풍의 건축물들 역시 이 도시의 품격을 더해 주고 있다.

이 지역 역시 인접한 뜨렌띠노 알또 아디제 주와 더불어 흰 포도주를 많이 생산하고 있다. 주요 생산지로는 우디네 주변 지역, 고리찌아와 그 주변 슬로베니아 접경지대, 그리고 해안을 따라 늘어선 뜨리에스떼 주변 지역들이 특화되어 있으며, 오스트리아와 슬로베니아산 수종들과 이탈리아산 수종들이 혼합되어 재배되고 있다.

가장 최근에 DOCG 등급을 획득한 라만돌로(*Ramandolo*)를 비롯하

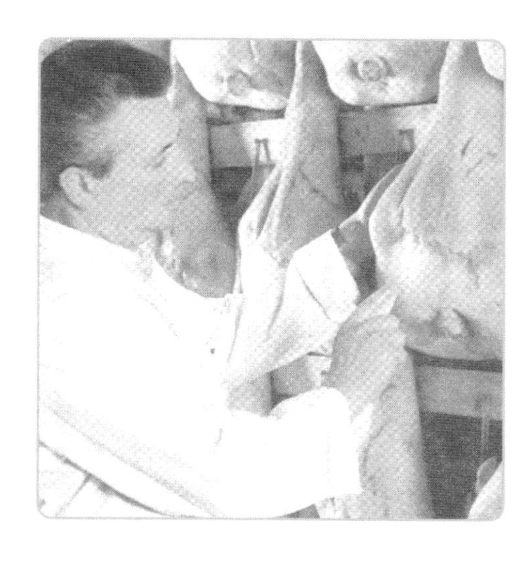

프리울리 베네찌나 쥴리아 주 지역 특산물의 하나인 산 다니엘레 쁘로쉬또

여 거의 전 지역에서 고르게 양질의 포도주를 생산하고 있는데, 2000년 현재 이 주에서 생산되고 있는 DOC 등급 포도주는 모두 9종으로 전 지역에 걸쳐 고르게 분포되어 있다.

특히 이 주는 오스트리아인들이나 미국인들이 이탈리아인들과 합작하여 포도주를 생산 판매하거나 본국으로 수출하는 경우가 많다는 사실이 특이한데, 바스띠안니치(*BASTIANICH*), 조닌(*ZONIN*), 뜨레베르소-몰론(*TREVERSO-MOLON*) 등은 잘 알려진 외국계 업체들이다.

흰 포도주가 적포도주보다 특화되었다는 사실은 수종뿐만 아니라 2001년에 획득한 '뜨레 비끼에리' 등급 포도주 수에서도 여실히 드러나는데, 총 24개의 '뜨레 비끼에리' 등급 포도주 가운데 흰 포도주는 20개인데 비해 적포도주는 4개에 그쳐, 이 주에서 권할 만한 포도주는 흰 포도주라는 사실을 알 수 있다.

또한 우수 제조업자들에게 부여하는 별 등급은 무려 7개 업체들이 받았는데, 이 수치는 삐에몬떼 주와 또스까나 주에 이어 세 번째로 많은 것으로, 프리울리 베네찌아 쥴리아 주에 양질의 포도주 생산업체들이 많이 몰려 있다는 것을 증명하는 것이다.

이 업체들을 살펴보면 '뜨레 비끼에리' 등급 포도주를 14개 생산하고 있는 빈나이올리 제르망(*VINNAIO JERMANN*)과 그 뒤를 이어 11개의 지롤라모 도리고(*GIROLAMO DORIGO*), 마리오 스끼오뻬또(*MARIO SCHIOPETTO*), 비에 디 로망스(*VIE DI ROMANS*)가 있으며, 조스코 그라브너(*JOSKO GRAVNER*)와 리비오 펠루가(*LIVIO FELLUGA*), 빌라 루시쯔(*VILLA RUSSIZ*)가 10개의 '뜨레 비끼에리' 등급 포도주를 생산하고 있다.

프리울리 베네찌아 쥴리아주의 '뜨레 비끼에리' 등급 포도주들

포도주명	제조업체	포도주명	제조업체
Braide Alte 98	*Livon*	*Carso Malvasia 98*	*Kante*
Cof Bianco Pomedes 98	*Scubla Cof*	*Chardonnay Vigneto Ronc di Juri 98*	*Girolamo Dorigo*
Cof Picolit 98	*Rocca Bernarda*	*Cof Pinot Bianco Zuc di Volpe 99*	*Volpe Pasini*
Cof Refosco dal Peduncolo Rosso 97	*Livio Felluga*	*Cof Rosso 97*	*Miani*
Cof Rosso Sacrisassi 98	*Le Due Terre*	*Cof Sauvignon Podere dei Blumeri 99*	*Mario Schiopetto*
Cof Tocai Friulano 99	*Miani*	*Cof Tocai FriulanoLe Vigne Cinquant'Anni 99*	*Vigne di Zamò*
Collio Bianco della Castellada 98	*La Castellada*	*Collio Bianco Jelka 99*	*Roberto Picech*
Collio Merlot Selezione 97	*Franco Toros*	*Collio Sauvignon 99*	*Vigna del Lauro*
Collio Sauvignon De La Tuor 99	*Villa Russiz*	*Collio Sauvignon Ronco delle Mele 99*	*Venica & Venica*
Collio Tocai Friulano 99	*Edi Keber*	*Collio Tocai Friulano 99*	*Russiz Superiore*
Friuli Isonzo Pinot Grigio 99	*Borgo San Daniele*	*Friuli Isonzo Pinot*	*Lis Neris-Pecorari Grigio Gris 98*
Friuli Isonzo Pinot Grigio Sot Lis Rivis 99	*Ronco del Gelso*	*Vintage Tunina 99*	*Vinaioli Jermann*

7. 베네또(Veneto)

해상도시로 유명한 베네찌아(*Venezia*)가 주도인 이 주에는 로미오와 줄리엣의 고향인 베로나(*Verona*) 외에도 아름다운 중세도시 빠도바(*Padova*) 등 많은 볼거리가 있는 크고 작은 도시들과 다양한 문화축

제, 유적지들이 산재해 있다.

이탈리아에 오는 이들이 어떻게든 틈을 내어서라도 가고 싶어하는 도시인 베네찌아는 1년 내내 1천 2백만 명의 관광객이 북적대는데, 최근 도시 전체가 매년 조금씩 바다 속으로 가라앉는다고 해서 이를 방지하기 위한 다양한 계획들이 수립되어 시행되고 있지만, 근래에는 비가 오는 날이 늘면서 더욱 물에 잠긴 베네찌아를 보는 경우가 많아졌다.

어쨌든 베네찌아는 로마, 피렌체 등과 함께 이탈리아를 대표하는 도시로, 형형색색의 아름다운 유리세공 제품을 볼 수 있고, 전통적인 복장을 한 뱃사공들이 모는—11세기 이후부터 베네찌아에서 사용되었던—곤돌라(*Gondola*)를 볼 수 있으며, 2월의 가면사육제와 2년마다 열리는 베니스 비엔나레, 매년 열리는 베니스 영화제로도 유명하다.

꿈의 도시 베네찌아는 10세기 경 비잔틴 제국 내에서 독립적이고 자치적인 지역으로 발전하면서 본격적인 성장을 시작하였다. 동방무역과 1204년 십자군 원정의 승리로 권력과 부를 움켜쥐기 시작한 베네찌

세계 유일 해상도시 베네찌아의 해상축제

아는 12세기와 14세기에 걸쳐 지중해 연안에서 가장 막강한 부를 가진 해상왕국으로 번성하였다.

도제(*Doge*)라고 하는 군주의 영도 아래 인근 지역뿐만 아니라 지중해와 멀리 터키 지방까지 문화적 영향력을 끼칠 정도로 번성하던 베네찌아가 쇠락의 길을 걷게 된 것은 1797년 나폴레옹에게 점령당하면서부터였다. 곧 이어 오스트리아의 세력 밑으로 편입되게 되었고, 1866년 통일 이탈리아 왕국으로 정치적 지위를 회복하기까지 수많은 외세에 지배되었던 굴절의 역사를 갖고 있다.

역사의 흥망성쇠를 반영하듯, 아직도 수많은 유적과 유물들이 곳곳에 산재해 있어 이곳을 찾는 관광객들을 즐겁게 하고 있다. 베네찌아 최대의 수로인 까날 그란데(*Il Canal Grande*)를 따라 배를 타고 올라가면 아름다운 베네찌아의 건축물들을 만날 수 있다. 베네찌아의 주요 다리의 하나인 뽄떼 델리 스깔찌(*Ponte degli Scalzi*), 가장 아름다운 다리로 베네찌아의 오랜 상업무역을 상징적으로 나타내고 있다는 뽄떼 디 리알또(*Il ponte di Rialto*), 그리고 수로 주변의 우아한 건축물들을 보는 즐거움을 함께 할 수 있다.

수로가 끝나는 지점에 있는 장엄한 바로크 양식의 산따 마리아 델라 살루떼(*Santa Maria della Salute*)는 도시의 수호신처럼 관광객들을 맞고 있으며, 여기서 왼쪽으로 가로지르면 그 유명한 산 마르꼬(*San Marco*) 광장이 나타난다. 광장은 어귀에 서 있는 날개 달린 사자 동상으로 받쳐진 두 개의 상징탑이 사람들을 맞으며, 왼쪽으로는 제까(*Zecca*)라는 궁전이, 오른쪽으로는 지배 영주의 궁전이었던 빨라쪼 두깔레(*Palazzo Ducale*)를 볼 수 있다.

전망대가 있는 깜빠닐레(*Campanile*)라는 탑을 돌면 바로 산 마르꼬 광장인데, 규모도 규모이거니와 그 아름다움은 보는 이들의 눈을 즐겁게 하며, 마주 보이는 바실리까 디 산 마르꼬(*Basilica di San Marco*) 성당은 화려함과 아름다운 조형미를 자랑하고 있다. 이외에도 형형색색의 화려한 유리세공 공장들이 밀집한 무라노(*Murano*) 섬도 이곳을 찾는 이들에게 큰 즐거움을 준다.

베네찌아와 함께 중요한 도시가 베로나이다. 셰익스피어가 로미오와 줄리엣이라는 아름다운 청춘남녀의 사랑을 그린 배경 도시이며, 2천년 된 로마시대의 원형극장에서 매년 거행되는 한여름 밤의 오페라 축제가 열리는 문화도시로 세계인의 사랑을 한 몸에 받고 있다. 또 매년 이탈리아 최대의 포도주 박람회인 '*Vin Italy*'가 열리는 곳으로도 잘 알려져 있다.

북부 이탈리아 르네상스 도시의 하나로 금은 세공업이 발달한 비첸짜(*Vicenza*) 역시 중요한 도시이다. 빠도바는 최후의 중세인이자 최초

아레나라고 하는 베로나의 원형극장
(매년 유명한 오페라 축제가 열리는 곳으로 유명하다)

의 이탈리아 르네상스 문인이었던 단떼(*Dante*)의 『신곡』 중에서 '지옥편'을 묘사하고 있는 프레스꼬 벽화로 유명한 데, 이 벽화가 있는 까빠라 델리 스끄로베니(*Capella degli Scrovegni*) 성당은 예술적 가치가 무척 높다. 이 벽화를 그린 이는 서양 미술의 선구자의 한 사람이었던 지오또(*Giotto*)인데, 벽화 이외에도 성당 자체가 갖는 예술적 · 문화적 가치가 매우 높으므로 꼭 둘러볼 만하다.

동부의 문화유적 외에도 롬바르디아 주와의 경계선에 위치한 가르다(*Garda*) 호수 지역은 천혜의 관광지대이다. 가르다 호는 이탈리아에서 가장 큰 호수로 알프스 산맥을 끼고 있으며, 호수 연안을 따라 경관이 무척 아름답다. 이 지방은 포도주 산지로도 유명하며, 산을 좋아하는 이들의 여름 휴양지로 각광을 받는 곳이다.

이런 문화유적과 더불어 즐거움을 더욱 배가시켜 주는 것이 이곳의 음식과 포도주일 것이다. 적포도주보다 흰 포도주를 더 많이 생산하는 이 주는 베로나 지방에 속한 소아베(*Soave*) 지역을 비롯하여 발뽈리첼라(*Valpolicella*) 지역 등이 포도주로 특화되어 있다.

한 가지 특이한 사실은, 2000년에는 적포도주 중에서 포도를 따서 양조하여 바로 먹는 노벨로(*novello*)라는 포도주의 생산량이 20개 이탈리아 주 중에서 1위를 차지했다는 점이다.

소아베 지역을 중심으로 생산되는 DOCG 등급 포도주인 레쵸또 디 소아베(*Recioto di Soave*), 소아베 수뻬리오레(*Soave Superiore*), 발뽈리첼라 지역의 아마로네(*Amarone*)가 많은 사랑을 받고 있다.

레쵸또 디 소아베는 디저트용 포도주로 유명하고, 소아베 수뻬리오레와 아마로네 중에서 오래 숙성된 것들은 바르바레스꼬나 비노 노빌레 몬떼뿔치아노와 같은 급의 포도주로 취급될 정도로 품질이 뛰어난 것으로 평가받는다.

베네또 주에서 현재 생산되고 있는 DOC 등급 포도주는 모두 19종으로, 가르다(*Garda*)나 발다디제(*Valdadige*) 등과 같이 주변의 여러 주들과 공동으로 생산되는 DOC류가 많은 것이 특징이다. 특히 베로나 지역을 중심으로 생산되는 바르돌리노(*Bardolino*)는 품질이 뛰어난 DOC 등급 포도주로도 유명하지만, 앞에서 언급한 노벨로 포도주가 이탈리아에서 가장 뛰어난 곳이다.

베네또주의 '뜨레 비끼에리' 등급 포도주들

포도주명	제조업체	포도주명	제조업체
Amarone della Valpolicella 95	*Corte Sant'Alda*	*Amarone della Valpolicella Classico 96*	*Allegrini*
Amarone della Valpolicella Classico Campo del Titari 97	*Luigi Brunelli*	*Amarone della Valpolicella Classico Superiore Monte Ca' Paletta 93*	*Giuseppe Quintarelli*
Amarone della Valpolicella Classico Vigneto il Fornetto 95	*Stefano Accordini*	*Amarone della Valpolicella Classico Vigneto Monte Sant'Urbano 95*	*F.lli Speri*
Amarone della Valpolicella Classico Casa dei Bepi 95	*Viviani*	*Amarone Vigneto di Monte Lodoletta 95*	*Romano dal Forno*
Colli Euganei Rosso Gemola 98	*Vignalta*	*Fratta 98*	*Maculan*
Il Rosso dell'Abazia 98	*Serafini & Vidotto*	*La Poja 96*	*Allegrini*
Reciotto della Valpolicella Classico le Brugnine 97	*Massimo Venturini*	*Reciotto della Valpolicella Classico TB 97*	*Tommaso Bussola*
Soave Classico Superiore La Froscà 99	*Sandro e Claudio Gini*	*Soave Classico Superiore La Rocca 98*	*Leonildo Pieropan*
Soave Classico Superiore Le Rive 98	*Suavia*		

이외에도 뜨레비조(*Treviso*), 뽀르도네, 베네찌아 지역을 중심으로 생산되는 리손 쁘라마죠레(*Lison Pramaggiore*)는 이 지역의 점토질과 석회질 토양에 맞춰 양조된 포도주로, 강한 향과 독특한 맛으로 유명하다.

이 주에서 생산되는 포도주들의 품질이 우수하다는 것은 2001년에 평가된 '뜨레 비끼에리' 등급 선정을 보아도 잘 알 수 있는데, 아마로네와 소아베 포도주들을 중심으로 모두 17종이 선정되었으며, 14개의 '뜨레 비끼에리' 등급을 생산하고 있는 알레그리니(*ALLEGRINI*)사가 베네또 주에서는 유일하게 별 등급을 받은 제조업체이다.

8. 에밀리아 로마냐(Emilia Romagna)

베네또 주와 롬바르디아 주 밑으로 반도의 중북부에 걸쳐 넓게 자리잡고 있는 주가 에밀리아 로마냐이다. 세계에서 가장 먼저 문을 연 볼로냐 대학이 소재하고 있는 볼로냐(*Bologna*) 시가 주도인 에밀리아는 오랜 전통과 이를 뒷받침하는 뛰어난 문화유산들이 산재해 있다. 고대 로마시대 이전부터 화려한 문명을 꽃피웠던 에뜨루스까 문명의 중심지였고, 식품산업, 위락산업, 의류산업 및 전자산업이 발달한 곳이다.

이 주 역시 역사적으로나 문화적으로 중요한 도시들이 넓게 분포되어 있는데, 볼로냐를 비롯하여 402년 서로마 제국의 수도로 번성하면서 6세기 비잔틴 제국의 문화를 꽃피우기까지, 화려하고 아름다운 모자이크 벽화 도시로 유명한 라벤나(*Ravena*), 매년 '빠바로띠(*Pavarotti*)와 친구들'이라는 음악회가 열리는 빠바로띠의 고향 모데나(*Modena*), 전세

산 아뽈리나레 누오보의 모자이크 벽화(라벤나)

계 스포츠 자동차의 살아있는 신화 페라리(*Ferrari*)의 공장이 있는 마라넬로(*Maranello*), 르네상스기 문화의 보고였던 페라라(*Ferrara*), 이탈리아뿐만 아니라 유럽에도 널리 알려진 젊은이들의 여름 휴양지 리미니(*Rimini*), 낙농업의 중심지로 빠르미지아노(*parmigiano*)라는 치즈와 쁘로슈또(*prosciuto*)라는 건조 생고기가 유명한 빠르마(*Parma*) 등이 우리에게 그리 낯설지 않다.

에밀리아 로마냐 주의 음식에는 우리 고유 음식과 비슷한 것들이 많이 있어 우리 입맛에도 그리 낯설지 않다. 특히 쟘뽀네(*giampone*)라고 하는 돼지족 훈제 요리는 우리의 족발 요리와 비슷하고, 음식의 도시 빠르마에는 최근 한국에 소개된 이탈리아 빠스따 회사 중에서 가장 유명하고 맛있는 빠스따를 만드는 바릴라(*Barila*)가 소재하고 있다.

그러나 이처럼 다양하고 맛있는 음식들이 있지만 포도주는 이탈리아

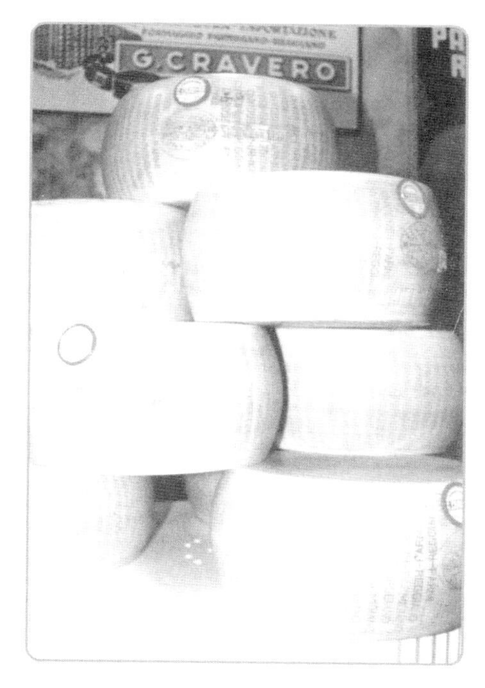

빠르미지아노 치즈

의 다른 주들에 비해 뒤떨어진다고 할 수 있다. 주의 동서를 관통하는 아펜니니(*Apennini*) 산맥 지역을 중심으로 DOCG 등급인 알바나 디 로마냐(*Albana di Romagna*)와 19종의 DOC 등급 포도주를 생산하고 있어, 외형적으로는 포도주 산업이 발달한 주라고 볼 수도 있다.

그러나 품질면에서는 매년 기복이 심한데, 포도주 산업에 대한 투자와 연구가 소홀한 점이 정체의 원인으로 꼽히고 있다. 곧 수익성 높은 유가공 및 기타 식품산업에 많은 투자와 노력을 기울이다 보니, 좋은 기후 조건을 갖고 있음에도 포도주 생산에 대한 관리와 투자가 소홀해졌다.

이런 상황은 2001년의 포도주 품질 평가에서도 나타났는데, 2000년에 6종이었던 '뜨레 비끼에리' 등급 포도주가 2001년에는 마르찌에노 라벤나 로쏘(*Marzieno Ravenna Rosso*) 98년산 1종만 '뜨레 비끼에리' 등급을 받게 되는 최악의 결과가 나왔다.

그러나 앞에서 설명한 알바나 디 로마냐가 흰 포도주 중에서 이탈리아 최초로 DOCG 등급을 획득했던 것으로 유명하며, 8개월에서 1년 안에 마셔야 제맛을 즐길 수 있다는 람브루스꼬(*Lambrusco*) 수종 포도주가 에밀리아 주에 밀집해 있고, 산죠베제 디 로마냐(*Sangiovese di Romagna*)와 같은 적포도주가 꾸준히 좋은 품질을 유지하고 있어, 이곳의 포도주 생산역량은 그 가능성이 크다고 볼 수 있다.

9. 또스까나(Toscana)

에밀리아 로마냐 바로 밑에 있는 또스까나 주는 삐에몬떼 주와 함께 이탈리아 최대 최고의 포도주 생산지역이다. 로마가 이탈리아의 정치 · 역사 수도이고, 밀라노를 경제 수도라고 한다면, 문화예술의 수도로 피렌체(*Firenze*)를 주저없이 거론한다. 13~15세기에 융성했던 르네상스 시대 이탈리아의 예술적 · 문화적 역량을 전세계에 떨친 중심지가 피렌체인데, 피렌체는 바로 또스까나주의 주도이다.

현대 이탈리아어 형성에 큰 공헌을 했고, 『신곡』을 지어 이탈리아 르네상스 문화의 시작을 알렸던 단테가 태어난 곳이며, 근대 정치학의 명저 『군주론』의 저자 마키아벨리의 고향이다.

또스까나는 또 거대 상업자본을 통해 르네상스를 불러 일으켰던 피렌체 공화국의 메디치(*Medici*) 가문이 지배했던 지방이었으며, 미켈란젤로, 라파엘로, 레오나르도 다빈치 등 수많은 예술가들이 활동하였던 문화예술의 본고장이다. 또스까나 주는 이외에도 수많은 문화 · 역사적 사적이 있는 이탈리아의 예향이다.

또스까나의 주요 도시들과 유적들

피렌체와 같은 르네상스 도시들이 많이 산재해 있는 곳이 또스까나인데, 갈릴레오 갈릴레이가 중력 실험을 했던 곳으로 유명한 기울어진 탑이 있는 삐사(*Pisa*), 빨리오(*Palio*)라는 중세의 아름다운 성당으로 유명한 시에나(*Siena*), 원형 성벽으로 둘러싸인 도시 안에 또 다른 타원형 건물로 둘러싸인 타원형 공간이 그림같은 루까(*Lucca*), 영화 〈인생은 아름다워(*La vita è bella*)〉의 배경이 되었던 정감넘치는 도시 아레쪼(*Arezzo*), 건축물의 고급 재료인 이탈리아 대리석의 산지 까라라(*Carrara*), 에뜨루스까인들이 건설한 것으로 알려진 7km에 달하는 성벽으로 둘러싸인 볼떼라(*Volterra*), 저녁 무렵 풍경이 아름다워 몇 년 전 영국 수상 토니 블레어가 별장을 구입해서 화제가 된 산 쥐미냐노(*San Gimignano*), 1814년 나폴레옹이 유배왔었던 엘바(*Elba*) 섬이 있으며, 그밖에도 삐스또이아(*Pistoia*), 리보르노(*Livorno*), 그로쎄또(*Grosseto*), 쁘라또(*Prato*) 등 유서깊은 중소 도시들이 많이 있다.

이와 같이 곳곳에 산재한 유적들과 볼거리들 덕분에 이 지방은 이탈리아의 다른 주보다 아그리뚜리즈모(*Agriturismo*)라는 것이 발달해 있다. 이것은 포도주 산업과 매우 관련이 깊은 새로운 이탈리아적 관광 유형으로 또스까나 주의 포도주와도 깊은 관계가 있기 때문에 좀더 자세한 설명을 곁들이기로 하겠다.

아그리뚜리즈모는 '농지의'라는 뜻을 갖는 아그리(*Agri*)와 '관광'이라는 의미의 뚜리즈모(*Turitismo*)가 합성된 단어이다. 말 그대로 '농지에서의 관광'이다. 물론 이탈리아에만 국한된 관광 형태는 아니다. 굳이 비교를 하자면 한국에도 주말농장이라는 것이 있고, 다른 나라들에도 아그리뚜리즈모와 비슷한 관광형태가 있기 때문에 특별히

또스까니의 전형적인 아그리뚜리즈모 풍경

이탈리아적이라고 할 수는 없다.

그러므로 아그리뚜리즈모가 이탈리아 전역에서 볼 수 있는 대표적인 관광형태인가에 대해서는 약간의 설명이 필요하다. 간단하게 아그리뚜리즈모를 정의하자면, 인공적 위락시설을 갖춘 휴양지가 아니라 전원이나 산림 등 자연 속에서 숙박을 해결하고, 주변의 유서깊은 역사 도시나 유물들을 관광하면서 휴식을 취하는 형태이다.

이탈리아의 역사적 배경이나 문화적 요소, 자연환경 등은 이미 우리가 많이 들어 알고 있을 것이다.

현재 이탈리아에는 수많은 도시들이 길게는 수 천년, 짧게는 수 백년의 역사 전통을 고스란히 간직하고 있다. 바로 이 점이 이탈리아가 유럽에서 아그리뚜리즈모를 가장 많이 발달시키고, 유럽인들이 이탈리아에서의 아그리뚜리즈모를 선호하는 이유이다.

수많은 역사 문화적 볼거리, 신선한 공기와 아름다운 자연 경관, 이러한 것들을 더욱 즐겁게 해주는 풍성한 먹거리, 품질 좋고 독특한 상품들을 쉽게 구입할 수 있는 상점들, 바로 이러한 요소들이 아그리뚜리즈모가 발달할 수 있는 기본 조건이며, 이러한 조건들이 가장 풍부하고 체계적이며 지속적으로 발달한 지역이 또스까나 주인 것이다.

포도주를 음료수처럼, 그리고 소화제와 같은 음식으로 생각하는 유럽인들에게 아그리뚜리즈모에서 필수적인 요소 하나를 꼽는데 주저하지 않고 포도주를 말하는 것은 바로 이와 같은 이유 때문이다. 수많은 역사 유물과 고성들, 이에 덧붙여 천혜의 기후조건, 배수가 잘 되면서 햇빛을 잘 받는 구릉과 언덕배기가 대부분인 또스까나의 지형 조건들은 아그리뚜리즈모를 뒷받침하기에 충분할 만큼 좋은 포도주들을 생산할 수 있다.

이탈리아의 주 중에서도 아그리뚜리즈모의 대표적인 또스까나의 포도주들은 바로 이와 같은 역사적 배경 하에서 양조되어 발전되어 왔다. 곧 이 지역의 DOCG 등급 포도주가 5종이나 되고, DOC 등급 포도주도 31종이나 될 만큼 품질이나 양적인 면에서 삐에몬떼 주와 함께 이탈리아 포도주를 대표하고 있는 것이다.

DOCG 등급 포도주는 이미 소개되었으므로, DOC 등급 포도주 중에서 중요한 것을 지역별로 살펴보겠다.

가장 먼저 떠오르는 DOC 포도주는 그로쎄또(*Grosseto*) 지역을 중심으로 생산되는 것들이다. 대표적인 포도주 생산지역은 피렌체와 시에나를 중심으로 하는 끼안띠(*Chianti*) 지방이지만, 이는 DOCG 등급 포도주들이 대부분을 차지하고 있으며, DOC 등급 포도주들은 이들 지역과 그 주위에서 주로 생산되고 있다. 그 중에서 그로세또라 지방에서는 안소니까 꼬스따 델라르젠따리오(*Ansonica Costa dell'Argentario*), 비안꼬 디 삐띨리아노(*Bianco di Pitigliano*), 몬떼꾸꼬(*Montecucco*), 몬떼레지오 디 마싸 마리띠마(*Monteregio di Massa Marittima*), 몬뗄리노 디 스깐사노(*Montellino di Scansano*), 빠리나(*Parrina*) 등 6종류의 DOC 포도주를 생산하고 있다.

이외에도 DOCG 등급 포도주를 생산하는 피렌체와 시에나 주변, 브루넬로와 몬떼뿔치아노, 산 쥐미니아노 등도 DOC 등급 포도주들을 생산하고 있다.

또스까나 주에서 빼놓을 수 없는 포도주가 하나 있는데, 그것은 바로 빈쌍뜨 또는 빈 산또(*Vin Santo*)라고 하는 디저트용 포도주이다. 빈 산또에 대한 설명은 다음 장에서 기술하겠지만, 이 포도주는 포도송이 중에서 알이 굵고 잘 여문 것들을 선별하여 제조하기 때문에 품질이 다른 포도주보다 뛰어나다.

이 포도주는 생산량이 제한되어 있으며, 주요리가 아닌 후식이나 단과자 등에 잘 어울린다. 알코올 도수는 17도 내외로 약간 높은 편이며, 비교적 오래 숙성시키기 때문에 값이 비싸다. 다른 이탈리아 지역에서도 비슷한 유형의 포도주들이 생산되고 있고, 그 명칭에 조금 차이가 있다는 점을 제외하면 흔히 구입할 수 있는 일반 포도주와는 다르다. 주의 전 지역에서 생산되는 또스까나 빈 산또는 끼안띠 생산지와 겹치는 곳에서 특히 많이 생산되며, DOC 등급 포도주를 생산하는 기타 지역에서도 고유 특성을 가진 빈 산또가 제조되고 있다.

또스까나주에서는 2000년에 19종에 불과했던 '뜨레 비끼에리' 등급 포도주가 2001년에 무려 55종으로 늘어나는 기이한 결과가 발생했는데, 이는 1년 사이에 갑자기 질이 월등하게 향상되었다기보다는 2000년에 비하여 2001년에 더 많은 업체들이 이 심사에 참여하고, 또 등급을 높이기 위해 많은 노력을 기울인 때문이라고 보아야 할 것이다.

특히 끼안띠를 생산하는 지역에서 31종이나 '뜨레 비끼에리' 등급을 받았는데, 이는 삐에몬떼 주 랑게(*Langhe*) 지방에서 획득한 '뜨레 비끼에리' 등급 수와 동일한 수치다. 이 두 곳은 이탈리아에서 가장 특화된 포도주 산지임과 동시에 가장 우수한 품질의 포도주가 생산되는 지역이다. 또 세계적 명성을 확고하게 구축하고 있는 브루넬로 디 몬딸치노와 같은 포도주들은 갈수록 품질이 향상되고 있는데, 와인 전문잡지 '*Wine Spectator*'는 2000년에 브루넬로 디 몬딸치노 39종에 대해 90점 이상의 절대적 평가를 주었다. 이처럼 또스까나 지역의 포도주들은 세계적 신뢰와 명성이 더해가고 있다.

이러한 결과에 힘입어 2001년에는 10종 이상의 '뜨레 비끼에리'를 생산하는 우수업체로 선정된 곳이 모두 10개에 이를 정도로 전국 최고 수준의 포도주 특화지역이 되었다.

14종의 '뜨레 비끼에리' 포도주를 생산하는 까스뗄로 디 폰떼루똘리(*CASTELLI DI FONTERUTOLI*)와 파또리아 델 펠시나(*FATTORIA DEL FELSINA*), 12종의 마르께지 안띠노리(*MARCHESI ANTINORI*), 11종을 생산하는 뽈리찌아노(*POLIZZIANO*), 떼니멘띠 루피노(*TENIMENTI RUFFINO*), 떼누따 디 폰또디(*TENUTA DI FONTODI*), 10종의 까스뗄로 반피(*CASTELLO BANFI*), 까스뗄로 디 아마(*CASTELLO DI AMA*), 이졸레 에 올레나(*ISOLE E

OLENA), 떼누따 산 구이도(*TENUTA SAN GUIDO*) 등이 그 업체들이다.

또스까나 주의 '뜨레 비끼에리' 등급 포도주들

포도주명	제조업체	포도주명	제조업체
50 & 50 Avignonesi e Capannelle '97	*Avignonesi*	*Batar '98*	*Agricola Querciabella*
Bolgheri Rsso Superiore Paleo '97	*Le Macchiole*	*Bolgheri Sassicaia '97*	*Tenuta San Guido*
Bolgheri Superiore Ornellaia '97	*Tenuta dell' Ornellaia*	*Borro del Boscone '97*	*Le Calvane*
Brancaia '98	*La Brancaia*	*Brunello di Montalcino '95*	*Siro Pacenti*
Brunello di Montalcino Cerretalo '95	*Casanova di Neri*	*Brunello di Montalcino Vigna del Lago '95*	*Tenimenti Agelini-Val di Suga*
Cabernet Sauvignon '97	*Isole e Olena*	*Carmignano Le Farnete Riserva '97*	*Enrico Pierazzuoli*
Carmignano Riserva '97	*La Piaggia*	*Casalferro '98*	*Barone Ricasoli*
Cepparello '98	*Isole e Olena*	*Cerviolo Rosso '98*	*San Fabiano Calcinaia*
Chianti Classico Casasilia '97	*Poggio al Sole*	*Chianti Classico Giorgio Primo '98*	*La Massa*
Chianti Classico Vigna di Fontalle Riserva '97	*Machiavelli*	*Chianti Classico Badia a Passignano Riserva '97*	*Marchesi Antinori*
Chianti Classico Castello di Brolio '97	*Barone Ricasoli*	*Chianti Classico Castello di Fonterutoli Riserva '97*	*Castello di Fonterutoli*
Chianti Classico Riserva '97	*Fattoria di Petroio*	*Chianti Classico Vigna il Poggiale Riserva '97*	*Castellare di Castellina*
Cortaccio '97	*Villa Cafaggio*	*Flaccianello Della Pieve '97*	*Tenuta Fontodi*
Ghiaie de Furba 98e	*llaCapezzana*	*Il Corzano '97*	*Fattoria Corzano Paterno*
Fontalloro '97	*Fattoria di Felsina*	*Galatrona '98*	*Fattoria Petrolo*
Il Futuro '97	*Il Colombaio di Cencio*	*Il Pareto '97*	*Tenute Ambrogio e Alberto Folonari*
La Vigna di Alceo '98	*Castello di Rampolla*	*Le Stanze '98*	*Poliziano*
Livernano '98	*Livernan*	*Lupicaia '98*	*Castello del Terriccio*
Masseo '97	*Tenuta dell' Ornellaia*	*Messorio '97*	*Le Macchiole*
Montecchiari Cabernet '97	*Fattoria di Montechiari*	*Morellino di Scansano Poggio Valente '98*	*Le Pupille*
Mormoreto '97	*Marchesi dé Frescobaldi*	*Nobile di Montepulciano '97*	*Salcheto*

Nobile di Montepulciano Simposio '97	*Tenimenti Angelini*	*Nobile di Montepulciano Asinone '97*	*Poliziano*
Percarlo '97	*San Giusto a Rentennano*	*Redigaffi '98*	*Tua Rita*
Ripa delle More '97	*Castello di Vicchiomaggio*	*Romitorio di Santedame '98*	*Ruffino*
Rosso di Sera '98	*Fattoria Poggiopiano*	*San Martino '97*	*Villa Cafaggio*
Siepi '98	*Castello di Fonterutoli*	*Solaia '97*	*Marchesi Antinori*
Summus '97	*Castello Banfi*	*Vernaccia di San Gimignano Riserva '98*	*Giovanni Panizzi*
Vigorello '97	*San Felice*		

10. 움브리아(Umbria)

또스까나 주의 동쪽에 접하며 중남부에서 유일하게 바다를 끼지 않은 주가 바로 움브리아이다. 고대 로마보다 먼저 화려한 문명을 꽃피웠던 에뜨루리아 문명의 흔적이 많이 남아 있는 주로, 면적이 작고 대부분이 구릉과 산지로 구성되어 있지만, 고대 도시문화와 중세의 성(城) 문화를 잘 볼 수 있는 곳이다.

주도인 뻬루지아는 한국인들에게도 친숙한 이탈리아 도시의 하나이다. 2002년까지 머리띠로 동여맨 찰랑찰랑한 긴 머리가 트레이드마크인 안정환 선수가 뛰고 있던 이탈리아 1부 리그 소속 뻬루지아 팀이 이곳을 근거지로 하고 있고, 이탈리아에서 가장 규모가 크고 잘 조직된 외국인을 위한 이태리어 학교가 이곳에 위치하고 있기 때문이다.

유럽뿐만 아니라 전세계에서 이태리어를 배우러 오는 곳이므로 외국인들이 가장 먼저 이탈리아 문화를 접하는 도시이다. 한국인들도 대부분 이곳에서 이태리어를 배운다.

뻬루지아는 언덕 위에 위치하여 경사길이 많고, 에뜨루리아 문명의 흔적이 많이 남아 있다. 또 고대 에뜨루리아식의 화려한 도자기가 유명하며, 오랜 전통을 갖고 있는 세계적 축제인 '움브리아 재즈'가 매년 열리는 도시이기도 하다.

뻬루지아에서 동쪽으로 20여 분 거리에 있는, 가톨릭 성지의 하나인 아시지(*Assisi*)라는 조그마한 도시도 유명한데, 이곳에는 성 프란체스꼬 성당이 있다. 몇 년 전 지진으로 중요한 벽화와 예술품들이 파손되었던 아픈 역사도 있지만, 현재 대부분 복구를 끝내고 일반인들에게 공개되고 있으며, '프란체스꼬 수사의 비둘기'라는 애칭을 갖고 있는 비둘기도 즐거운 볼거리 중의 하나이다. 해질 무렵 멀리서 바라보는 아시지는 너무나 아름다운데, 태양의 각도에 따라 다양한 색조와 형상

따르뚜포와 살라메 등을 판매하는 노르치아의 전형적인 식품점

을 가진 한 폭의 그림같은 장엄한 광경을 드러낸다.

중세 광장 문화의 전형적 특징을 갖춘 또디(*Todi*), 암벽 위에 건설된 오르비에또(*Orvietto*), 도시 전체가 중세적 모습을 고스란히 간직하고 있는 스뻴로(*Spello*), 장엄한 성(聖) 촛대 행렬 등 중세문화를 아직도 원형 그대로 성대하게 거행하고 있는 굽비오(*Gubbio*), 연극을 사랑하는 이들에게는 너무나 유명한 세계적 연극제를 개최하는 스뽈레또(*Spoleto*), 도시 전체가 하나의 미니어처를 연상케 하며 따르뚜포와 살라메—혼합육을 넣어 말린 형태로 소시지와 비슷하다—가 유명한 노르치아(*Norcia*)와 같은 도시들도 볼만하다.

이외에도 움브리아에는 아름다운 중소 도시들이 여럿 산재해 있어 여행의 즐거움을 충분히 느끼게 한다.

이곳 역시 오랜 포도주의 역사를 가지고 있는데, 이는 DOCG 등급 포도주가 2종류 있고, DOC 등급 포도주들이 포도 재배면적에 비하여 많다는 단순한 통계적 사실에 기인하여 말하는 것이 아니다. 움브리아는 로마 문명이 개화하기 이전부터 역사적으로 검증된 오랜 포도주 문화를 가지고 있었기 때문이다.

몬떼빨꼬 사그란띠노(*Motefalco Sagrantino*), 또르치아노 로쏘 리제르바(*Torciano Rosso Riserva*)의 두 DOCG 등급 포도주를 생산하는 몬떼빨꼬(*Montefalco*)와 또르치아노(*Torciano*) 이외에도 오르비에또와 뜨라시메노(*Trasimeno*) 호수 주변, 뻬루지아 주변의 구릉지대 등이 포도주 특화지역이다. 특히 오르비에또 포도주는 옛부터 교황이나 중소 왕국의 군주들이 만찬용 포도주로 사용하였을 만큼 유명한데, 적포도주보다는 흰 포도주가 더 인정받고 있다. 뻬루지아 주변의 구릉과 뜨라시메노 호수를 중심으로 생산되는 포도주들은 그 기원이 로마 이전까지 올라갈 정도로 전통을 자랑한다.

움브리아에서 생산되는 DOC 등급 포도주는 11종류이다. 이 11종은 전 지역에 고루 분포되어 있으며, '뜨레 비끼에리' 등급을 받은 포도주는 모두 6종류였다. '뜨레 비끼에리' 등급을 받은 포도주가 많지는 않지만, '뜨레 비끼에리' 등급 포도주를 10개 이상 생산한 업체에게 주어지는 별 등급은 까스뗄로 델라 세라(*CASTELLO DELLA SERA*)가 받았다.

움브리아주의 '뜨레 비끼에리' 등급 포도주들

포도주명	제조업체	포도주명	제조업체
Armlaeo 98	*Palazzone*	*Cervaro della Saka 98*	*Castello della Sala*
Fobiano 98	*La Carraia*	*Sagrantino di Montefalco 25 Anni 97*	*Arnaldo Caprai' Val di Maggio*
Villa Fidelia Rosso 98	*F.lli Sportoletti*		

11. 마르께(Marche)

움브리아 주의 동쪽으로 해안을 접한 주가 마르께이다. 세계에서 가장 작은 나라인 산마리노 공화국이 북쪽의 에밀리아 로마냐 주 경계와 접해 있으며, 서쪽 경계에는 아뻬니니(*Appennini*) 산맥이 뻗어 있고, 동쪽으로는 아드리아(*Adria*) 해를 마주하고 있어 자연 풍광이 아름답다. 아드리아 해를 접하고 있는 만큼 수산업이 발달해 있는데, 이탈리아 20개 주 중에서 규모면에서 3위에 달할 정도로 수산업이 발달해 있으며, 제지산업의 중심지로도 잘 알려져 있고, 내륙쪽을 따라 가구산업, 특히 주방가구와 주방용품 산업이 발달해 있다.

기원전 4세기부터 시작된 이 주의 역사는 그리스 식민지였다. 실제로 안꼬나(*Ancona*)는 이탈리아에 있는 그리스 식민도시 중에서 최대 북방에 위치한 도시였다. 이후 중세 초기에는 신성로마제국의 남방 한계지였는데, 실제로 마르께의 원형 마르까(*Marca*)는 변방 또는 국경이라는 의미를 갖고 있다.

15세기에 이 지역은 문화적 전성기를 누렸는데, 페데리꼬 다 몬떼펠뜨로(*Federico da Montefeltro*) 공작이 거주하기 위하여 건설한 우르비노(*Urbino*)를 중심으로 안꼬나, 아스꼴리 삐체노(*Ascoli Piceno*), 산 레오(*San Leo*), 뻬사로(*Pesaro*) 등의 도시들이 그 주인공이다.

긴 해안을 따라 맑고 깨끗한 해변과 바다가 아름다워 매년 수많은 관광객이 찾는 이곳은 바다만큼 내륙쪽의 산맥을 따른 휴양지도 발달하고 있다. 넓게 펼쳐진 산악을 따라 따르뚜포(*Tartufo*)와 쁘로쉬또(*prosciutto*)라는 말린 생고기와 소시지류, 치즈가 유명하며, 해안을 따라서 생선을 주재료로 하는 탕—이탈리아어로는 주빠(*zuppa*)라고 함—과 수프류 음식들이 지역 특산이라 할 수 있다.

이 주 역시 구릉과 산자락을 따라 특색있는 포도주가 생산되고 있는데, 위에서 언급한 뻬사로, 안꼬나, 우르비노, 아스꼴리 삐체노, 마체라따(*Macerata*) 등이 포도주 생산에서 중심지 역할을 하고 있다. 그 중에서도 안꼬나 지방에 있는 꼬네로 산(*Monte Conero*) 주변에서 생산되는 로쏘 꼬네로(*Rosso Conero*)는 마르께의 가장 뛰어난 적포도주로 평가받고 있다.

마르께 주 곳곳에 산재해 있는 천연 종유석 동굴
(그로떼 디 프라싸시)

또한 로쏘 삐체노(*Rosso Piceno*)는 이 지역의 적포도주 중에서도 노벨류에서 품질이 뛰어난 것으로 평가받고 있으며, 흰 포도주에서는 마체라따 지방의 마뗄리까(*Matelica*) 꼬무네에서 생산되는 베르디끼오 디 마뗄리까(*Verdicchio di Matelica*)가 유명하다. 이는 이 지역의 기후와 토양의 특성으로 이미 8월 말부터 일교차가 커져 포도알 숙성에 좋은 조건을 갖추고 있어, 이를 원료로 하는 포도주 역시 독특한 질적 특징을 보이고 있는 것이다.

이들 지역을 중심으로 모두 11종류의 DOC 등급 포도주가 생산되고 있으며, 좋은 포도주의 기준이라 할 수 있는 '뜨레 비끼에리' 등급을 받은 포도주도 8종이나 된다. 이 수치는 2000년의 4종에 비하여 무려 2배나 증가한 것으로, 이 지역의 포도주들이 앞으로 무한한 발전 가능성이 있다는 것을 보여주고 있다.

마르께주의 '뜨레 비끼에리' 등급 포도주들

포도주명	제조업체	포도주명	제조업체
Akronte '97	*Boccadigabbia*	*Kurni '98*	*Oasi degli Angeli*
Rosso Conero Sassi Neri '98 J '97	*Fattoria Le Terrazze*	*Rosso Conero Visions of*	*Fattoria Le Terrazze*
Verdicchio dei Castelli di Jesi Classico Superiore Casal di Serra '99	*Umani Ronchi*	*Verdicchio dei Castelli di Jesi Classico Superiore Contrada Balciana '98*	*Sartarelli*
Verdicchio dei Castelli di Jesi Classico Superiore Podium '98	*Gioacchino Garofoli*	*Verdicchio dei Castelli di Jesi Classico Superiore Passito Tordiruta '97*	*Terre Cortesi Moncaro*

12. 라찌오(Lazio)

중북부의 여러 주들을 거쳐 드디어 오랜 전통과 고대적 분위기의 포도주들을 생산하는 주까지 내려왔다. 오늘의 시점에서 이들 남부 여러 주에서 생산하는 포도주들은 이탈리아의 국내외적으로 그다지 높은 평가를 받고 있지는 못하다.

역사적으로 가장 먼저 포도주를 대량생산하고 소비하던 지역의 하나이며, 오늘날의 포도주가 존재하게 할 수 있었던 근원지인 이 지역의 포도주들이 국내외적으로 그다지 큰 인정을 받지 못하고 있는 이유는 아마도 현대적 기호를 따라가는데 신속하게 대응하지 못했다는 점과, 소규모 농가가 생산주체가 되는 전근대적 생산방법, 마케팅 정책의 부재, 그리고 여전한 고대의 포도 수종 등에 기인할 것이다.

다시 말해 이탈리아 음식 역시 세월이 흐름에 따라 그 경향이 보다 섬세하고 향이 풍부한 쪽으로 변해 가고 있기 때문에 이에 알맞는 포도주를 곁들이게 되는 추세에서, 이들 남부 지역에서는 토속적인 음식 이외에는 이를 소화해내지 못하여 결국 이러한 변화추세를 따라가지 못하는 결과를 낳은 것이다.

또한 포도 재배농들과 포도주 생산업체들이 영세하여 기업적이고 산업적인 차원에서 포도주를 생산하는 것이 아니라, 흔히 '하우스 와인'이라고 하는 수준에서 포도주를 생산하고 있기 때문에 전국적 규모의 유통망이나 배급체제를 갖추지 못하고 있는 실정이다.

그리고 몇몇 지역에서는 아직도 고대 수종으로 포도를 재배하기 때문에 수확량이 제한적이어서 지역 수요에도 맞추기 급급한 점이 이들 남부 지역에서 포도주의 성장을 막고 있는 것이다.

그러나 최근 몇몇 주들을 중심으로 생산자조합을 설립하여 유대를 강화하고, 공동판매와 공동생산과 같은 전략을 통하여 이들 지역에서만 맛볼 수 있는 포도주를 생산 · 판매하고 있다.

남부지방에서 먼저 거론할 수 있는 곳은 라찌오(*Lazio*) 주이다. 아마 수천 번은 들었을 만큼 자주 거론되는 영원의 도시 로마(*Roma*)가 주도인 이 주는, 로마 문명의 흔적이 가장 많이 남아있는 지역이자 이탈리아 정치의 중심지이다.

로마를 처음 접하는 이들에게는 콜로세움(*Colosseo*), 포로 로마노(*Foro Romano*), 뜨라이아노 시장(*Mercati di Traiano*), 판테온(*Pantheon*) 신전 등이 로마문명의 흔적을 더듬고 그 위대함을 느끼기에 충분하겠지만, 우리가 보고 있는 오늘날의 로마는 고대 로마의 흔적이 아닌, 16세기 말부터 발흥한 이탈리아 바로크 시대의 로마이다.

16세기 중반 종교전쟁이 끝난 유럽은 어느 때보다도 화해와 타협의 분위기가 넘쳐 있었고, 이탈리아의 교황들은 이를 세력확대의 절호의 기회로 활용하면서 스페인의 정통 가톨릭 세력으로부터 힘과 문화적 우위를 확립하려고 노력하고 있었다.

당시 로마의 빠르네제(*Parnese*) 가문과 보르게제(*Boeghese*) 가문 등 유력한 집안들 역시 이러한 추세에 맞추어 예술진흥을 위해 힘을 쏟고 있었다. 이러한 이탈리아의 내부 사정은 로마를 유럽의 중심지로, 가톨릭의 본산으로 자리잡게 하려는 의도들과 맞물리면서 수많은 궁전과 별장, 광장과 예술품, 성당들을 건축되게 하였던 것이다.

바로 오늘날 우리가 만나는 로마가 완성된 것은 바로 이 시기였다. 따라서 즐겁게 로마를 보는 방법은 당시의 바로크 문화의 흔적을 찾아보는 일이다. 오늘날 로마의 수많은 궁전, 기념물, 박물관, 미술관 등이 당시의 화려한 바로크 예술을 그대로 보여주고 있으므로, 로마라는 도시는 유럽 3대 문명의 흔적들을 거의 완벽하게 간직하고 있다는 점에서 다시 한번 '로마는 영원하다'라는 말을 이해할 수 있는 것이다.

영원의 도시 로마를 상징하는 콜로세움

유럽 문명의 세 가지 기본 요소는 보통 로마 문명과 가톨릭, 르네상스 문화를 거론한다. 로마에서 로마 문명과 더불어 여전히 그 흔적을 많이 볼 수 있는 것이 바로 가톨릭 문화인데, 이는 세계 가톨릭의 본산이 로마에 위치하고 있다는 점뿐만 아니라, 가톨릭이 시작된 것이 바로 로마이기 때문일 것이다.

313년 콘스탄티누스 대제에 의해 기독교가 종교로 인정되고, 다시 391년 테오도시우스 황제에 의해 로마의 국교로 공인된 이후 기독교는 이탈리아, 아니 유럽인들의 정신과 생활면에서 커다란 지주가 되었다. 그러나 긍정적인 면만큼이나 부정적인 면도 많았다. 바로 기독교의 부정적인 요소들이 가장 많이, 또 최근까지 존재해 왔고, 존재하는 곳이 이탈리아이다.

교황과 교황청은 로마제국 이후 이탈리아를 사분오열시킬 정도로 그 힘이 강대했지만, 역설적이게도 이탈리아를 통일시킬 수 있을 만큼 강력하지는 못했던 것이다. 세속적으로는 교황의 권위에 기대어 외교적인 측면에서 유럽의 열강들과 함께 이탈리아를 지배하고자 했지만, 이탈리아라는 국민적 · 국가적 개념에 의한 통일에는 너무나 소극적이었다.

이탈리아라는 국가적 입장에서는 거의 암적 존재였던 교황과 교황청은 위대한 문화적 유산과 막강한 재력에도 불구하고 이탈리아가 하나의 국가로 통일될 수 없었던 근원을 제공했던 것이다.

그러나 가톨릭은 위대했다. 타락과 위선의 깊이만큼 그에 따른 장식적 예술과 건축적 화려함은 수세기를 걸쳐 내려올 수 있었고, 결국 오늘의 우리는 역설적이게도 그 위선과 타락의 결과물들을 보고 즐길 수 있게 된 것이다. 화려웅장한 건축물들과 성당들이 이탈리아 곳곳에 산재해 있으며, 그 중에도 교황청이 있는 로마에 더욱 많이 있다.

로마시 북서쪽에 위치한 바티칸시는 전세계 가톨릭의 중심지이자 성지이며, 금전적 환산이 어려운 수많은 예술품들을 보유하고 있다. 미켈란젤로, 라파엘로(*Raffaello*)를 비롯한 르네상스와 바로크 시대의 수많은 예술가들의 혼이 담겨 있는 위대한 건축물 산 비에뜨로(*San Pietro*) 성당, 미켈란젤로의 벽화 〈천지창조〉로 유명한 시스띠나(*Sistina*) 성당, 이들 작품 하나하나는 모두가 종교적 위대함과 성스러움을 잘 표현하고 있는 예술품들이다.

이들 건축물들과 기념물, 그리고 벽화 자체가 하나의 거대한 예술품이므로 이는 로마를 보는 무한한 즐거움이 될 수 있다.

적어도 6만년 전부터 사람이 살기 시작한 것으로 알려진 라찌오 지역은 로마 이외에도 고대 사비니(*Sabini*) 족이나 에뜨루스끼인, 그리고 라틴족과 볼쉬(*Volsci*) 족들에 의해 출발한 식민국가였다. 따라서 로마

고대 에뜨루스카 시대의 고분이 남아 있는 체르베떼리

주변에는 이와 같은 역사적 흔적들을 어렵지 않게 찾아 볼 수 있다.

그 중에서도 고대 에뜨루스끼인들의 무덤이 발견된 체르베떼리(*Cerveteri*), 로마에 정복되기 전의 에뜨루스끼 문명의 흔적이 남아 있는 뚜스까니아(*Tuscania*), 고대 에뜨루스끼 문명의 주요 도시의 하나였고 르네상스 시대 정원과 분수 및 건축물들이 아름다운 비떼르보(*Viterbo*), 고대 로마의 관문이자 상업도시로 유명한 오스띠아(*Ostia*), 고대 로마인들의 여름 휴양지였던 빌라 에스떼(*Villa d'Este*), 빌라 그레고리아나(*Villa Gregoriana*), 빌라 아드리아나(*Villa Adriana*) 등 아직도 당시의 별장들 흔적이 많이 남아있는 띠볼리(*Tivoli*) 등의 도시들도 꼭 한번쯤은 들려볼 만하다.

역사 전통과 문화유산이 산재한 라찌오 주에는 고대 로마시대부터 재배되어 온 포도 수종들이 여전히 재배되고 있는 곳도 있으며, 고대 로마인들의 전통에 따라 지금도 포도주를 생산하는 곳이 있다. 이들 지역 중에서 중요한 곳은 떼베레(*Tevere*) 강 왼쪽 구릉 부근인데, 이 지역은 로마시대뿐 아니라 이전의 에뜨루리아 시대까지 거슬러 올라가는 역사를 갖고 있다.

또한 비떼르보(*Viterbo*) 지역에서 생산되는 에스뜨! 에스뜨!! 에스뜨!!! 디 몬떼피아스꼬(*EST! EST!! EST!!! di Montefiascone*)류는 그 기원이 12세기까지 거슬러 올라가며, 자가롤로(*Zagarolo*)류도 16세기부터 명성을 얻었던 포도주이다.

라찌오 주에는 DOCG 등급 포도주가 한 종류도 없지만, 23종의 DOC 등급 포도주가 있을 정도로 높은 수준을 유지하고 있다. 다만 이들 라찌오산 포도주들이 가격면에서 중저가대를 유지하고 있다는 점과, 이 지역 양조업자들이 이러한 가격대를 겨냥하여 포도주를 생산하고 있는 사실 때문에, 이 지역이 최상의 기후와 토양 조건을 가지고 있음에도 여전히 중급 포도주를 생산하고 있는 원인이라고 전문가들은 이야기하고 있다.

이를 입증이라도 하듯, 2001년에는 팔레스꼬(*FALESCO*)사에서 생산된 몬띠아노(*Montiano*) 98년산만이 '뜨레 비끼에리' 등급을 부여받았다.

13. 깜빠니아(Campania)

세계 3대 미항의 하나인 나뽈리(*Napoli*)가 속해 있고, 화산 속의 도시로 유명한 뽐뻬이(*Pompei*)가 있는 주가 깜빠니아이다. 라찌오의 남쪽과 인접한 이 주는 이탈리아에서 아주 독특한 분위기를 갖고 있다. 역사적으로 수많은 예술가와 문인들이 배출된 고장이며, 현재 이탈리아 예술계에서 활동하는 사람들 중 많은 이들이 이곳 출신일 정도로 문화적 · 예술적 향기가 곳곳에 배어 있는 주이다.

깜빠니아 주에서 가장 먼저 거론할 수 있는 도시는 주도인 나뽈리이다. 강렬한 태양과 아름다운 깐쪼네 한 곡이 정말 잘 어울리는, 오랜 전통과 예술이 숨쉬는 아름다운 항구도시이다.

나뽈리가 아름답다고 하는 이야기를 의아하게 생각하는 사람도 있을 것이다. 특히 이탈리아를 여행하는 이들이 공통적으로 느끼는 점이 있다면, 이탈리아는 지저분하고 무언가 정리가 되어 있지 않아 불편한 곳이라는 생각이다.

특히 중남부 지역으로 올수록 이러한 느낌을 더욱 갖게 되는데, 나뽈리에 처음 들어서면 이러한 생각이 틀리지 않았음을 확인시켜 줄만큼 어수선하다는 느낌을 갖게 된다. 세계 3대 미항의 하나라는 수식어에 걸맞지 않게 거리는 정돈되어 있지 않고, 굉음을 내며 질주하는 수많은 모또리노(소형 오토바이)들을 보는 순간, 이러한 생각은 진실이 되어 다가오게 된다.

그러나 이러한 느낌을 씻어버릴 수 있을 정도의 많은 것을 나뽈리는 갖고 있다. 〈산타 루치아〉라는 가곡으로도 유명한 항구는 특히 해질 무렵이 아름다운데, 석양에 비치는 고성을 등진 모습은 사진에서나 보는 광경 자체이다.

또한 삐자(*Pizza*)의 본고장으로, 이탈리아 삐자를 대표하는 마르게리따 삐자와 해산물 요리 등도 빼놓을 수 없는 즐거움의 하나이다. 이곳에서 소렌또(*Sorrento*)항으로 이어지는 뱃길과 주변도로도 아름다우며, 푸른 동굴과 하얀 벽들의 집으로 세계인들의 사랑을 받고 있는 까쁘리(*Capri*)는 전세계 신혼부부들이 꼭 가보고 싶은 명소이다. 바로 이러한 자연의 아름다움이 예술의 고장 나뽈리라는 명성을 가져올 수 밖에 없다는 것을 느끼게 해준다.

이외에도 빼놓을 수 없는 도시가 뽐뻬이이다. 2천여 년 전 강대하고 부유한 상업도시로 번영을 만끽하고 있었는데, 갑자기 베수비오(*Vesuvio*) 산이 폭발하면서 도시 전체가 묻혀 버렸던 비극의 역사를 갖고 있다. 도시 자체의 번창함은 로마나 다른 도시들에 비해 절대 뒤지지 않으며, 고대 로마가 도시계획을 입안하는데 하나의 기준으로 삼았던 곳이 뽐뻬이었을만큼 공학적으로 완벽한 구조를 갖고 있는데, 잘 정돈되고 풍요로운 당시의 모습을 아직도 고스란히 갖고 있다.

뽐뻬이를 가로질러 소렌또항을 돌아 남쪽으로 내려가면 그 유명한 아말피(*Amalffi*) 절벽이 나온다. 천길 아래 낭떠러지를 끼고 나 있는 이 절벽에는 자동차 선전에도 등장할 만큼 험하고 위험한 도로가 있지만, 그 풍경만큼은 어느 곳과 비교해도 아름답다. 그 밑에 있는 도시가 살레르노(*Salerno*)이다. 이 도시가 특히 유명한 것은 이탈리아를 남북으로 횡단하는 A1 고속도로의 통행료가 이곳까지만 부과되고, 이 도시 아래로는 무료라는 사실 때문이기도 하다.

빛나는 태양과 아름다운 자연을 간직한 이 주에도 많은 포도주 특산지가 있다. 남부 지방에서는 유일한 DOCG 등급 포도주인 뚜라지(*Turasi*)가 아벨리노(*Avellino*) 지방에서 생산되는 것만으로도 이 지

아말피 해안에서 바라본 해안의 절경

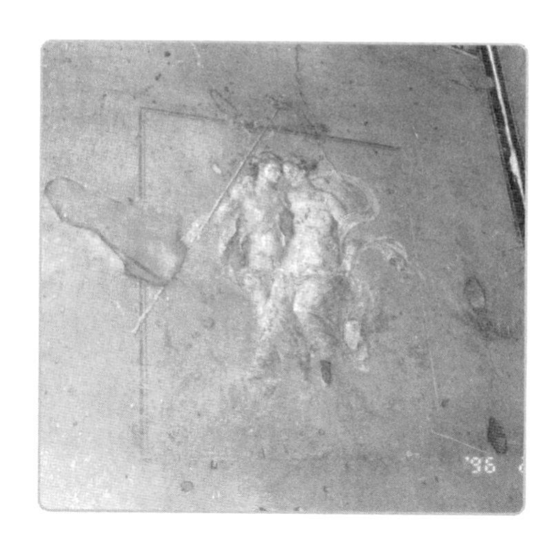

고대 뽐뻬이의 벽화

역의 포도주 산업 수준을 가늠할 수 있다. 고대 수종과 현대 수종이 적절히 섞여 재배되고 있는 이 주에서는, 아벨리노 이외에도 베네벤또(*Benevento*) 지방, 까세르따(*Caserta*), 나뽈리 주위의 여러 지역들, 마라노(*Marano*) 지역, 아말피 해안 주변, 살레르노 지방 등이 오랜 전통과 특색을 가진 포도주를 생산한다.

나뽈리와 뽐뻬이를 비롯한 역사 속의 이야기들이 전해지는 이곳에는 포도주에 얽힌 수많은 일화들도 전해오고 있다. 마라노 주변 지역은 베수비오 화산에서 분출되는 용암으로 인해 포도 열매가 화산재와 용암 성분이 함유된 향이 나는 것으로 유명하며, 이것은 중세 나뽈리 왕국의 왕들에게 헌납하는 포도주로 제조되었다. 살레르노 지방에서 생산되는 칠렌또(*Cilento*)는 바오로 2세가 "그 어느 포도주보다 저녁 만찬에 어울리는 포도주"라는 찬사를 던질 정도로 교황의 저녁 식사에 공급되는 포도주이다.

아말피 지역에서 생산되는 꼬스따 다말피(*Costa d'Amallffi*) 류는 아주 경사진 곳에서 레몬이나 무화과 등과 함께 경작되는 포도로 제조한다. 까세르따 지역의 마씨꼬 산(*Monte del Massico*) 주변 5개 꼬무네에서만 생산되는 팔레르노 델 마씨꼬(*Falerno del Massico*)는 고대의 유명한 문인, 철학자인 플리니오(*Plinio*), 마르찌알레(*Marziale*), 오라찌오(*Orazio*), 치체로네(*Cicerone*)로부터 칭송을 받았으며, 뜨리말치오네(*Trimalcione*) 만찬에서 100년 된 팔레르노 포도주가 사용되었던 것으로 전해질만큼 오래된 포도주이다.

또한 아벨리노 지방의 라삐오(*Lapio*)라는 꼬무네는 고대 그리스인들이 처음으로 포도 재배를 시작했던 곳으로 알려져 있으며, 뻬니졸라 소렌띠노(*Penisola Sorrentina*)라는 소렌또 지방의 포도주는 이탈리아의 유명한 극작가 에두아르도의 작품 속에도 나오며, 교황 바오로 3세 파르네제에 의해 '군주들을 위한 포도주'라고 칭송받았다.

고대부터 유명했던 흰 포도주 그레꼬 디 뚜포(*Greco di Tufo*)는 현재 DOCG 등급을 받기 위한 절차가 진행중이다. 이 지역의 포도주들은 질적인 면에서만큼은 오랜 전통과 명성을 갖고 있다.

이 주에서는 19종의 포도주가 DOC 등급을 획득하였다. 현재 이와 같은 우수한 품질을 바탕으로 마케팅과 판매를 조직화하고 있는데, 각 지역별로 조합이 잘 결성되어 있으며, 적극적이고 공격적인 판매전략으로 향후 이탈리아 국내시장뿐만 아니라 해외시장에서도 좋은 성과를 기대하고 있다. 2001년에는 '뜨레 비끼에리' 등급을 받은 포도주가 4종에 그쳤지만, 앞으로의 발전 가능성은 지켜 볼만한 곳이다.

깜빠니아주의 '뜨레 비끼에리' 등급 포도주들

포도주명	제조업체	포도주명	제조업체
Fiano di Avellino Pietracalda Vendemmia Tardiva '99	*Feudi San Gregorio*	*Montevetrano '98*	*Montevetrano*
Taurasi Piano di Montevergine '96	*Feudi San Gregorio*	*Vigna Camrato '97*	*Villa Matilde*

14. 아브루쪼(Abruzzo)

깜빠니아 주의 동쪽으로 접한 주가 아브루쪼이다. 동쪽 해안을 따라서는 기후가 온화하고, 주의 중간을 따라 아니니 산맥이 가로지르는 이 주는 현대 이탈리아의 극우 보수주의 시인이자 소설가인 가브리엘레 단눈찌오(*Gabriele D'Annunzio*)가 태어나서 작품 활동을 한 곳으로도 유명하다. 극우 민족주의자로 기이한 행적과 여성편력으로도 유명한 단눈찌오는 이탈리아 파시즘의 기초를 제공했던 사람이다.

단눈찌오의 생가가 있는 뻬스까라(*Pescara*)가 가장 중요한 도시이며, 주변의 해안을 따라 아름다운 소도시들이 많다. 아브루쪼 국립박물관이 자리하고 있으며, 지방 특산의 흰색과 붉은색 돌로 건축된 성당과 중세성이 아름다운 주도 아뀔라(*Aquilla*)를 비롯하여, 오비디우스(*Ovidius*)라는 유명한 고대 라틴 시인이 태어난 술모나(*Sulmona*) 시도 문화적으로 오랜 향기를 발하며, 중세의 밀집된 주택 양식을 고스란히 간직하고 있는 스깐노(*Scanno*), 중세적인 특색이 강한 떼라모(*Teramo*) 등이 주요 도시이다.

이 지역은 특히 이탈리아 토산 동식물이 가장 많이 서식하고 있는 아브루쪼 국립공원이 위치하고 있는데, 자연의 아름다움과 함께 야생의 이탈리아 동식물들을 보고자 하는 이들에게는 한번쯤 가 볼만한 곳이다. 문화적으로도 다른 이탈리아 주들과 비교하여 독특한 점들이 있는데, 가장 먼저 눈에 띄는 것이 의상이다. 보통 검은색 천으로 베일 감듯 휘감아 입는 이곳의 전통 의상은 아랍의 그것과 비슷한 점이 많은데, 폐쇄적이라는 느낌이 들 정도로 이질적이다.

주요 포도주 생산지역 역시 이들 도시들을 중심으로 넓게 산재해 있는데, 특히 떼라모 지역에서 생산되는 꼰뜨로궤라(*Controguerra*)라는 포도주는 해발 440m 지점에서 경작되는 포도로 양조되는 아브루쪼 지역의 대표적 포도주로 꼽힌다.

또한 미국에 제일 먼저 알려져 미국인들이 즐겨 마시게 된 이탈리아 포도주가 바로 이 지역에서 생산되는 몬떼뿔치아노 다브루쪼(*Montepulciano d'Abruzzo*)이다. DOCG 등급을 받은 노빌레 몬떼뿔리치아

아브루쪼 주의 전통적인 여성 의상
(아랍 지방의 여성들이 두르는 차도르와 비슷하다)

노의 원료로 유명한 몬떼뿔치아노 수종도 이곳 아브루쪼가 원산지이다. 이탈리아에서 몬떼뿔치아노 수종 포도주들은 품질면에서 대개 인정받고 있다.

이 주에서는 모두 3종류의 DOC 등급 포도주들이 생산되고 있는데, 지역 포도주 산업의 특성상 DOC 등급보다는 IGT 등급(총 9종)이 훨씬 큰 비중을 차지하고 있다. 그러나 '뜨레 비끼에리' 등급 포도주도 4종이나 될 정도로 이 주의 포도주 품질이 우수하다고 평가받고 있다.

아브루쪼 주의 '뜨레 비끼에리' 등급 포도주들

포도주명	제조업체	포도주명	제조업체
Controguerra Lumen '97 Villa Gemma '95	*Dino Illuminati*	*Montepulciano d'Abruzzo*	*Gianni Masciarelli*
Trebbiano d'Abruzzo Marina Cvetic '98	*Gianni Masciarelli*	*Trebbiano d'Abruzzo '96*	*Edoardo Valentini*

15. 몰리제(Molise)

아브루쪼 주와 남쪽으로 맞닿아 있는 조그마한 주가 몰리제이다. 아브루쪼 주와 함께 이탈리아에서도 잘 알려지지 않은 낯선 주이지만, 자연경관이 아름답고 산과 산 사이로 분지나 구릉이 많으며, 인간의 손길이 닿지 않은 느낌이 들 정도의 아름답고 깨끗한 바다와 해안이 많은 곳이다.

깜뽀바쏘(*Campobasso*)를 주도로 하는 이 주는 면적도 작을 뿐더러(농지 전용면적 240,454 헥타르), 다른 주들에서는 포도와 함께 많이 재배되는 올리브가 그다지 재배되지 않는 특징을 갖고 있다.

롬바르드 시대에 건설된 것으로 추정되는 주도 깜뽀바쏘와 지난 1천년간 4번의 지진과 1943년의 폭격으로 도시 전체가 파괴되는 슬픈 역사를 가진 이제르니아(*Isernia*) 두 도시가 중심이 되어 구릉을 따라 몬떼뿔치아노 수종으로 포도주를 생산하고 있다.

DOC 등급 포도주는 3종류가 있지만, '뜨레 비끼에리' 등급을 받은 포도주는 하나도 없을 만큼 포도주 생산에 있어서는 이탈리아 20개 주 중에서 가장 뒤떨어졌다.

그 이유를 전문가들은 수종이나 판매정책보다는 양조과정상의 문제로 꼽고 있다. 즉, 기후와 지형조건은 다른 이탈리아 주들과 비슷하지만, 영세한 포도 경작, 전근대적인 양조방식 등이 여전히 자리잡고 있어 우수한 품질의 포도주 생산에 문제가 있다고 입을 모은다.

16. 뿔리아(Puglia)

몰리제에서 남쪽으로 해안선을 따라 이어지는 주가 뿔리아이다. 긴 장화 모양을 하고 있는 이탈리아 반도의 구두 뒤축에 해당하는 지역이다. 온화한 기후와 강렬한 태양이 거의 일년 내내 지속되고 있는 이 지역은, 이탈리아 반도에서 그리스에 의한 식민 역사가 가장 오래된 곳으로 지금도 그 흔적을 어렵지 않게 찾아볼 수 있다.

역사적으로 이탈리아는 로마인들에 의해 시작된 것이 아니라, 내륙에서는 에뜨루스끼인들에 의해, 해안에서는 그리스인들에 의해 이식된 식민지로부터 그 화려한 문명이 시작되었는데, 바로 해안을 따라 개척되기 시작한 그리스 식민지들이 가장 먼저 시작된 곳이 뿔리아 주이다.

동쪽 해안과 남쪽 해안을 따라 수많은 그리스 문명의 흔적들이 산재한 이곳은 역사적 깊이만큼이나 다양한 문화적 스펙트럼을 형성하고 있다. 지리적으로 발칸 반도와 가깝고, 고대부터 지중해 동안과 북아프리카 아랍 문화의 영향을 많이 받은 역사적 과정들을 거치면서 다양한 문화적 단층들이 형성된 것이다.

주도인 바리(*Bari*)에는 이탈리아 학계에 깊이 영향력을 끼치는 바리학파가 있을 만큼 학술적으로 중요한 주이면서, 이탈리아 최대 소파 제조업체인 디바니 에 디바니(*Divani e Divani*)사를 비롯한 많은 가구 관련 하청 공장들이 산재해 있다.

이는 현재 이탈리아 북부 산업지대의 인건비 상승으로 인한 어려움이 남부의 저임금에 의존하는 경향으로 설명될 수 있는 현상인데, 남부의 값싼 노동력을 활용하여 북부의 주요 업체에 부품을 공급해 주는 생산단지 역할을 하고 있다는 의미이다.

또한 이 지역은 최근 몇 년간 불법 체류 외국인 문제로 인해 방송이나 신문 등 언론매체에 자주 등장하고 있는데, 북부 아프리카나 알바니아와 가까운 지리적 요인으로 보트나 선박을 이용하여 이들 국가들로부터 노동자들이 자주 밀입국하고 있기 때문이다.

이런 이유 등으로 이 지역은 이탈리아가 통일 이전부터 갖고 있는 '남부문제'라고 하는 지역문제와 '외국인 문제'라는 또 다른 사회문제를 이중으로 안고 있는 곳이 되었다.

주요 도시로는 바리 이외에도 13세기 사라센인들의 침범을 막기 위해 쌓은 성곽이 아름다운 루체라(*Lucera*), 비잔틴과 사라센 및 노르만 문화까지 혼재되어 있는 뜨로이아(*Troia*) 또한 복합적인 건축양식을 볼 수 있으며, 8개의 외곽 성벽으로 둘러싸인 8각형의 성채 까스뗄 델 몬떼(*Castel del Monte*)는 뿔리아 지방의 가장 아름다운 건축물의 하나로 꼽힌다.

석회암을 쌓아 지은 원추형의 집—뜨룰리(*Trulli*)라고 한다—들이 빽빽이 늘어서 있어 멀리 해안 밖에서 보면 하나의 나무와 같다해서 이름붙여진 알베로벨로(*Alberobello*) 역시 그 독특함과 아름다움에 찾는 이들의 발길을 오래 붙잡게 한다. 그리스 식민도시로 번창하였고, 뿔리아 지방의 많은 그리스 유물들이 소장되어 있는 따란또(*Taranto*)는 문화적 · 역사적 깊이를 느끼게 하는 곳이며, 로마 시대부터 발달한

뜨룰리라고 하는
알베로벨로 지방의 전통 가옥

문화를 기반으로 17세기 바로크 문화의 수도라 일컫는 레체(*Lecce*)도 문화적 감흥을 느끼기에 충분한 곳이다.

남북으로 길게 늘어선 이 주의 지형적 특징은 포도주 생산지역들 역시 길게 산개하게 하였는데, 북쪽의 포지아(*Foggia*) 지방에서부터 남쪽의 레체에 이르기까지 길게 분포되어 있으며, 고대 그리스 식민도시로 출발하면서 포도 재배를 시작, 포도주를 생산한 이래 오늘날까지 오랜 전통을 이어오고 있다.

특히 뻬니졸라 살렌띠나(*Penisola Salentina*)라 부르는 장화 뒤축과 같은 모양의 반도 지역은 일년 내내 따뜻한 기후조건으로 부드럽고 순한 포도주를 생산하는 것으로 유명하다. 그러나 이 주 역시 최종 생산공정에서 세련됨을 보여주지 못하고 완벽함이 부족하여 국내외적으로 인정받을 정도의 포도주를 생산하고 있지 못하는 한계를 보인다.

이는 무려 25종류의 DOC 등급 포도주를 생산하고 있으면서도 아직 DOCG 등급을 획득한 포도주가 없다는 사실에서도 잘 알 수 있다. '뜨레 비끼에리' 등급 포도주가 2001년에 겨우 2종—네로(*Nero*) 98년산과 빠뜨릴리오네(*Patriglione*) 94년산—밖에 선정되지 못했다는 것도 간접적으로 이를 증명해 주고 있다.

17. 바실리까따(Basilicata)

뿔리아 주를 돌아 서쪽으로 인접한 주가 바실리까따이다. 남부의 주들 가운데 이탈리아인들에게 가장 덜 알려진 주가 바실리까따일 것인데, 동쪽의 뿔리아 주와 서쪽의 깔라브리아 주 중간에 위치하여 실제로 독립된 주가 존재하는 지도 모르는 사람도 많다.

남쪽 해안은 이국적인 자연 그대로의 해변이 길게 펼쳐져 있어 아름답지만, 이렇다할 만한 공업지대는 별로 없으며, 주로 농업과 목축업 등 1차산업이 주 경제의 대부분을 차지하고 있다.

뿔리아 주와 함께 그리스 식민도시들이 번성했던 주로 현재까지 남아 있는 유적과 유물들은 피타고라스가 말년을 보냈다는 메따뽄또(*Metaponto*)와, 해안을 따라 아름다운 경치와 함께 서 있는 누오바 시리(*Nuovas Siri*) 등의 도시들에서 볼 수 있다.

주도는 뽀뗀짜(*Potenza*)로 주의 중앙에 위치하고 있다. 주도와 함께 8～13세기에 건설된 것으로 알려진 암벽 위의 거리와 집들로 유명한 마떼라(*Matera*)가 유일하게 규모를 갖춘 도시일 정도로 경제적으로나 사회적으로 낙후된 지역이다.

이외에도 노르만 양식의 성으로 유명하고 현재는 거의 사람이 거주하지 않고 있는 멜피(*Melfi*), 해안의 기괴한 암벽들이 절경인 마라떼아(*Maratea*) 등의 도시들이 이 주의 주요 도시라 할 수 있다.

포도주 생산 역시 하우스 와인과 같은 영세한 소규모 생산업자들이 많으며, 품질도 그리 뛰어나지 않다. 그러나 거칠지만 소박하고 순수한 맛을 지닌 포도주들을 맛볼 수 있다. 비교적 유명한 포도주 생산 지역은 사(死)화산인 불뚜레(*Vulture*) 주변 지역으로, 이탈리아에서 가장 오래된 수종의 하나인 알리아니꼬(*Aglianico*)를 주종으로 하여 유일한 DOC 등급 포도주 알리아니꼬 델 불뚜레(*Aglianico del Vulture*)를 생산하고 있다. 열악한 환경은 포도주의 품질에도 영향을 미쳐 '뜨레 비끼에리' 등급을 받은 것이 하나도 없다.

18. 깔라브리아(Calabria)

이탈리아의 대륙 18개 주 중에서 해안의 아름다움만을 가지고 이야기한다면 1, 2 등을 꼽을 수 있는 곳이 깔라브리아 주일 것이다. 장화 모양의 이탈리아 반도 코끝 부분에 해당하는 주로 삼면이 바다로 되어 있고, 북부만이 유일하게 바실리까따 주와 접하고 있다.

해안에 둘러싸인 주인 만큼 지리적인 이점이 많아 동서남의 해안이 지중해의 강렬한 태양과 어울리면서 천혜의 기암괴석들과 절벽, 모래사장들을 뽐내고 있는 그림같은 풍광지역이다.

그리스 유물들이 전시되어 있는 국립박물관이 소재한 레지오 깔라브리아(*Reggio Calbria*)가 주도이며, 주도와 함께 까딴짜로(*Catan-*

절벽 위에 건설된 해안 도시 뜨로뻬아의 절경

zaro)나 꼬센짜(*Cosenza*) 등의 도시들도 중요하다. 긴 해안을 따라 건설된 휴양 도시들이 많은 이곳은 깎아지른 해안 절벽에 위치한 아름다운 휴양지 뜨로뻬아(*Tropea*), 해양의 아름다운 녹색과 같다는 의미를 지닌 마리나 벨베르데(*Marina Belverde*), 그리스 유적이 원형 그대로 보존되어 있는 끄로또네(*Crotone*), 고대의 도시 구조를 적나라하게 보여주고 있는 사각형의 넓은 터가 남아 있는 제라체(*Gerace*), 꾸뽈라(*cupola*)라고 지붕이 아주 독특한 모습의 성당이 소재하고 있는 스띨로(*Stilo*) 등 크고 작은 도시들이 산재해 있다.

특히 레지오 깔라브리아 시에서는 마주한 시칠리아(*Sicilia*) 섬이 아주 가깝게 보이며, 열차를 이용하여 시칠리아를 가는 경우 열차가 그대로 배에 옮겨지는 재미있는 경험도 할 수 있다.

앞에서 언급한 몰리제 주나 바실리까따 주와 마찬가지로 그다지 뛰어난 품질의 포도주를 생산하지는 못하지만, 전 지역에서 고른 품질의 포도주들이 생산되고 있다. 치로 마리나, 꼬센짜, 레지오 깔라브리아, 라메찌아 떼르메(*Lamezia Terme*) 등의 지역이 포도주 산지로 잘 알려져 있다.

총 10종류의 DOC 등급 포도주를 생산하는데, 아주 뛰어난 포도주는 없지만 깔라브리아 주의 향토적 맛을 느낄 수 있는 포도주들은 있다. DOC 등급이 10종류가 되고, IGT 등급 역시 13종류나 되지만 '뜨레 비끼에리' 등급을 받을 정도의 우수한 포도주들은 아직 나오고 있지 않다.

19. 시칠리아(Sicilia)

지금까지 소개한 18개 주가 모두 대륙에 속하고 있다면, 다음에 소개할 시칠리아와 사르데냐(*Sardegna*)는 섬으로 구성된 주이다. 시칠리아 하면 으레 마피아가 탄생한 곳으로 떠올리지만, 시칠리아의 마피아는 이탈리아 여러 마피아의 일부일뿐 이탈리아 마피아를 대표하지는 않는다.

그러나 시칠리아가 흥미로운 고장이라는 사실은, 역사적으로 그리스 식민지로 출발한 이 지역이 세월이 경과하면서 무려 8개 이상의 문화가 혼재하고 있는 독특한 역사적 배경을 가진 곳이라는 점이다.

다양한 문화가 혼재하고 있다는 사실을 눈으로 확인할 수 있는 것이 건축물인데, 예를 들면 한 도시에 그리스 시대의 건축물이나 유적에서부터 17세기 바로크 시대의 양식들이 함께 존재—시라꾸사(*Siracusa*), 따오르미나(*Taormina*), 아그리젠또(*Agrigento*) 등의 도시에서 볼 수 있다—하고 있다.

또 하나의 건축물이 왕조의 변천에 따라 한 부분은 노르만 양식으로, 바로 옆부분은 아랍 양식으로, 다시 그 측면은 스페인 양식으로 수 백년 동안 지어진 것—주도인 빨레르모(*Palermo*) 등에서 볼 수 있다—도 있다. 한국에는 비교적 덜 알려진 지역이므로 역사와 문화에 흥미를 가진 독자들을 위해 좀더 자세한 설명을 곁들이기로 한다.

시칠리아를 황량한 구릉과 산으로 둘러싸인 지중해에서 가장 큰 섬이라는 관점으로만 본다면 그다지 볼 것이 없는 하나의 섬일 뿐이다.

그러나 '문화'라는 관점에서 시칠리아를 본다면, 이탈리아의 그 어느 도시나 지역보다도 흥미로운 고장임에 틀림없다.

우선 시칠리아에는 요즈음도 가끔 거대한 불길을 토해내어 장엄한 광경을 보여주는 에뜨나(*Etna*) 활화산이 유명하며, 해안을 따라 산재한 수많은 절벽과 도시들은 보는 이들에게 감탄을 자아내게 할만큼 아름답다. 주도인 빨레르모와 메시나(*Messina*), 까따냐(*Catania*), 시라꾸사, 엔나(*Enna*), 젤라(*Gela*), 아그리젠또, 마르살라(*Marsala*), 뜨라빠니(*Trapani*) 등이 중심 도시이다.

빨레르모는 유네스코가 문화유산 도시로 지정할 정도로 흥미롭고 독특한 유적이 많은 도시이며, 시칠리아에서 가장 많은 바로크 시대 유산이 남겨져 있다. 도시 상징 동물이 코끼리인 까따냐도 볼만 하다.

또 대륙과의 교통 요지인 메시나와 까따냐 사이의 에뜨나산 동쪽 해안 자락에 위치한, 시칠리아에서 가장 먼저(기원전 735년) 개척된 그

따오르미나 위의 까스뗄몰로와 활화산 에뜨나의 웅대한 모습

리스 식민지였던 쟈르디니 나소스(*Giardini Naxos*), 비잔틴 시대에 시칠리아에서 가장 번성했으며 아직도 그리스 시대에 건설된 원형극장이 잘 보존되어 있는 따오르미나(*Taormina*)—이곳에서 보는 에뜨나 산은 정말 장관이다—등도 중요하다.

그리스 식민도시의 하나로 지중해의 요충지 역할을 했던 시라꾸사 역시 볼만한 곳으로, 이곳에는 기원전 5세기 경에 지어진 원형극장이 있다. 시라꾸사를 돌아 반대편에 있는 항구도시가 젤라인데, 젤라 역시 그리스 식민도시였으며, 시칠리아에서는 거의 유일하게 그리스 시대의 군사 축조물이 남아 있다.

젤라의 북쪽을 향해 한 가운데 위치한 도시가 엔나인데, 이탈리아에서 가장 높은 곳(해발 931m)에 위치한 까뽀루오고 디 쁘로빈치아(*Capoluogo di Provincia* : 우리 나라 행정구역으로 군청)에는 장엄한 롬바르디아 성(*Castello di Lombardia*)이 있으며, 여기서 자동차로 20

우리의 족발과 비슷한 음식을 팔고 있는 빨레르모의 야시장 포장마차

여분 거리에 유명한 빌라 로마나 델 까살레(*Villa Romana del Casale*)가 있다.

이 건축물은 로마시대(3~4세기 경)에 축조된 것인데, 일설에 의하면 아프리카에서 야수를 잡아 로마의 격투기장에 보냈던 부유한 동물 거래상의 호화주택일 것으로 전해진다.

노르만 왕조 시대에 홍수로 건축물과 정원 등이 매몰되어 진흙더미에 묻혀 있다가 19세기 말에 다시 발견되었다. 특히 이 건축물이 유명한 것은 3,500평방미터에 달하는 면적에 세워진 축조물의 바닥 전체에 장식된 모자이크이다. 이는 로마시대의 예술적 기법과 취향 등을 연구하는데 귀중한 자료라는 점에서 커다란 가치를 지닌다.

여기서 서쪽으로 나 있는 해안도시가 유명한 아그리젠또이다. 이 도시에는 그리스의 어느 도시보다도 그 원형이 잘 남아있다는 평가를 받

아그리젠또의 그리스 신전

는 고대 그리스풍의 신전들이 6개 있다. 기원전 4세기 경 젤라의 식민지로 출발한 이 도시는 아크라가스(*Akragas*) 왕조 치하의 고대 도시들 중에서 가장 아름다왔다고 한다. 또 이 도시는 현대 희곡사에서 중요한 극작가로 1929년 노벨 문학상을 수상한 루이지 삐란델로(*Luigi Piarndello*)의 생가와 묘가 있는 곳으로도 유명하다.

다시 해안을 따라 북쪽으로 올라가면 마르살라(*Marsala*)라는 곳이 있는데, 조그만 항구 도시인 이곳이 포도주 양조 역사에서 유명한 마르살라화 공법과 마르살라 포도주가 태어난 곳이기도 하다.

이외에도 뜨라삐니(*Trapani*), 세제스따(*Segesta*) 등의 크고 작은 유서깊은 도시들이 있는 곳이 바로 시칠리아이다.

시칠리아는 유구한 포도주 역사도 가지고 있다. 특히 포도주의 역사에서 빼놓을 수 없는 마르살라가 위치한 주인데—마르살라에 대해서는 다음 장에서 자세히 설명하겠다—바로 그 마르살라 공법이 태어난 이곳에서 제조된 포도주들은 특별히 중요하다.

이외에도 그리스 식민지 시대부터 시작된 오랜 전통을 갖는 곳들이 위에서 언급한 지역들을 중심으로 산재해 있다.

DOCG 등급 포도주는 아직 한 종류도 없지만, DOC 등급 포도주는 17종이나 될 정도로 잠재적 역량은 무한하다. '뜨레 비끼에리' 등급을 받은 포도주도 8종이나 되는데, 총체적으로 포도주 산업은 국내 수준을 넘어 국제적 표준에 도달했다고 전문가들은 입을 모은다.

시칠리아 주의 '뜨레 비끼에리' 등급 포도주들

포도주명	제조업체	포도주명	제조업체
Cabernet Sauvignon '98	*Tasca d'Almerita*	*Camerlot '98*	*Firriato*
Chardonnay '99	*Planeta*	*Contessa Entellina Chiarandà del Merlo '99*	*Tenuta di Donnafugata*
Don Antonio '98	*Morgante*	*Faro Palari '99*	*Palari*
Merlo '98	*Planeta*	*Moscato Passito di Pantelleria Martignana '97*	*Salvatore Murano*

20. 사르데냐(Sardegna)

시칠리아의 북쪽 또스까나 주의 서쪽 바다에 위치한 섬이 사르데냐 주이다. 언어적으로나 인종적으로 가장 이탈리아적이지 않은 주의 하나로, 섬 전체 분위기나 사회적 · 문화적 기반이 다른 주들과 특이한 점이 많은 곳이다. 특히 사르도(*Sardo*)라고 하는 이 지역 방언은 고대 라틴어의 원형을 잘 간직하고 있다.

이 방언은 근대에 들어와 사르데냐 토착어와 스페인어 등의 영향을 받아 현대 이탈리아어와는 단어 자체와 발음에서 상당히 다른 이질적 언어로 고착되었다. 그리고 현대 이탈리아어와의 소통보다는 스페인어와의 상호이해가 가능한데, 일 대 일 대화가 가능할 정도로 발음과 구조면에서 스페인어와 비슷하다.

이 지역은 기후는 온화하지만 강수량이 적은데다 척박한 토양을 갖고 있어, 농업에 적합하지 않은 이탈리아의 후진지역으로 꼽힌다. 이탈리아 왕국 초기에 시작된 광산업이 모두일 정도로 낙후되어 있으며,

알게로 지방의 전형적인 민속 풍경으로
창과 창을 이어 빨래를 건조하는 모습

수산업과 목축업 및 소규모 농업이 섬의 기간산업이다.

그러나 현대로 오면서 천혜의 자연경관과 오염되지 않은 바다라는 관광자원을 바탕으로 이탈리아 본토와 프랑스 등 유럽 각국에서 수많은 관광객들이 몰려들면서 휴양시설과 해변가의 리조트 시설들이 잘 발달한 주로 자리잡았다.

포도주 역시 섬의 이러한 경제적 변화에 맞추어 지난날 프랑스나 본토의 하청업체에 불과하던 단계에서 탈피하여 규모있고 경쟁력을 갖춘 기간산업으로 자리잡을 정도로 성장하였다.

현재 DOCG 등급의 베르멘띠노 디 갈루라(*Vermentino di Gallura*)라는 포도주가 생산되고 있으며, DOC 등급 포도주가 19종이며, IGT 등급 포도주는 이탈리아에서 가장 많은 15종이나 된다.

주요 포도주 생산지역은 주도인 깔리아리(*Cagliari*), 알게로(*Alghero*), 사싸리(*Sassari*)와 누오로(*Nuoro*), 오리스따노(*Oristano*) 등이다. 여러 수종들이 중세 이후 스페인, 프랑스 및 본토에서 유입되어 지역 토양에 맞게 재배된 것들이 많다. 특히 깐노나우(*Cannonau*)는 이를 대표하는 수종으로 1300년대 스페인 아라곤 왕조에서 전래된 것이다. 본토에서 전래된 모스까또(*Moscato*) 수종 역시 일조량이 많고 강우량이 적은 사르데냐 토양에 맞게 재배되고 있다.

사르데냐 지역의 포도 재배 문제점은, 강우량이 때에 따라 너무나 부족하기 때문에 생산량이나 품질에 영향을 미치는 경우가 많다는 것이다. 따라서 이곳 포도주의 좋고 나쁨은 그해 강수량이 어떠했는가에 따라 차이가 난다.

2001년에는 뚜리가(*Turiga*) 95년산과 빌라 디 끼에자(*Villa di Chiesa*) 99년산 2종류밖에 '뜨레 비끼에리' 등급을 받지 못했지만, 언제나 품질이 향상될 수 있는 기본적 여건을 갖추고 있는 곳이다.

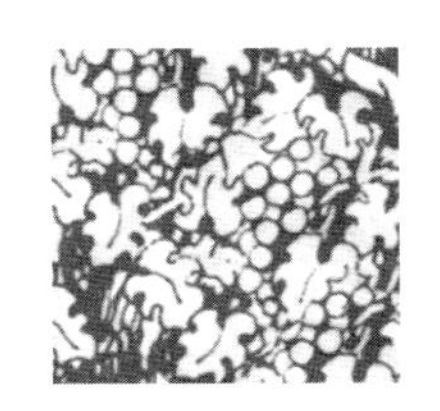

Vino

두 번째 이야기

이탈리아의 특별한 포도주들

지금까지 다루었던 포도주들은 흰 포도주이건 적포도주이건 대개 정찬용에 국한하여 이야기하였다. 따라서 '특별한 포도주'라 명명한 범주에는 이와 같은 정찬용 포도주가 아닌 식전과 식후에 마시는 샴페인, 식후에 마시는 도수가 높은 특별한 용도의 포도주 또는 술을 소개하고자 한다.

식전과 식후에 마시는 포도주는, 보통 식사 전에는 식욕을 돋우기 위해, 그리고 식후에는 소화촉진을 위하여 마시는 것이다. 샴페인과 비슷한 스뿌만떼(*Spumante*), 또는 마티니(*Martini*)라는 명칭으로 유명한 베르마우스(*Vermouth*)류, 비니 빠시띠(*Vini passiti*)라고 하는 식후용 포도주, 비니 리꾸오로지(*vini liquorosi*), 아꾸아비떼 디 비노(*aquavite di vino*)라는 알코올 성분이 강한 증류 포도주들이 여기에 속한다.

그러나 몇몇 종류는 이미 고유명사화되어 코냑이나 그라빠(*Grappa*) 등 증류하여 제조한 술, 마르살라(*Marsala*)라고 부르는 고온 숙성시킨 포도주, 베르마우스라는 포도주, 빈산또(*Vinsanto*)라고 부르는 포도주 등이 많이 알려져 있다.

이 포도주들의 특징은 건조하면서 달콤한 맛을 갖거나, 향료가 첨가되거나, 알코올 도수가 높다는 점이다. 이들 포도주는 호박색, 금색, 황색, 옅은 갈색을 띤다.

이와 같은 포도주들은 건조 상태의 포도송이들에서 얻어지는데, 우리가 흔히 알고 있는 흰 포도주나 적포도주 양조과정과는 약간 다르다. 일반적인 포도주 양조과정에서는, 흔히 산화현상이라고 하는 산소의 개입을 방지하지만, 이 포도주들은 산성화되는 현상을 매우 중요하게 여긴다. 그러므로 맛과 향, 색의 요소가 산소와 접촉하는 과정이 얼마나 길며, 어떻게 접촉하는가에 따라 특색이 결정된다.

어떻게 이러한 방식으로 포도주를 얻게 되었는가? 고대 로마에서는 포도주에 우유, 향료, 꿀 등을 첨가하거나 숙성기간을 앞당기는 방식으로 앱티타이저나 후식용 포도주들을 얻었지만, 요즈음은 이러한 방식이 아닌 새로운 방법에 의해 제조하게 되었다. 보통 이와 같은 양조법을 '마데라화(*Maderizzazione*) 방식'이라고 부르는데, 그 기원은 아주 우연하고 단순한 사건에서 유래되었다.

마데라화라는 용어는 유럽과 대서양의 중간 기착지였던 마데라(*Madera*)라는 섬에서 유래한다. 미주 대륙을 발견한 이후, 아메리카 식민지 건설기를 거쳐 유럽의 산물과 소비물자들이 대량 대륙으로 유입되게 되었는데, 유럽인들의 식료품 중에서 포도주 역시 빼놓을 수 없는 품목이었다. 따라서 자연스럽게 포도주의 운송이 이루어졌고, 항공기가 없었던 시절 운송은 선박을 통할 수밖에 없었다.

그러나 수송로가 대서양 북항로인 경우는 문제가 없었지만, 중간 기착지이자 보급기지 역할을 하고 있던 적도와 가까운 마데라 섬을 거치게 되는 경우, 포도주는 산화현상과 고온에 의한 변질을 막을 수가 없었다. 17세기 경 유럽 대륙에서 출발한 범선들이 대서양 중간 지점인 마데라 섬에 기착하면서 일어난 우연한 사건이 포도주의 역사를 바꾸어 놓고 말았다.

당시 미대륙으로 가는 범선에는 포도주를 담은 커다란 통들을 싣고 있었는데, 포도주 저장통들이 적도 부근을 횡단하면서 열대의 고온다습한 기후와 오랜 기간 산소에 노출되면서 심하게 변질되게 되었다. 변질된 포도주를 미주 대륙으로 가지고 갈 수 없게 되자, 선주들은 어쩔 수 없이 마데라 섬으로 회항하게 된다. 이렇게 변질한 포도주를 당시 '회항된 포도주'라 불렀는데, 이 포도주가 심하게 산성화되고 뜨거운 열로 인해 끓인 액체와 같은 상태가 되었을 것은 자명했다.

어느 날 우연히 선원들은 술이 떨어지고, 식사 후에 마시는 포도주와 샴페인도 떨어지자 이 변질된 포도주를 대용으로 삼게 되었다. 그런데 이 포도주가 식사에 동반할 수 있을 만큼 좋은 것은 아니었지만, 파이나 과자류 등 후식에는 어느 정도 잘 어울린다는 사실을 발견하게 되었다. 이후 이와 같이 일반 포도주와는 다르게 처리된 포도주들을 '마데라화식' 포도주라 했던 것이다.

이와 같은 방식을 좀 더 체계화하고 개량하여 생산한 것이 바로 앱티타이저용과 디저트용 포도주이며, 이 특징이야말로 디저트용 포도주의 특성으로 간주되게 된 것이다. 당연히 더 이상 이러한 방식을 저급 포도주 제조과정으로 생각하지 않게 되었고, 앱티타이저나 디저트용 특별 포도주를 얻을 수 있는 고급 양조과정으로 인식하게 되었음은 두말할 필요가 없겠다.

이러한 포도주가 좋은 등급으로 평가받는 색깔은 정찬용 포도주와는 완전히 대비된다. 일반 포도주들이 옅은 무색이나 물색을 띠는 것이 좋은 것이라고 간주되는데 반하여, 이 포도주는 금색, 호박색 등 비교적 짙은 색깔이 좋은 품질로 평가받는다. 금색이나 진한 황색 계열의 색조는 보통의 흰 포도주에서는 이미 생명이 다한 것으로 간주된다. 적포도주도 디저트용은 보통 진한 색조가 호평을 받지만, 특별한 포도주들, 예를 들면 뽀르또(*Porto*), 모스까또 디 빤뗄레리아(*Moscato di Pantelleria*)*와 같은 종류들은 벽돌빛이 도는 암적색 또는 짙은 마호가니색을 띠어야 좋은 것으로 분류된다.

이 포도주들은 향이 매우 강하며, 보통 알코올 도수가 높으면서 오랜 숙성에서 오는 에테르 향기가 은은하게 배어난다. 여기에다 여러 향료—바닐라나 계피 등—를 첨가한 것이 많다. 약간 단맛이 돌며, 앱티타이저용은 드라이한 맛이 나는 것들도 있다. 숙성연도는 짧지만, 종류에 따라 아주 오랜 기간 숙성된 것이 좋은 등급의 포도주로 평가되기도 한다.

마데라화식 포도주로 마르살라(*Marsala*)**라고 하는 것이 있는데, 진한 호박색 향기가 강하다. 알코올 도수도 높은 프랑스의 코냑과 마찬가지로 원산지인 이탈리아가 아닌 영국인들이 이 술을 발견하여 발전시켰다는 재미있는 역사가 있다. 마르살라나 코냑은 포르투갈산 뽀

---

* 뽀르또는 포르투갈의 대표적인 후식용 포도주의 하나인데, 향기가 독특하고 알코올 도수가 높다. 모스까또 디 빤뗄레리아는 시칠리아 지방의 빤뗄레리아(Pantelleria)라는 섬을 중심으로 생산되는 대표적인 후식용 포도주이다.

** 마르살라는 시칠리아 섬 서북부에 위치한 조그마한 항구로, 옛날부터 영국이나 스페인으로 가는 배의 중간 기착지 역할을 했다.

마르살라 포도주의 한 종류

르또라고 하는 술과, 프랑스 보르도(*Bordeaux*) 지방의 특별한 후식용 포도주들이 탄생하는 계기가 되었다.

마르살라가 태어난 것은 정확히 1773년이다. 이 포도주는 고온숙성의 자연적 상태를 앞당기고 포도주의 질적 손상을 막기 위해 미리 알코올을 섞는데, 보통 마르살라 지방의 일반 포도주 100리터와 2리터의 알코올을 혼합하여 제조한다.

당시 마르살라 포도주를 영국으로 싣고 가야 하는 선장과 포도주 생산업자가 어떻게 하면 원거리 항해에서 오는 기후와 온도 변화에 따른 변질을 막을 수 있을까 하는 생각 끝에 포도주에 알코올을 섞었던 에피소드에서 이 포도주가 만들어지게 된 것이다.

처음에는 영국인 선장들이 이 포도주를 연구하여 발전시켰다. 좋은 품질의 술을 얻기 위한 포도 수종의 접목과 개량과 같은 연구와, 이를 상품화하려는 노력을 영국인 선장들이 주도한 만큼 초기 마르살라 포도주는 영국인들에 의해 상업화되었다.

그후 19세기 중반에 들어서면서 이 포도주의 상업화에 이탈리아인들이 관심을 기울이기 시작하여 오늘날의 마르살라 포도주가 된 것이다. 마르살라 포도주는 일반 포도주에 알코올을 첨가한 뒤 17~18도 사이에 이를 때까지 수년간 요크 통에서 숙성시킨다.

이밖에도 특별 포도주로는 알코올 도수가 높은 포도 증류주* 그라빠(*Grappa*), 그리고 베르마우스(*Vermouth*)라고 하는 앱티타이저용 술들이 있다. 알코올 도수가 높은 증류 포도주들은 13세기 이후부터 상업생산이 가능했던 종류인데, 이탈리아에서 생산되는 것으로는 그라빠, 프랑스의 경우에는 코냑(*Cognac*)이 대표적이라 할 수 있다.

다음에서는 이탈리아의 대표적 증류 포도주인 그라빠를 다루어보겠다.

이탈리아에는 포도주 종류만큼이나 그라빠 종류도 다양하며, 각 지역 특산물로 포도주와 함께 거론되고 있을 만큼 이탈리아적인 특별한 술이다. 포도주를 만들고 난 뒤, 잔류물에 포도목이나 가지, 향료 등을 섞고, 이를 다시 증류장치에 통과시켜 만드는 술로, 디저트용이라기보다는 식후에 마시는 소화촉진용의 성격을 갖는다.

따라서 알코올 도수가 비교적 높아 40도에서 50도 전후의 독주로 제조되는 것이 일반적이다. 향기는 매우 강하며, 때로는 여러 향료가 첨가되기도 하지만, 보통 향료를 첨가하지 않고 포도 수종 자체의 향과 맛을 증류시키는 경우가 많아 그라빠의 특징을 이들 수종으로 판단할 수 있다.

현재 1,500여 개 이탈리아 포도주 양조업체들은 대부분 1종류 이상의 그라빠를 생산하고 있으며, 지역에 따라 향료나 지역 특산물을 첨가하는 경우가 많다. 전국적인 판매가 이루어지기보다는 지역적으로 유통이 이루어지기 때문에 독특한 맛의 그라빠를 접하려면 해당 지방

* 증류장치는 연금술이 발달했던 아랍에서 발명된 것이다. 이후 증류 기술은 아랍에서 유럽에 들어와 단순히 발효와 산화에 의해 포도주를 생산하던 기술에서 한 단계 발전하여 증류주라는 새로운 형태의 술을 탄생케 했다. 포도주 분야에서도 이러한 증류 기술을 적용함으로써 이탈리아에서는 그라빠와 같은 새로운 술이 양조되기 시작하였다.

특이한 병에 담긴 그라빠

에 가야 한다.

이밖에도 전형적인 이탈리아의 앱티타이저용 포도주, 정확히 이야기하면 삐에몬떼 지방의 특별 포도주라 할 수 있는 베르마우스(*Vermouth*)가 있다. 삐에몬떼 지역은 예로부터 프랑스와 이탈리아 문화가 혼재된 주로, 포도주와 음식에서도 이들 두 문화가 섞인 경우를 종종 볼 수 있는데, 베르마우스 포도주도 이와 같은 예의 하나이다.

오늘날 가장 고전적인 앱티타이저용으로 된 이 특별 포도주는 세계적으로는 마티니(*Martini*)라는 상표로 더욱 잘 알려져 있다. 18세기 초에 탄생한 베르마우스가 본격적으로 대량 생산을 시작한 것은 1830년대부터였는데, 삐에몬떼 지역에서 베르마우스가 마티니란 상표로 선보인 것은 1847년이었다.*

베르마우스를 양조하는 방법은 복잡하지는 않지만 제조회사마다 고유의 기법이 있기 때문에 일반인들에게 자세하게 알려져 있지는 않다. 보편적으로 알려져 있는 양조과정은 흰 포도주를 기본으로 하여 약초와 향료 및 풀 등을 배합하여 만드는 것이다. 각각의 보조 재료와 배합

* *Martini'900 - Un viaggio ad immagni nel XX secolo*, *Martini & Rossi*, S.p.A., 2000, p. 6.

마티니를 선전하는 광고

비율 등은 회사별로 약간씩 차이가 있다. 향기가 독특하고 다양하며, 알코올 도수가 14.5도에서 22도를 넘지 않는 것이 보통이다.

당분 함유율 역시 종류에 따라 다소 차이가 있으며, 캐러멜 당분이 함유된 것들은 진한 호박색을 띤다. 그러나 베르마우스 포도주가 갖는 원래의 맛과 향을 완벽하게 배합하려면, 가능한 한 한 계절 이상 충분히 냉장장치가 된 저장고에 보관 · 숙성시키는 것이다. 현재 전세계의 많은 이들에게 사랑받고 있는 베르마우스는 엡티타이저용뿐만 아니라 가벼운 칵테일용으로 사용될 정도로 소비량이 증가하고 있는 추세이다.

베르마우스가 앱티타이저용으로 사용되는 특별 포도주라면, 빈산또(*Vinsanto*)는 이탈리아에서 생산되는 전형적인 디저트용 포도주이다. 최대 생산지역이 또스까나 지방인 이 술은 보통 늦가을 혹은 초겨울에 수분이 증발되어 농축된 포도송이로 제조하는데, 알코올 도수가 16도

또스까나의 전형적인 빈산또

에서 25도 사이가 보통이며, 진한 호박색을 띠고, 향기가 독특하고 강하다. 그러나 요크 통에서 수년간 숙성시켜야 하므로 양이 매우 제한적인 것이 아쉽다.

디저트용 포도주 이외에 세계적으로 많이 알려져 있으며, 지금까지 설명했던 포도주보다 일반성을 갖는 것이 샴페인이다. 샴페인이란 용어는 이 술이 처음 제조된 지역 이름에서 유래된 것이며, 술의 특성에 맞추어 이름을 붙이자면 발포성 포도주라 해야 옳을 것이지만, 현재 샴페인이 거의 공인된 명칭이기 때문에 굳이 바로 잡으려 하지는 않겠다. 다만, 어째서 샴페인이라는 이름이 사용되었으며, 모든 샴페인이 동일한 것인지에 대하여는 약간의 부연 설명을 하도록 하겠다.

샴페인은 양조방법에 따라 두 범주로 나눌 수 있는데, 자연적 샴페인 그룹과 인공적 샴페인 그룹이다. 자연적 샴페인은 무수탄산(*anidride carbonica*)이라고 하는 가스를 자연적인 방식*으로 생성하도록 하여 제조하는 샴페인을 말한다. 그리고 인공적 샴페인이란 가스를 펌프나 관 등을 이용하여 인위적으로 발생시켜 제조하는 샴페인을 말한

* 자연적 방식이란 밀폐된 공간 안에서 효모균의 작용에 의해 당분이 생성되고, 이 당분에 의해 다시 한번 산성화 과정을 거쳐 가스가 발생하는 방식으로, 인공적인 절차나 장치의 개입없이 제조된다.

다. 이탈리아에서는 경제적인 이유—장치와 설비에 많은 비용이 들어가기 때문에—로 인공적 샴페인은 거의 제조하지 않고 자연적 샴페인만을 생산한다.

샴페인을 이해하는데 중요한 핵심은 무수 탄산가스의 양이다. 이 가스는 병 안에서는 모두 포도주에 녹아 있으며, 마개의 개봉과 동시에 대기와의 압력 차이로 기포가 형성되어 밖으로 나오게 되는 것이다.

자연적 샴페인 그룹은 다시 2개 영역으로 구분할 수 있는데, 그 기준은 발포성 가스의 획득과정이 어디에 있는가이다. 첫 번째 영역에 속하는 샴페인은, 발포성 가스가 이미 병 안에서 용해되어 제조된 것으로 마개를 열자마자 가스가 발생하는 유형이다. 두 번째 영역의 샴페인은 발포성 가스를 병에 용해시켜 제조하는 것이 아니라, 최초의 커다란 저장 용기에서 이미 가스가 발생된 상태에서 병으로 가스를 옮겨 담아 제조하는 유형이다.

보통 첫 번째 유형을 샴페느와(*Champenois*)라 하고, 두 번째 유형을 샤마(*Chamat*)라고 부른다. 세계적으로 샴페느와가 잘 알려져 있고, 샤마는 일종의 저급 샴페인이라 인식되어 있다. 그러나 두 가지 샴페인 유형의 차이는 가스가 언제 생성되느냐일 뿐 질적 면에서 고급과 저급이라는 평가는 오류이다. 샴페인의 품질을 가늠할 수 있는 것은 어떤 수종으로 만들었는가이며, 양조법의 차이로 품질을 평가하는 것은 큰 오류라는 점을 분명히 밝힌다.

샤마의 차이는 다음과 같다. 샴페느와는 삐노(*Pinot*)나 샤도네이(*Chadonnay*), 그리고 과일로 사용되지 않는 수종들을 재료로 하여 제조하는 샴페인이며, 샤마는 과일로도 사용되는 수종—쁘로세꼬

(*Prosecco*)와 같은 종류—이나 향이 강한 수종들—모스까또(*Moscato*)와 같은 종류로 이탈리아에서는 아스띠 스뿌만떼(*Asti spumanti*)가 가장 유명하다—에서 얻을 수 있다.

샴페느와*의 기원은 1600년대까지 거슬러 올라갈 수 있는데, 뻬리뇽(*Pérignon*)이라는 수도사가 처음으로 제조한 것으로 알려졌다. 곧 샴페인은 프랑스 샴페인(*Champagne*) 지방 에뻬르네이(*Epernay*)에 가까운 수도원에서 처음 제조되었다고 한다. 이런 이유로 오늘날 이 포도주를 샴페인이라 부르게 된 것이다.

샴페느와—형용사적으로 해석하면 '샴페인(*champagne*)의'라는 뜻이다—는 흰 포도주에 효모를 첨가하는 방법으로 제조된다. 흰 포도주에 효모를 첨가하면, 이 효모가 포도주 속의 당분과 반응을 일으켜 가스가 발생하게 되고, 이러한 반응은 오랫동안 저장소에서 지속적으로 일어나게 되며, 일정 기간이 경과한 뒤 원하는 수준의 품질에 도달하면 최종적으로 병입하여 샴페인을 얻게 되는 것이다.

샤마**는 쁘로세꼬와 같은 과일용과 향이 강한 포도들을 사용하여 제조된 당분 함량이 높은 흰 포도주에 사카린 용액과 약간의 효모들을 첨가하여 만든다. 사카린과 효모 및 당은 화학반응에 의해 가스를 발생시

---

* 샴페느와라는 용어는 현재 세계적으로 거의 사용되지 않는다. 제조상의 차이가 명백함에도 불구하고 이 용어가 '샴페인(*champagne*)'이라는 말과 동일하게 사용되고 있는데, 프랑스인들은 이 용어를 샴페인 지방에서 생산되는 발포성 포도주에 독점적으로 사용하면서 고유명사로 굳어진 것으로 믿고 있다. 이후 샴페인이라는 용어가 샴페느와보다 세계적인 명성을 얻었고, 현재는 프랑스의 다른 발포성 포도주 제조업자들뿐만 아니라 전세계의 포도주 제조업자들 사이에서도 샴페인이라는 용어만 사용하고 있다. *Tuttovini, Tullio de Rosa, Mondadori, Milano*, 1990, pp. 36.

** 이 명칭이 유래한 것은, 이탈리아인 마리네띠(*Marinetti*)에 의해 처음으로 발명된 이 제조방식을 20세기 초 프랑스인 공학기사 샤마(*Chamat*)가 완벽하게 실용화하여 보급하였던 사실에 기인한다.

샤마라고 하는 스뿌만떼의 양조 과정

키고, 화학반응으로 발생한 이물질을 급속 냉각방식으로 침전시켜 샴페인을 얻게 된다.

자세한 제조기법은 전문가들에게나 필요한 것이지만, 다음의 기본적 사실만을 기억하는 것으로도 샴페느와와 샤마의 특징과 차이를 이해할 수 있다. 샴페느와는 오랜 기간 첨가된 효모가 생의 주기를 다할 때까지 접촉하면서 가스를 지속적으로 발생시키며 제조되는 것이고, 샤마는 포도주가 아주 짧은 기간만 효모와 접촉(보통 20~30일 정도 소요된다)하여 가스를 원하는 수준까지 얻은 뒤 병입하는 것이다.

4부 알고 마시면 즐거운 이탈리아 포도주

우아하게 장식된 테이블, 낭만적인 분위기를 자아내는 아름다운 촛대, 투명하고 둥근 멋진 유리잔 두 개, 그 가운데 놓인 품격있는 와인 한 병. 우리가 흔히 영화에서 보거나 상상할 수 있는 와인에 대한 보편적인 배경은 바로 위에서 언급한 소품으로 장식된 화면일 것이다. 그러나 유감스럽게도 이와 같은 배경 화면은 이탈리아에서는 그리 흔히 볼 수 있는 장면이 아니다. 바로 이와 같은 관념적이고 상상적인 차이만큼이나 한국에서 생각하는 '와인' 과 이탈리아에서 생각하는 '포도주' 는 확연히 다르다. 따라서 제4부에서는 지금까지의 일반적 상식을 통한 설명 위주에서 벗어나 구체적으로 하나의 지역 또는 국가로서의 이탈리아에 국한하여 포도주가 가지는 사회적이고 문화적인 의미를 돌아보고, 이탈리아 포도주를 한국 사회에서 어떻게 바라 볼 것인가에 대하여도 간단하게 언급해 보도록 하겠다.

최근에 우리나라에 많이 소개되기 시작한 이탈리아산 포도주들은 우리가 생각하는 만큼 귀족적이거나, 또는 분위기를 위해 마시는 술이라는 개념보다는 식사를 할 때 동반하는 여러 음식 중의 하나라는 개념이 훨씬 강하다. 이는 '술' 의 범주로서 가지는 문화적이고 사회적인 의미보다는 '음식' 의 범주에서 고려되는 사회적이고 문화적인 상징성이 더 크다는 뜻이다.

이와 같은 기본적 개념에서 이탈리아에서의 포도주들이 사회적으로나 문화적으로 어떠한 의미를 가지는지에 대하여 자세히 알아보고, 앞에서 살펴본 포도주의 역사와 기본적 사실들을 바탕으로 지역적 단위에서의 보다 확장되고 세세한 부분까지 되짚어봄으로써 한국에서의 이탈리아산 포도주에 대한 적절하고 유익한 선택에 조금이라도 도움이 되도록 하겠다. 또, 이탈리아의 지역적 특징들과 함께 독특한 먹거리 문화에 대한 이해도 곁들였다.

특히 이탈리아 포도주를 이해하기 위한 기본적 사항에서부터, 이탈리아나 한국에서 만날 수 있는 포도주의 선택 문제와 그에 따르는 음식의 조화 등 실제적이고 유용한 부분들에까지 각각의 장을 할당해 설명하도록 하겠다. 또 우리나라에 소개된 역사가 길지 않아 잘못 알려진 이탈리아 포도주를 보다 정확하게 이해하는데 도움이 될 사항들에 관하여도 언급할 것이다

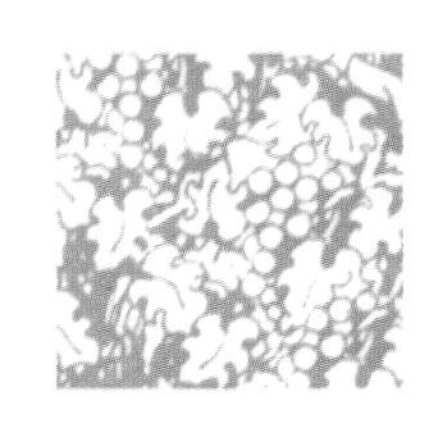

첫 번째 이야기

잘못 알고 있는 이탈리아 포도주 상식

막연하게 서양의 여러 술 중 하나로만 여겼던 포도주가 생각보다 복잡하고 까다로운 절차를 가진 '문화'의 한 요소라는 사실은, 한국 사람들이 포도주를 이해하기 위해서는 보다 체계적이고 정확한 접근이 필요하다는 것을 요구한다. 단순히 마시는 수준에서의 '술'이라는 의미보다는 오랜 기간 쌓아온 전통과 역사를 가진 '문화'로 이해해야 할 것이다.

한국 사회에 처음 소개되었던 포도주가 유감스럽게도 이러한 절차와 이해를 거친 문화가 아닌, 단지 고급스럽고 우아한 분위기에서 마시는 서양의 술로서 인식되었다는 사실이 한국 사람들에게 많은 편견과 몰이해를 갖게 했던 주된 이유였으리라 생각한다.

따라서 포도주가 한국에 소개된 이후 잘못 인식되고 있는 고정관념에 대한 체계적이고 올바른 접근이 필요하며, 이 장에서는 이와 같은 포도주에 대한 '상식'에 대하여 다루고자 한다.

그러나 필자 스스로 전세계의 모든 포도주를 다룰 수 있을 만큼 전문가라고 할 수도 없고, 또한 직업적 시음사도 아니므로 단지 문화적 관점에서 이탈리아에 한정하여 비교하고 평가하였다는 점을 미리 밝힌다. 또 이후에 서술되는 장들도 필자 자신의 주관적인 경험과 생각을 토대로 기술한 것임을 분명히 밝힌다. 이는 객관성과 주관성 사이에 인식의 혼동과 오류 가능성이 있을 수 있다는 점에 대하여 독자들에게 미리 양해를 구하기 위함이다.

먼저 거론해야 할 점은 포도주에 대한 관념의 차이일 것이다. 이는 곧 문화의 차이라고도 할 수 있는 요소로, 포도주를 즐겨 마시는 유럽의 대표적 국가들인 프랑스, 이탈리아에서 포도주가 갖는 음식문화상의 개념과 한국에서 생각하는 포도주에 대한 고정관념은 상당한 차이가 있다는 것이다.

한국에서 포도주는 여러 술 중의 하나이며, 식사를 하면서 마셔야 한다는 생각보다는 식사 후 낭만적인 분위기에서 마시는 술로 보통 이해하고 있다. 그러나 유럽에서 포도주는 식사와 함께 마시는 술이자 음료로 물과 함께 가장 기본적인 '음식'의 하나라는 점, 또 그 용도가 음식에 따라 소화를 촉진하거나 준비된 요리 맛을 배가하는 등 다양한 기능을 갖고 있다는 점이 다르다.

뿐만 아니라 순서에 따라 마시는 포도주의 종류가 조금씩 다르다는 사실도 커다란 차이로 볼 수 있다. 바로 이 점이 포도주에 대한 접근과 선택, 그리고 음미의 방향을 결정하는데 기본적인 요소가 될 수 있다. 음식 종류에 따라, 그리고 식사 중에는 언제 어떤 종류의 포도주를 선택할 것인가 등이 결정되며, 단지 '식사 후에 마실 수 있는 여러 종류의 색다른 술의 하나'로 인식되어서는 진정으로 포도주의 맛을 즐기는데 어려움이 있다.

이와 같은 관념상의 차이 외에도 한국에 널리 퍼져 있는 잘못된 인식의 하나가 '포도주는 오래될수록 좋다'는 속설일 것이다. 물론 이 점에 대해 필자 역시 어느 정도는 동의할 수 있지만, 포도주 평가의 절대적인 기준으로 숙성기간이 유일할 수가 없다는 점을 분명히 이야기한다. 결론적으로 이야기하자면 포도주의 종류에 따라 최상의 숙성기간이 각각 다르다. 곧 모든 포도주가 일률적으로 5년, 10년 또는 그 이상의 시간을 들여 숙성시켜야 한다는 인식은 잘못된 것이다.

포도주는 소주, 맥주 등과는 전혀 다른 방법으로 주조될 뿐만 아니라 그 자체가 생명주기를 갖고 있는 살아있는 음식이라고 이야기한다. 이 말은 각각의 포도주에는 하나의 생명주기가 있어 탄생기와 유년기, 그리고 청년기와 장년기를 거쳐 노년기에 이르게 되고, 최종적으로 사멸하게 되는 주기가 존재한다는 의미이다. 생명 주기는 종류에 따라 1년이 될 수도 있고, 2년, 5년, 10년, 또는 그 이상의 주기를 가질 수 있

노벨로의 한 종류

다. 따라서 주기를 잘 알고 그에 맞는 최적의 시기를 선택하는 것이 중요하며, 무조건 숙성기간으로 포도주의 가치를 판단하는 것은 잘못된 선택법이다.

곧 포도의 수종이나 종류에 따라 적절한 숙성기간이 정해져 있으며, 이를 가능한한 지키는 것이 포도주를 제대로 음미하면서 즐길 수 있는 최고의 방법이다.

예를 들어 한국에도 2000년부터 선보이기 시작한 노벨로(*novello* : 프랑스어로는 *nouveau*) 포도주는 병입한 뒤 바로 마실 수 있는 것으로, 대체로 3개월에서 6개월 안에 마시는 것이 바람직하다. 이에 반해 브루넬로 디 몬딸치노(*Brunello di Montalcino*), 비노 노빌레 디 몬떼뿔치아노(*Vino Nobile di Montepulciano*), 바롤로(*Barolo*), 바르바레스꼬(*Barbaresco*) 등은 평균 5년에서 8년 정도의 숙성기간을 거쳐야 제대로 된 맛이 나며, 10년 이상이나 30, 40년이 흘러야 깊은 맛이 나는 경우도 있다.

그러나 람브루스꼬(*Lambrusco*)와 같은 종류는 1년 안에 마셔야 최적의 맛을 느낄 수 있으며, 수종에 따라 2~3년의 숙성이 최적의 시음 시기인 포도주도 많다.

따라서 중요한 것은 어떤 포도주가 맛있고 좋다라고 단순화시키기보다는 어떤 수종으로 양조했으며, 어떤 양조장, 어떤 깐띠나에서 만들었느냐에 대한 정확한 지식이 있어야 보다 맛깔나게 포도주를 즐길 수 있는 것이다.

또 다른 잘못된 인식의 하나는 음식점이나 집에서 포도주를 마실 때 가끔 볼 수 있는 장면으로, 포도주를 포도주 보관용 용기에 담아서 마

깐띠나에서 보관중인 포도주

시거나 지나치게 차게 하여 마시는 점이다. 이 방법이 전혀 틀린 것은 아니지만, 그렇게 마셔야 포도주 본래의 맛을 즐길 수 있는 것은 주로 흰 포도주나 디저트용 포도주, 샴페인류에 국한된다.

흰 포도주는 병을 따게 되면 다 마실 때까지 10도 내외의 온도를 유지하는 것이 최상의 맛을 유지하기 때문에 금속성 용기나 얼음을 약간 담은 특별 용기에 병을 넣어두는 것이다.

그러나 적포도주는 다르다. 최근 한국에 선보이기 시작한 노벨로류는 실온에서 시음하는 것이 일반적이다. 곧 16~22도에서 포도주를 시음하는 것이 최적이다. 적포도주를 지나치게 차게 해서 마시면 포도주 자체가 가지고 있는 원래의 맛을 모른채 단지 포도주를 시원하게 하여 마시는 일이 될 뿐이다.

특히 가정에서 포도주를 마실 때는 적절한 절차나 기본적 사항들이 무시되기 쉽다. 한국에서 포도주를 고를 때 크게 고려되는 요소의 하나는 개인의 취향일 것이다. 이는 한국의 음주문화가 비교적 획일적이어서 선택의 폭이 넓지 않다는 데도 있겠지만, 앞서 이야기한대로 대개의 술이 공장에서 일률적으로 대량 생산되어 유통되고 있다는 점에도 큰 원인이 있을 것이다.

그러나 포도주는 수많은 종류가 생산되며, 한정적인 양밖에 생산되지 않는 경우가 많다. 이는 각 생산지역의 풍토나 토양에 따른 선택일 수 있지만, 각 지방 고유 향토 음식에 맞는 포도주를 생산하고자 하는 의도도 담겨 있는 것이다.

따라서 유럽에서의 포도주 선택은 개인적 취향은 부차적으로 될 수밖에 없고, 가장 중요한 것은 어떤 음식을 준비하는가에 따라 적합한 포도주를 선택하는 것이다. 이는 음식이 포도주에 가장 중요한 요소라는 의미이며, 음식에 따라 포도주를 선택한다는 것이다.

유럽의 예를 일률적으로 한국의 상황에 적용시킬 수는 없다 하더라도 최소한의 선택 기준은 지켜져야 한다. 포도주 선택의 가장 중요한 기준은 주요리가 육류인가 어류인가에서 결정난다.

보통 육류에는 적포도주를, 어류에는 흰 포도주를 선택하는 것이 무난하고, 육류라도 다시 살코기가 적색이면 적포도주를, 흰색이면 흰 포도주를 고르는 것이 바람직하다. 어류에도 구이나 회 등 국물이 없는 요리에는 흰 포도주가 적당하지만, 국이나 탕의 생선요리에는 적포도주가 적당하다.

한 가지 더 이야기할 수 있는 것은 포도주의 보관에 대한 문제이다. 포도주는 소주나 맥주, 기타 대량으로 유통되고 있는 일반 주류들과는 달리 각각의 생명 주기가 있고, 생산량도 한정적인 술이다. 또한 온도와 주위 환경에 상당히 민감하기 때문에 가장 이상적인 방법은 양조된 곳에서 바로 시음하는 것이 바람직하다고 이야기한다.

그러나 포도주들은 이미 양조된 장소에서 옮겨져, 온도가 차이나고 환경이 변화된 컨테이너 속에서 2개월 정도를 보낸 뒤 다시 덜컹거리는 운송수단을 통해 세계 각국으로 기나긴 여행을 한 상태이다. 그러므로 제조시의 원래 맛이 한국에서도 변하지 않고 간직되어 있다고 보기 어렵다.

이를 방지하기 위해 몇몇 포도주들은 포도주 본래의 맛과 특성을 유지시켜 줄 수 있는 약품을 첨가하기도 하는데, 이는 그리 바람직하다고 할 수 없다.

어쨌든 이렇게 옮겨진 포도주를 다시 안정되지 못한 장소에 보관하는 것은 권장할 만한 것이 아니다. 그러므로 가정에서 포도주를 저장하는 경우 보다 세심한 주의가 요구된다. 참고로 이탈리아의 올바른 포도주 저장 방법에 대하여 소개하자면 다음과 같다.

포도주 저장시 가장 고려되어야 할 점은 저장 위치, 빛 및 온도이다. 병은 수평 상태로 놓아야 한다. 이는 흔히 잘못 알려져 있듯 코르크 마개의 향기를 포도주에 배게하고자 하는 의도가 아니다. 병을 수직으로 놓게 되면 포도주와 마개 사이의 공간에서 발생할 가능성이 있는 식물성 기생물질(버섯이나 팡이류)의 번식을 차단하고자 하는 목적에서이다. 식물성 기생물질은 역겨운 냄새를 발산하기 때문에 포도주 등급을 저하시키며, 심하면 내용물을 상하게 하는 경우도 있다. 그러므로 포도주 병은 수평으로 보관하는 것이 바람직하다.

빛은 보관 위치보다 덜 민감하다고 볼 수 있는데, 태양빛에 오랫 동안 노출되는 경우를 제외하고는 그다지 손실을 입지 않는다. 그러나 적어도 빛과 관련하여 다음의 하나는 절대로 충족되어야 한다. 포도주를 상자 속에 넣어 보관할 때, 또는 투명하거나 빛 투과가 쉬운 색으로 채색된 병에 담겨져 있는 경우, 짧은 기간의 보관에는 문제가 없지만, 햇빛이 직접 투과되는 장소는 안된다.

세 번째는 온도와 관련된 사항인데, 저장 장소의 온도는 매우 중요하다. 온도가 지나치게 높다거나 변동이 심할 경우에는 포도주의 품질에 악영향을 미치게 된다. 특히 흰 포도주의 경우 온도가 지나치게 높으면—보통 20도 이상일 경우—수명을 단축시키게 된다. 흰 포도주의 이상적인 저장 온도는 12～14도이며, 그 이상이어서는 곤란하다.

또 저장 장소의 온도 변화가 심하지 않아야 한다. 포도주 자체가 살아있는 유기체이기 때문에 온도 변화가 지나칠 경우 내용물의 유기체적 특성들을 제대로 유지하지 못하게 하고, 결국에는 생명 주기에 큰 문제가 발생할 가능성이 높다. 그러므로 가능한 한 온도 변화가 심한 곳은 피하는 것이 바람직하며, 직사광선이 비치는 곳, 자주 옮기는 것도 포도주에 나쁜 영향을 미치기 때문에 피해야 할 사항이다.

이외에도 세세한 분야에서 시음이나 구입시 잘못된 고정관념이 있지만, 이에 대해서는 다음 장에서 다루도록 하겠다.

포도주와 관련하여 무엇보다 중요한 것은 한국과 유럽이라는 문화의 차이를 이해하는 것이다. 유럽 문화는 80년대 후반부터 일기 시작한 여행 자유화 바람을 타고 급작스럽게 밀려 들어왔다. 이전에는 미국과 일본을 통해 간접적으로 소개되었므로 유럽 문화를 진정으로 이해하기까지는 시간이 필요했다.

그나마 소개되는 유럽 문화도 프랑스, 독일, 영국, 그리고 이탈리아 등에 국한되어 있는데, 신문지상에 흔히 등장하는 '몇박 몇일 유럽 일주' 또는 '몇박 유럽 문화 체험' 등의 선전 문구에서 보듯, 짧은 기간에 이해될 수 있는 것으로 본다면 또 다른 오류와 편견을 불러일으킬 것이다.

물론 짧은 기간이라도 우리와 다른 문화를 볼 수 있다면 그것으로만도 행운이고, 다소간의 이해에 도움이 되는 것은 분명하겠지만, 한국의 문화 기반이 주로 미국이나 일본에 기대어 있다는 현실을 감안한다면 유럽 문화에 대한 올바르고 정확한 이해는 더 많은 시간과 정보들이 필요할 것이다.

특히 유럽에 처음 온 사람들 대부분이 느끼는 사항이 '불편하다'는 점이라는 것은 이를 역설적으로 증명하고 있는데, 50년 넘게 미국 문화에 길들여져 있는 한국인 입장에서는 당연히(?) 불편할 수박에 없을 것이다. 그러나 최소한 자신의 조국과 다른 외국을 이해하기 위해서는 자기의 시각으로 섣불리 판단하는 우를 피하는 것이 짧은 기간에 다른 문화를 바르게 이해할 수 있는 지름길이다.

다시 포도주와 음식에 대한 주제로 돌아오자.

유럽 포도주에 대한 이해를 위해서는 그 기반이 되는 문화에 대한 이해가 중요하다고 말했다. 이에 대한 단적인 예가 최근 한국 사회에서도 불기 시작한 정통 '이탈리아 피자와 스파게티' 바람일 것이다. 한국에서는 피자와 스파게티가 미국 음식으로 알려졌거나, 또는 이들 음식의 기원이 이탈리아라는 사실을 알았다 할지라도 그 맛과 요리방법은 미국이 전해 준 것이다.

그러나 이탈리아를 여행하는 사람들과 유학생들이 늘기 시작하면서 이탈리아 피자와 스파게티는 그게 아니라는 것을 차츰 깨닫게 되었다. 맛과 형태 면에서, 그리고 더 중요한 사실은 먹는 방법이 미국 피자나 스파게티와는 전혀 다르다는 점을 깨달았던 것이다.

이탈리아에서 스파게티는 빠스따라고 하는 1차 요리 중에서 국수 형태를 한 재료로 만든 요리만을 총칭한다는 사실도 알게 되었고, 미국의 패스트푸드점처럼 대량으로, 그리고 획일적인 맛을 내는 음식이 아니라 각 지방에 따라 수많은 맛이 존재한다는 사실도 알게 되었고, 콜라보다는 포도주에 더 어울리는 음식이라는 것도 알게 되었다.

바로 이런 점이 중요한 것이다. 외국 음식을 접할 때 중요한 것은 이와 같은 기본적 사항에 대한 이해이며, 그에 따라 보다 올바른 선택이 가능하다는 이야기이다. 포도주의 선택이라는 문제도 시각을 좀 더 확장시켜보면 이러한 기준에서 크게 벗어나지 않을 것이다. 포도주 역시 외국 음식의 하나라는 사실, 그러므로 이를 제대로 음미할 수 있기 위해서는 사전의 충분한 이해가 필요한 것이다.

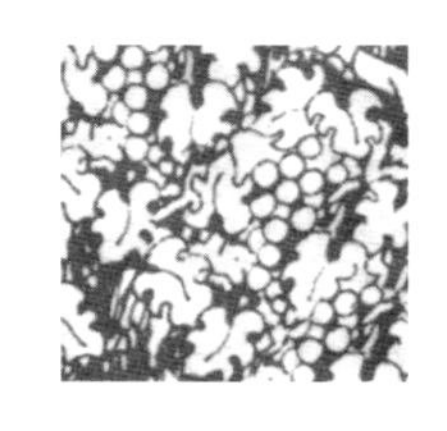

Vino

두 번째 이야기

이탈리아 포도주의 문화적 상징성

사회를 구성하고 있는 각각의 요소는 그 하나하나에 사회적 의미와 역할이라는 상징성이 있다. 사물이든 현상이든 문화적으로 중요성을 가지며, 다소 차이가 있겠지만 다른 사물이나 언어, 또는 절차나 현상 등을 통하여 표출되게 마련이다.

이탈리아 사회 역시 이와 같은 문화적 상징성을 가진 사물과 현상들이 수없이 존재한다. 그 중에서도 포도주는 여러 가지 면에서 사회 문화적 의미와 상징성이 독특한 요소라 할 수 있다.

이탈리아의 역사가 성립되기 이전부터 있었던 문화 요소이며, 현재까지도 이탈리아 사회를 대표하는 문화 요소의 하나라고 이야기할 정도로 중요한 의미를 갖는다. 단지 술이라는 물상만으로 포도주를 해석할 수 없는 이유가 바로 여기에 있다.

농경사회였던 고대 로마의 주요 작물이 포도와 올리브였다는 사실은 이미 잘 알려져 있다. 포도나 올리브를 주요 작물로 재배했다는 사실은 이탈리아 반도의 지형적이고 기후적인 특색을 짐작할 수 있는 조건이 될 수 있다. 하천 주변이나 드넓은 평원이 주거지였던 것이 아니라 구릉이나 높지 않은 산자락 등이 삶의 주무대였다는 사실을 추정할 수 있으며, 포도가 고도의 재배기술을 요하는 작물이라는 점만으로도 로마인들이 생산성 높은 경작기술을 가졌던 민족이라는 사실을 짐작할 수 있다.

주위 민족들에게 눌려 살던 로마인들이 선진문화를 받아들여 발전시키면서 차례로 이탈리아 반도의 주역으로 성장하게 된 배경에는 이와 같은 높은 농업생산성도 큰 공헌을 했다. 또 로마가 강대한 제국으로 발돋움한 뒤에는 포도와 올리브가 주변국과의 가장 중요한 교역물품이었으며, 포도와 올리브가 오늘날 석유 등과 같이 국가의 부를 나타내는 산물이었다는 것도 알 수 있다.

과일로서 애용되던 포도가 1차 가공과정을 거쳐 준공업적 상품인 포도주로 된다는 사실, 나무 열매에 불과한 올리브가 올리브유로 제조된다는 것은 여러 가지 면에서 중요한 의미를 갖는다. 산업적 측면에서 볼 때는 단순 경작산업에서 제조업으로의 발전이라는 측면이 있을 수 있고, 경제적인 측면에서는 부가가치가 높은 상품으로의 전환이 가능해졌으며, 농업국가에서 상업국가로 발돋움할 수 있는 기틀이 조성되었고, 사회적 측면에서는 전국민의 문화적 정체성과 정신을 결속시킬 수 있는 매개체로서 의의를 갖는 것이다.

포도주를 통하여 고대 로마인들이 결속되었다는 사실은 언뜻 보면 이해하기 힘들 것이다. 고대 로마사회는 막강한 부와 광대한 영토를 지닌 거대한 제국이었지만 철저한 신분사회였으며, 식민지 주민들을 통치하기 위하여는 각 식민지의 중요도에 따라 지위를 다르게 부여할 정도로 이질적인 사회구조를 가지고 있었다. 이는 사회적 계급과 지위에 따라 모든 것이 결정되는 사회가 로마라는 의미이다.

이와 같은 이질적 사회를 하나로 묶어 줄 수 있는 것은 신분 상승의 확실한 기회를 제공하거나, 경제적 부를 일반 시민들에게도 나누어줄 수 있는 현실적 보상을 보장하는 방법 등이었을 것이다. 그러나 모든 이들에게 특별한 제도와 절차없이 동일한 로마제국의 일원이라는 정체성을 갖게 해줄 수 있었던 것은 일상에서 흔히 만날 수 있는 것이었는데, 그 하나가 포도주였다.

초기 로마시대에 포도주는 이집트와 다른 중동 지역의 고대 국가들과 마찬가지로 제한된 생산량 때문에 일부 계층에서만 소비했다. 그러나 제국이 번성하자 귀족들과 시민, 평민과 노예, 그리고 식민지와 속국의 주민들까지 포도주를 즐길 수 있었다. 비록 계층에 따라 포도주의 질이 다소 차이가 있었지만, 제국의 모든 주민들이 포도주를 즐겨 마심으로써 하나의 국가 안에 살고 있다는 일체감을 가질 수 있었던 것이다.

포도주에 대한 기독교적 해석의 삽화

귀족원의 회의와 향연, 세미나 등 상류사회의 행사뿐만 아니라 평민들의 식탁과 노예들의 거친 식사에서도 포도주는 빠질 수 없는 음식이 되었다.

A.D 313년 콘스탄티누스 대제가 기독교를 인정하고, 다시 테오도시우스 황제가 391년 기독교를 국교로 공인한 뒤 포도주는 더욱 로마제국의 일체감을 조성하였고, 그 사회적 역할도 증대되었다. 술을 금하고 있었던 기독교에서 포도주는 단순한 음주의 수단이 아닌 '예수의 피'라는 해석을 통하여 종교적 의미를 부여하였다. 이것은 당시 로마제국의 시민들이 포도주를 술이 아니라 음식과 생활로서 즐기고 있었으므로, 이를 기독교에 접목하기 위해서는 현실적 선택일 수밖에 없었다. 포도주가 일상성을 넘어 종교성을 갖게 된 것은 바로 이와 같은 사회적 분위기 때문이었다.

기독교는 급속하게 로마의 국교, 그리고 유럽의 종교가 될 수 있었다. 그러나 종교성을 부여받아 대중적으로 그 중요성이 커졌던 포도주는, 역설적이게도 로마제국을 멸망시키는데 일조하게 된다. 로마제국을 지탱하고 있었던 시민들의 절제와 검약성은 제국이 확장될수록 사치와 향락을 추구하는 쪽으로 바뀌게 됨으로써 서서히 쇠락의 길을 걷는다.

사치와 향락은 더 많은 포도주와 고급품들을 필요로 하게 되었고, 이를 조달하기 위해 농지를 포도밭으로 전환시키고, 동방으로부터 향락과 사치를 위한 소모품들을 더 많이 구입하게 되면서 제국의 기간산업인 농업이 파괴된 것이다. 농지는 일부 귀족들에게 집중되어 라티푼디움이라는 대토지 제도가 등장함으로써 시민과 농민계급이 몰락하고, 이는 로마제국이 멸망하는데 근본 원인이 된 것이다.

로마제국의 멸망, 특히 서로마 제국의 멸망은 포도주 생산에 최악의 위기를 가져오게 된다. 포도는 고도의 경작기술을 요할 뿐만 아니라, 로마를 멸망시켰던 북방 유목 민족에게 필요한 것은 포도밭이 아닌 목초지였으므로 수많은 포도밭이 목초지로 바뀌는 현상이 벌어진다. 암흑과도 같았던 포도주 위기의 시대는 오랜 기간 계속되어 포도주 생산은 새로운 전기를 맞는다.

중세 포도주 생산의 암흑기에서 그나마 포도주의 연구와 발전, 그리고 그 명맥을 이어주었던 사람들은 가톨릭 수도사와 수도원이었다. 포도주가 미사에 사용되었고, 수도사들의 식생활에서도 중요한 역할을 하였으므로 수도원에서 재배된 포도로 포도주를 생산하는 것이 중세의 전형적 포도주 생산양식이었다.

중세 이탈리아에서 포도주가 일상성의 의미를 상실하고 종교적 · 귀족적 의미만을 갖게 된 것은 바로 이와 같은 배경에서였다.

그러나 포도주는 다시 이탈리아 반도의 주요 생산물이라는 예전의 위치를 찾게 된다. 정복민이었던 북방민족이 선직적인 로마 문화에 동화되면서 이탈리아인들은 포도 재배와 포도주 생산에 다시금 박차를 가하게 되고, 로마시대 포도주가 가졌던 화려한 일상성을 되찾게 된다.

근대에 들어서면서 이탈리아 반도에는 포도 경작지가 늘게 되고, 신대륙 발견 이후 도입되기 시작한 새로운 수종과의 접목을 통하여 병충해에 강하고 과실율이 좋은 수종들이 개발되면서 지역적 특성에 맞는 우수한 수종들이 속속 나왔다. 이렇게 해서 포도주는 다시금 이탈리아인들의 일상에서 빠져서는 안될 부분으로 사랑을 받게 된 것이다.

그렇다면 이탈리아인들에게 포도주가 일상생활에서 빠져서는 안될 필수품의 하나라는 의미만을 갖는 것일까? 아니다. 특히 오늘의 시점에서 포도주가 갖는 문화적 · 사회적 배경은 과소평가할 수 없을 만큼 큰 상징성을 갖는다. 로마시대 이후부터 포도주는 예술의 주제로서, 또 소재로서 수많은 예술 작품과 문학에 등장하였으며, 오늘날까지 삶 속의 현실로 생생하게 살아있다.

고대 이후 향연과 축제의 조연으로서, 그리고 세미나, 강연, 시연 등의 학문적 행사에도 포도주는 줄기차게 끼어들어 그 활동을 배가시키고 효과를 두드러지게 하는 임무를 해 왔던 것이다.

현대 이탈리아인들에게서 포도주가 멋진 분위기를 창출하는 하나의 소품이라는 생각은 거의 찾아볼 수 없다. 물론 오래된 포도주를 마시거나 좋은 스뿌만떼—이탈리아에서 생산되는 샴페인의 일종—를 마시는

20세기 초 서민식당에서 포도주를 즐기는 남성들

경우 그러한 낭만적 분위기를 조성하기도 하지만, 일반적으로 즐거운 식사를 위한 좋은 음식이라는 생각이 지배적이다.

또 포도주는 준비된 식사를 즐기고, 식사에 참석한 이들의 화기애애한 분위기를 돋우는 매개체 역할을 하며, 식사의 처음부터 끝까지 자리를 지킨다는 점에서 순서에 따라 등장하고 퇴장하는 여느 음식과는 다른 의미를 갖는다.

순서가 정해져 있는 이탈리아 식사 예절에서 단계가 바뀔 때마다 준비된 요리는 퇴장하지만, 포도주는 식사의 처음부터 끝까지 자리를 함께 빛내는 중요한 소품이라는 의미이다.

우리의 식사 모습을 생각하면 더욱 포도주가 갖는 사회적 역할과 의의를 짐작할 수 있다. 우리가 식사를 하면서 술이나 음식을 주제로 삼아 1시간 이상 대화를 하는 것은 좀처럼 힘들지만, 이탈리아에서는 준비된 음식뿐만 아니라 포도주 자체가 하나의 대화 주제로서 처음 만난 이들도 쉽게 친화시킬 수 있는 가교 역할을 한다.

우리 관습에서는 식사는 가능한 한 소리를 내지 않고 조용히 끝마치는 것을 예절과 미덕으로 생각한다. 친구들과의 저녁식사도 술을 마시기 위한 것이지 음식을 즐기기 위하여 술을 곁들이는 경우는 거의 없을 것이다. 초대 손님들과의 만찬에서도 준비된 술을 주제삼아 이야기한다거나 음식에 대해 이야기하는 경우는 거의 볼 수 없고, 작업의 연장선에서 일과 관련된 이야기를 하거나 신변잡기를 주제로 삼는 경우가 많다.

이런 한국적 상황은, 유럽을 방문하는 한국인들이 유럽인들과 식사를 하게 되는 경우 적잖은 당혹감과 무안함을 안겨 준다. 유럽인들, 그 중에도 라틴계 — 이탈리아, 프랑스, 스페인 등 — 민족들은 아무리 일이 중요하더라도 식사 때 일을 주제로 대화하는 경우는 좀처럼 찾아보기 힘들다.

그들은 포도주라는 주제 하나만으로도 식사 시간 내내 그에 대한 역사와 유래 등을 설명해 줄 수 있을 만큼 웬만한 전문가 수준은 된다. 꼭 포도주가 아니더라도 그들이 전개하는 대화 주제는 문화적인 것이 많다. 예술에 대하여, 문화에 대하여 그들은 이야기하고 의견을 교환한다.

물론 이탈리아인들 모두가 대화의 주제로 문화적인 것을 선택하지는 않지만, 어떤 주제가 나오더라도 단편적으로 아는 것이 아니라 최소한 일정 정도 수준의 설명이 가능한 대화가 전개된다는 점이 중요하며, 아울러 포도주도 단지 마시는 술로서 단순하게 취급되는 경우는 찾아보기 힘들다는 것이다.

치즈, 빠스따 등 여러 음식만큼 이탈리아 포도주 역시 그 종류와 유형이 셀 수 없을 만큼 많다. 사회 안에 한 종류의 음식이 그만큼 많은 가지 수를 가지고 있다는 사실은 어떤 의미일까?

첫째는 다양성이라는 관점에서 해석할 수 있다. 로마제국의 멸망 이래 이탈리아 반도는 오랜 기간 사분오열 나뉘어 있었다. 수많은 도시국가들이 흥망을 거듭하였으며, 교황청을 비롯한 여러 지배세력들은 외세의 힘을 빌리거나 결탁하여 이탈리아를 하나로 통일시키는데 전혀 노력하지 않았다.

이와 같이 분열의 역사와 정치체를 가지고 있는 국가가 바로 이탈리아이다. 오랜 분열은 국민들에게 통일에 대한 열망을 포기하도록 강요하였고, 이탈리아 반도의 한 구석이라도 지배했던 왕조의 군주 어느 누구도 통일을 이룩해보겠다는 시도조차 하지 않았다.

'근대 정치학의 시조'라 불리는 마키아벨리는 『군주론』에서 이탈리아 반도의 통일 구상을 바로 이와 같은 배경에서 펼쳤다. 그렇지만 마키아벨리 역시 이탈리아 통일을 이루는데는 실패하였고, 다시 세월이 흐른 뒤 리소르지멘또(Risorgimento)라는 이탈리아 통일운동 기간을 거치고, 비로소 1861년 카부르의 외교적 술수와 이탈리아의 상황 변화에 의해 사보이 왕가가 중심이 되어 통일을 이룩했다.

그러나 내부 문제를 해결하기에 이탈리아 통일은 너무나 불완전했고, 준비가 부족했으며, 대다수 이탈리아인들이 원했던 통일은 더더욱 아니었다.

20세기 초 토속적인 포도주 축제 모습

다양성이라는 해석은 바로 이와 같은 불완전한 상태에서 강력한 지방색이 그대로 유지된 채 통일이 이루어졌다는 의미이다. 지방색이 강하다는 것은 지역마다 방언을 사용하며, 문화와 의식 등 무형적 가치도 각각 달랐다는 사실을 나타낸다. 각 지방마다 오랜 전통을 지닌 고유 음식과 포도주, 그리고 토산품들이 전혀 다른 맛과 형태로 전해 내려온다는 것은 사회적으로 다양성을 나타내는 지표가 된다.

더구나 오늘의 시점에서 포도주는 각 지역의 대표적 특산품으로, 이탈리아 음식에 전반적으로 어울리는 일반성보다는 그 지방의 특정한 음식에 더욱 잘 어울린다는 특수성과 지역성을 가지고 있으며, 이것이 포도주가 갖는 문화적 상징으로서의 전형성이다.

둘째로, 이탈리아 포도주가 나타내는 문화적 상징성은 모든 이탈리아인들의 일반적이고 공통적인 관심과 이해의 대상이라는 사실이다. 보통 이탈리아인들과 대화를 하게 되면 주제는 3, 4가지 정도이다. 연령과 성별에 따라 약간의 차이가 있겠지만, 남녀노소를 불문하고 축구, 여행, 음식, 그리고 이성에 대한 것들이 대부분이다.

이탈리아의 축구에 대한 국민적 집착과 관심은 2002년 한국/일본의 월드컵에서 여실히 증명된 것이지만, 자기 나라 팀의 패배를 인정하지 않으려는 태도 역시 이와 같은 열광적인, 가끔은 도가 지나친 축구 열기 때문인 것이다.

축구라는 주제에는 못미치지만 포도주도 그에 못지 않은 관심사의 하나이다. 이탈리아 여성들에게 있어 포도주는 단지 식사 때 즐기는 음식의 하나로 인식되어, 남성들이 보이는 관심만큼은 아닐지라도, 손님들과의 대화와 설명은 가능할 정도의 지식을 가지고 있다. 특히 자기 고장에서 생산되는 포도주에 대하여는 거의 전문가 수준이며, 다른 유명한 포도주들에 관해서도 상당한 수준에서 알고 있는 것이다.

셋째로 중요한 문화적 상징성은, 포도주는 일정 부분 이를 소비하는 계층과 계급을 나타내는 척도로서 역할을 한다는 점이다. 포도주가 신분을 나타낸다는 말에 의아해 하는 사람이 많을 것이다. 어떻게 포도주가 마시는 사람의 신분과 계층을 나타낸다는 이야기일까? 가장 쉬운 추정은 비싼 포도주를 마시는 이들은 부자이고, 그렇지 않은 사람들은 서민이거나 가난한 이들이라는 정도일 것이다.

그럴 수도 있다. 그러나 포도주가 신분을 나타낼 수 있는 것은 단순히 포도주 가격에 의한 이분법적 사고보다는 내면의 깊은 무엇인가에 있다. 이탈리아에서 판매되는 포도주는 가지 수가 많은 만큼 가격과 종류도 천차만별이다. 단지 가격만으로 포도주를 선택할 수 없는 이유가 바로 여기에 있다. 비싸다고 해서 손님의 취향과 분위기에 적합한 포도주를 고른다는 보장이 없기 때문이다.

한국에서야 비싼 양주를 마시면서 "이게 몇 년 숙성시킨 얼마 짜리 술이야"라고 하면 그만이다. 그 술의 역사와 맛에 대하여 누구도 알려고 하지 않을 뿐더러 설명할 수 있는 사람도 거의 없기 때문이다.

그러나 포도주는 다르다. 종류마다 그에 얽힌 역사와 맛에 대한 설명이 최소한 1시간은 족히 걸린다. 특별하고 귀한 포도주일수록 설명이 길어지는 것은 당연하며, 가격이 싸다고 해서 역사가 없는 것도 아니라는 의미이다. 이탈리아에서 일반인들은 싸고 오래되지 않은 포도주를 마신다. 그렇더라도 그에 담긴 역사를 비록 짧을지라도 생략하지 않는다.

곧 재력과 계층에 따라 즐기는 포도주의 등급이 구분되어 있지만, 이를 선택하여 마시는 이들 역시 일정한 수준의 자격을 요하는 것이 바로 이탈리아 포도주라는 것이다. 여유와 상식을 갖춘 이들에게는 그에 합당한 포도주를 선택할 수 있는 품위와 인격이 요구되며, 그렇지 않은 이들에게는 품격있는 포도주를 선택하기조차 어려운 것이 이탈리아 포도주인 것이다.

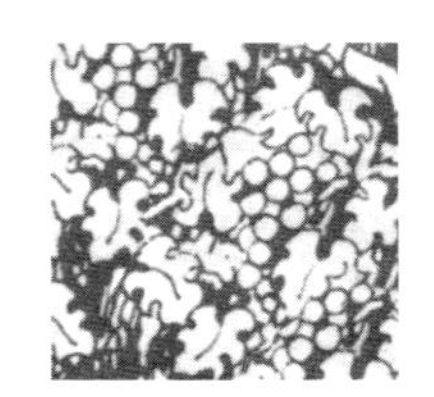

Vino

세 번째 이야기

이탈리아 포도주 고르는 법

지금까지 설명한대로 무척 복잡해 보이고 그 수도 너무나 많기 때문에 취향에 맞는 이탈리아 포도주를 선택하는 일은 그리 쉽지 않다. 그러나 몇 가지 기본 지식과 방법을 숙지한다면, 입맛에 맞으면서도 비싸지 않은 이탈리아 포도주를 선택하는 일이 어려운 것만은 아니다. 한국에서는 이탈리아 레스토랑이나 백화점, 전문 주류점 등에서 구입할 수 있으며, 이에 대해서는 독자들이 더 잘 알고 있으리라 생각하여 최소한의 주의할 점만 기술하겠다.

먼저 이탈리아산 포도주를 구입할 때 가장 유의해야 할 점은 등급에 대한 기본 지식이 있어야 한다는 것이다. 이탈리아 포도주 등급에 관하여는 앞에서 충분히 설명하였는데, 가능한 한 최저 등급인 비노 다 따볼라(*vino da tavola*)는 피하는 것이 바람직하다. 가격면에서 끌리는 점이 있겠지만, 이탈리아 포도주에 대한 잘못된 선입견을 심어줄 수 있다는 점 때문에 초보자이건 애호가이건 이 등급의 포도주는 권하기 어렵다는 것이 필자의 생각이다.

또한 앞에서 이야기한대로 가능한 한 수종을 구분하여 제조일로부터 너무 오래된 포도주는 피하는 것이 바람직한데, 저가 포도주는 보통 생명주기가 1년 미만인 것이 대부분이다. 그리고 중저가의 포도주를 선택할 경우, 적포도주는 12% 이상의 알코올 도수, 흰 포도주는 11.5% 이상의 알코올 도수를 가진 것을 고르는 것이 바람직하다. 이러한 점에 주의한다면 같은 값의 포도주와 같은 등급 중에서도 더 좋은 이탈리아 포도주를 선택할 수 있다.

여기에서는 한국에서의 구입방법보다는 이탈리아를 여행하거나 잠깐 머무르는 경우, 짧은 시간에 최적의 선택이 가능한 방법과 정보에 대하여만 이야기해 보겠다. 이탈리아에서 포도주를 구입할 수 있는 곳은 크게 다섯 군데가 있다. 항공기를 이용하는 경우 쉽게 만날 수 있는 면세점에서부터 우리나라의 대형 슈퍼나 할인점과 비슷한 수페르메르까또(*supermercato*), 첸뜨로 꼼메르치알레(*Centro commerciale*) 등은 이탈리아에서 생활하는 이들이 쉽게 만날 수 있다.

여행중이라도 그 지역의 지리를 잘 아는 경우에는 포도주를 생산하는 깐띠나에 들러 직접 구입할 수 있으며, 그 고장의 음식을 맛보기 원한다면 레스또란떼(*restorante*)나 간이식당—이탈리아어로 뜨라또리아(*trattoria*)나 오스떼리아(*osteria*)라고 한다—에서 마실 수 있고, 간단하게 요기와 포도주를 해결하고자 할 때에는 바, 에노떼까(*enoteca*), 비나이오(*vinaio*)라는 곳에서 가능하다.

면세점에서는 쉽게 좋은 품질의 여러 지방의 대표적 포도주들을 찾아볼 수 있지만, 싼 포도주가 없다는 단점이 있다. 또한 종류도 한정돼 있기 때문에 선택의 폭이 넓지 않다. 이에 반해 대형 수페르메르까또나 첸뜨로 꼼메르치알레 등의 매장은 대개 도시 외곽에 위치하고 있기 때문에 여행객들이 구매하기에는 다소 불편하다. 그렇지만 각 지방에서 생산되는 포도주들을 비교적 저렴한 가격에 구입할 수 있으며, 선택의 폭도 넓다는 장점이 있다. 다만 한 가지 아쉬운 점은 아주 뛰어난 품질의 포도주를 구하는 데에는 한계가 있다.

제조창이나 깐띠나에서 직접 구입하는 경우에는 포도주 생산이 특화되어 있고 전문적이라는 점에서, 또 운이 좋으면 양조과정이나 보관창고 등을 볼 수 있는 점이 있어 포도주 애호가들에게는 흥미를 끌 수 있다. 반면에 선택의 폭이 지나치게 좁다는 점과 원하는 포도주를 찾기가 너무나 어렵다는 한계가 있기 때문에 자기의 입맛에 대한 확신이 있지 않으면 권하기 어려운 곳이다.

레스또란떼나 간이식당들, 간이술집이라 할 수 있는 바는 여행중에 흔히 만날 수 있는 시음 장소이다. 레스또란또는 그 지방의 전문화되고 토속적인 음식과 잘 어울리는 포도주를 맛볼 수 있는 곳이고, 이탈리아의 다른 유명한 포도주들도 함께 맛볼 수 있는 곳이다. 가격이 다소 비싸지만 양질의 서비스를 제공받을 수 있다는 장점이 있다.

우아하고 격조있는 이탈리아 레스토랑의 테이블 세팅

레스또란떼보다 서민적이고 향토색이 강한 뜨라또리아와 오스떼리아에서는 좀 더 색다른 분위기를 맛볼 수 있다. 뜨라또리아와 오스떼리아는 기원 자체가 오랜 역사성을 가지고 있는데, 뜨라또리아는 간단하고 값싸게 식사를 제공하였던 중세부터 내려오는 서민형 음식점을 말한다. 그리고 오스떼리아는 중세 이후 지방과 지방을 이어주는 길목에 음식과 잠자리를 함께 제공하던 여관과 같은 곳으로, 우리나라의 조선시대 주막과 비슷한 간이 음식점이다.

이들 두 곳에서는 맛있는 지역 특산 음식과 함께 전문가는 아니지만 주인의 권유를 받아 즐겁게 포도주를 시음할 수 있다. 그리고 원하면, 식당에서 제공하는 좋은 품질의 '하우스 와인'도 맛볼 수 있다. 그러나 고급 포도주를 원하는 이들이나 여러 지역의 포도주를 골고루 맛보고 싶어하는 이들에게는 한계가 있다. 어느 정도 포도주에 대한 취향과 지식이 있는 이들에게 권하고 싶은 곳이 에노떼까 또는 비나이오인데, 여기에서는 저렴한 가격으로 요기를 해결할 수 있으며, 대형 슈퍼나 상점에서 볼 수 없는 좋은 품질의 지역 포도주들을 구입할 수 있다. 또 상점 주인들이 권해주는 포도주를 친절한 설명과 함께 실컷 구경할 수 있다는 이점도 있어 전문가 수준의 포도주 애호가들에게는 가장 이상적인 곳이다. 다만 대형 슈퍼나 할인점보다 가격이 비싼 것이 흠이다.

마지막으로 거론할 수 있는 곳이 바인데, 동네 선술집이나 간이주점과 커피집을 합쳐놓은 듯한 가게이다. 관광객이 북적대는 대도시에서는 바에서 음식도 제공하지만, 요리의 질이나 포도주의 전문성은 매우 떨어진다. 그러나 오후 7시가 지나면 상점들이 문을 닫는 이탈리아에서 한밤에 포도주를 마실 수 있는 데가 많지 않으므로, 밤늦게 포도주를 구입하거나 시음하고자 하는 이에게는 매우 유용한 곳이다. 당연히 전문성이나 품질에 비하여 가격이 비싸다는 단점이 있다.

이와 같은 다섯 곳에서 포도주를 구입할 경우에도 공통으로 적용되는 몇 가지 기본 사항을 아는 것이 중요하다.

첫째는 흰 포도주와 적포도주의 정확한 구분이다. 포도주를 마시고자 하는 이의 취향이 흰 포도주를 선호하는지, 아니면 적포도주를 선호하는지 사전 지식이 있어야 하며, 이를 토대로 앞에서 설명한대로 각 포도주가 어떤 수종으로 어디에서 제조되었는가를 안 후 어떤 등급의 포도주를 선택할 것인가 정해야 한다. 몇몇 경우를 제외하면, 대부분의 이탈리아 포도주들은 수종 이름이 먼저 나온 뒤 생산지역이 덧붙여진다. 따라서 수종에 대한 이해와, 비교적 잘 알려진 포도주 산지를 몇 군데만 알아두어도 상당한 도움이 된다.

두 번째는 곁들여질 음식의 유형에 따라 포도주를 선택하는 것이다. 특히 이는 레스토랑이나 간이 음식점을 이용할 때 꼭 지켜야 할 기준인데, 주요리가 무엇이냐에 따라 포도주가 결정될 수 있다. 생선요리나 흰

바의 전형적 모습

살코기를 재료로 하는 가벼운 요리를 먹고자 하면 오래된 적포도주는 바람직하지 않으며, 육류 요리에 흰 포도주나 분홍 포도주를 주문하는 것도 피해야 한다. 이런 경우 좋은 방법은 주인이나 종업원에게 자문을 구하는 것이다. 대개의 경우 친절한 충고와 함께 포도주에 대한 약간의 설명도 기대할 수 있다.

세 번째, 포도주를 선물할 때에는 등급이 높은 포도주를 선택하는 것이 바람직하다. 잘 알려지지 않은 포도주들은 정확히 맛을 모를 경우 낭패를 보기 쉽다.

흰 포도주를 선물하고자 할 때에는 주요리에 곁들이는 정찬용인가, 디저트 등에 곁들일 수 있는 스뿌만떼인가, 디저트용 흰 포도주인가 알아야 한다. 그리고 적포도주는 '명상용 포도주'로 알려진 브루넬로 디 몬딸치노(*Brunello di Montalcino*), 비노 노빌레 디 몬떼뿔치아노(*Vino Nobile di Montepulciano*), 바롤로(*Barolo*), 바르바레스꼬(*Barbaresco*) 등이 선물용으로 적합하다. 끼안띠 끌라시꼬(*Chianti Classico*)도 한국에는 잘 알려져 있기 때문에 안심하고 선택할 수 있다.

이외에 독특한 포도주를 선물하고자 하는 이들은 아마로네(*Amarone*), 발뗄리나 수뻬리오레(*Valtellina Superiore*), 따우라지(*Taurasi*)와 같은 적포도주, 모스까또 다스띠(*Moscato d'Asti*), 가비(*Gavi*), 베르나치아 디 산쥐미냐노(*Vernaccia di San Gimignano*) 등의 흰 포도주가 무난하다. 알코올 도수가 이들 포도주보다는 조금 높지만 ― 보통 16도에서 18도 사이 ― 빈산또(*Vinsanto*)와 같은 빠시또(*passito*)류도 특별한 맛을 원하는 이들에게는 권할 만하고, 독주를 좋아하는 이에게는 그라빠(*grappa*)가 적당하다.

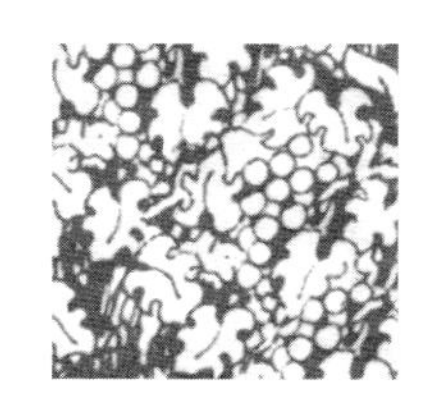

Vino

네 번째 이야기

이탈리아 포도주 마시는 법

포도주를 즐겁게 제대로 마시기 위해서는 지켜야 할 몇 가지 예법이 있다. 물론 이러한 예법을 일률적으로 적용하기에는 한국과 이탈리아의 음식 문화 차이가 크기 때문에 어려움이 있지만, 보편적으로 적용 가능한 사항에 대해서는 어느 정도 지키는 것이 포도주를 제대로 음미하는 최상의 방법이 될 것이다.

가장 먼저 알아두어야 할 사항은 포도주의 유형에 따라 마시는 방법이 다르다는 점이다. 흰 포도주를 마실 때와 적포도주를 마실 때는 그 수반되는 조건이나 방식들이 조금은 차이가 있다.

가장 기본적인 조건은 포도주의 온도 문제인데, 흰 포도주는 대개 4도에서 12도 사이의 온도를 지켜야 하며, 적포도주는 종류에 따라 차이가 있지만 보통 16도에서 22도 사이에서 포도주가 제공되는 것이 이상적이다. 또한 앞에서 설명한 것처럼, 함께 들게 되는 음식에 따라 포도주를 적절하게 선택해야 하며, 해당 포도주에 어울리는 잔이 정확하게 제공되어야 한다는 사실도 중요하다.

두 번째로 중요한 사항은 포도주를 마시는 장소이다. 포도주를 마시는 곳은 크게 가정과 식당으로 나눌 수 있을 것인데, 장소에 따라 지켜야 할 예법과 방식에 차이가 있다. 가정에서 마실 때는 복잡한 격식을 생략할 수가 있지만, 포도주의 온도를 정확하게 지키는 것은 필수적이며, 준비된 음식과 어울리는 포도주를 선택하는 것도 바람직하다.

식사 시작 전 손님에게 준비된 포도주의 간단한 소개를 덧붙인다면 더욱 자리가 즐거워질 것임은 두말할 필요가 없을 것이다. 일단 포도주를 따게 되면 손님에게 바로 권하기보다는 코르크 마개의 향을 맡아보고 주인이 먼저 포도주를 약간 따라 마신 뒤 손님에게 따르는 것이 기본 예절이다. 흰 포도주는 마개를 딴 뒤 바로 시음할 수 있지만, 적포도주는 마시기 전—보통 20분 전, 그러나 오래된 포도주는 2, 3시간 전—에 미리 마개를 따두거나 까라파를 사용하는 것이 바람직하다.

식당에서 여럿이 함께 식사를 하면서 포도주를 마시는 경우에는, 그날 메뉴의 주요리에 따라 선택된 포도주의 가격과 등급을 고려하여 결정한다. 그날의 주빈이 포도주를 선택하는 경우도 있고, 아니면 이탈리아에서는 식사비를 공동으로 부담하는 일이 많은데, 이럴 때는 동석한 이들의 동의하에 선택해야 한다. 어느 경우든 식당의 등급과 수준, 그리고 포도주의 가격대에 따라 약간씩은 차이가 있으며, 고급 식당으로 갈수록 이러한 예법은 철저하게 지켜지는 편이다.

이와 같은 기본적인 사항을 염두에 두고, 이탈리아에서 경험할 수 있는 포도주 시음을 상황에 맞추어 알아보도록 하자.

이탈리아에서 포도주를 마시게 될 기회는 대개 세 가지가 주어진다. 집에 초대받아 가는 경우가 첫 번째일 것이고, 식당에서 마시는 경우, 오스떼리아(*osteria*)나 뜨라또리아(*trattoria*)라고 하는 간이식당에서 마시는 경우가 세 번째이다.

집에 초대받아 가게 되면 먼저 고려해야 할 것은 선물 문제이다. 이탈리아에서는 집에 초대받으면 선물을 가져가는 것이 예의인데, 보통은 포도주나 후식용 단과자, 아이스크림을 준비한다. 한국에서 흔히 볼 수 있는 선물용 과일은 피해야 하며, 지나치게 부담이 가는 선물 역시 해서는 안된다. 그러나 어떤 것이라도 선물을 준비하는 것이 예의라는 사실이 중요하며, 포도주를 선물할 경우에는 식사에 어울릴 만한 포도주 중에서 너무 싸거나 특색이 없는 것은 피하는 것이 바람직하다.

보통 가정에서의 식사는 전채 요리 한가지 정도, 아니면 바로 쁘리모(*primo*)라고 하는 빠스따 요리가 나오고, 뒤이어 세꼰도(*secondo*)라고 하는 주요리가 나오며, 마지막으로 후식이 순서이다. 포도주는 바로 쁘리모부터 함께 마시게 되는데, 세꼰도까지는 같은 종류의 포도주를 마시는 것이 일반적이며, 후식 뒤에는 보통 소화를 돕고 입안의 음식 냄새를 없애는 알코올 도수가 높은 술 — 그라빠나 브랜디 등 — 이 제공된다.

식당에서 포도주를 마시게 되면 식당 등급에 따라, 그리고 선택한 포도주의 등급에 따라 서비스와 격식이 차이난다. 고급 레스토랑에서 식사를 할 경우는 그 날의 주빈이 포도주를 선택하는 것이 일반적인데, 4년 이상 숙성된 포도주를 주문하게 되면 이에 따른 격식이 있게 마련이고, 식당의 전문 포도주 시중사들이 정해진 절차에 따라 서비스하게 된다.

해당 포도주에 어울리는 잔이 제공되며, 마개를 따는 방식도 따로 있다. 포도주 맛을 확인하는 절차 등 격에 맞는 시음방법이 뒤따른다. 그러나 평범한 포도주나 하우스 와인을 주문하게 되면 이러한 복잡한 절차가 생략되는 것이 일반적이다. 하여튼 만찬은 정해진 순서에 따라 진행되는데, 안띠 빠스따(*antipasta*)라고 하는 전채 요리, 쁘리모라고 하는 스파게티와 같은 가벼운 1차 요리, 세꼰도의 주요리, 꼰또르노(*contorno*)라고 하는 주요리와 함께 곁들이는 야채 요리, 후식, 소화용 술 — 보통 그라빠를 선택한다 — 그리고 마지막으로 커피와 차를 마시는 것으로 완료된다.

모든 요리를 주문할 필요는 없고, 식사를 하는 사람의 취향과 양에 따라 선택하는데, 보통 안띠 빠스따에 쁘리모만을 선택하거나 안띠 빠스따에 세꼰도만을 주문한다. 경우에 따라서는 한 가지만 선택할 수도 있으니, 본인의 식사량과 취향에 따르는 것이 가장 적절하다.

오스떼리아나 뜨라또리아 등 간이식당에서 시음하는 경우는 앞에서 언급한 격조있는 서비스를 기대하기는 어렵지만, 그 집만의 하우스 와인을 마실 수 있으며, 그 고장 특유의 음식에 어울리는 포도주를 선택할 수 있다는 장점이 있다. 포도주를 주문하면 주인이 와서 직접 개봉하고 시음하게 하는데, 입맛에 맞지 않거나 잘못 병입된 포도주는 바꿔 달라고 하여도 실례가 되지 않는다.

이외에도 에노떼까(*enotecca*)나 비나이오(*vinaio*)라고 하는 포도주 전문점에서 시음할 경우는 자신의 취향에 따라 마시면 된다.

하여튼 중요한 것은 지나치게 자기 생각대로 선택하지 말고 의문점에 대해서는 주인에게 물어보아가며 마시는 것이다. 그러나 한국에서는 음식에 상관없이 개인의 취향에 따라 포도주가 결정되는 경우가 많고, 흔히 포도주를 식사 후에 마시는 술로 인식함으로써 포도주 본래의 맛을 즐기고 이해하기는 다소 어려움이 있다.

포도주를 하나의 서양 술, 곧 양주의 하나라고만 이해해서는 안된다. 하나의 문화로서 무조건 한국식대로 마시기보다는 가능한 한 권장된 절차와 예법을 갖고 마시는 것이 이탈리아 포도주를 두배로 즐기는 방법이 될 것이다.

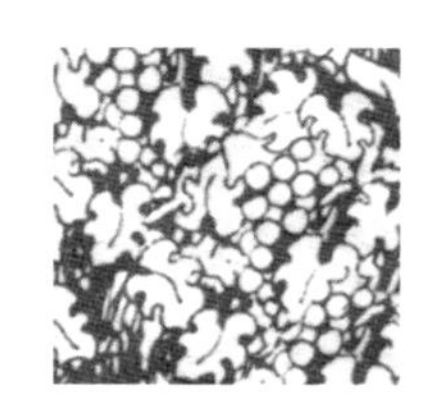

다섯 번째 이야기

이탈리아 포도주의 음식 궁합

아마 이 장이 다른 장들에 비하여 서술하기가 어려울지도 모른다. 전혀 다른 음식인 서구의 포도주에 한국의 맛에 잘 어울릴 만한 음식을 찾아야 한다는 것 자체가 어쩌면 무리일 수도 있다.

필자의 이탈리아 체류 경험을 바탕으로 이탈리아 포도주가 한국의 어떤 음식들과 잘 어울릴 수 있는가에 초점을 맞추면서, 아울러 이탈리아 포도주와 같이하기 어려운 한국 음식들에 대하여도 간단하게나마 언급해 보도록 하겠다.

이탈리아 포도주의 특성을 설명하기 위해서는 먼저 그에 어울리는 이탈리아 요리들에 대한 이해가 선결조건이다. 이탈리아 요리에 대해 기본적으로나마 이해해야만 어째서 포도주가 하나의 음식으로서 중요한 의미를 갖는지 알 수 있으며, 한국 음식들을 선택할 때에도 그 기준과 척도가 될 수 있기 때문이다.

흔히 피자와 스파게티로 알려진 이탈리아 음식은 우리가 아는 것보다 훨씬 복잡하고 다양하다. 이탈리아는 지방에 따라 다양한 음식과 요리들이 독특한 맛을 간직하고 있는 맛의 천국이라 할만큼, 요리에 관한 한 둘째 가라면 서러워 할 나라이다.

전세계 음식 중에서 가장 맛있는 것을 꼽으라면 중국 요리, 프랑스 요리 등을 이야기하는 이들이 많다. 한국 요리도 뛰어난 요리의 하나임에 틀림없지만, 아직 표준화되지 않았고, 세계인들에게 잘 알려지지 않았으니 한국 요리를 거론하는 것은 무리일 것이다.

세계의 음식 가운데 이상하게도 이탈리아 요리를 거론하는 사람들은 별로 없다. 특히 한국에서는 최근까지 피자와 스파게티를 미국 요리라고 생각할 정도로 이탈리아 요리에 대하여는 거의 무지에 가까운 수준이었다. 전문적 요리 평론가나 미식가 수준은 아니지만, 필자의 경험을 통하여 프랑스 요리와 이탈리아 요리에 대하여 간단히 비교해 보겠다.

맛과 요리의 예술성 면에서 세계 최고로 꼽히는 프랑스 요리는 전문가가 아니더라도 한번 시식해 본 사람이라면 그 섬세함과 우아함에 감탄해 마지 않는다. 그런데 여기서 한 가지 짚고 넘어가야 할 점은 프랑스 요리를 어디에서 시식했는가 하는 사실이다. 대개는 고급스러운 분위기의 레스토랑이었을 것이다.

프랑스 음식은 치즈와 포도주 등 몇몇을 제외하고는 일반적으로 조리 시간이 오래 걸리는 것이 특징이다. 특히 양념이라고 할 수 있는 소스를 만드는데 몇 시간은 물론이고, 몇몇 소스는 하루 종일 걸리는 것도 있다. 이는 일반 가정에서 쉽게 만들기가 어렵다는 현실적 조건이 된다는 이야기이며, 실제로 프랑스에서는 보통 가정에서 먹는 요리와 식당에서 먹는 요리의 질적 차이를 쉽게 느낄 수 있다는 것이 필자의 생각이다.

대개 외국인이 프랑스 요리를 접한다면 프랑스를 여행하는 관광객이나 사업차 일시적으로 체류하는 이들이 대부분일텐데, 보통 근사한 식당에서 프랑스 요리를 접하게 될 것이다. 어느 정도의 준비 시간이 소요된 맛있는 음식을, 더군다나 유명한 프랑스 포도주와 곁들이게 되면 자연스럽게 프랑스 요리의 우아함과 깊은 맛에 감탄하게 된다.

물론 일반 가정에서 프랑스 요리를 아주 맛있게 먹었던 이들도 있을 것이고, 초대받아 간 프랑스 가정에서의 음식들이 인상깊었을 수도 있겠지만, 확실한 것은 프랑스 요리는 준비시간과 조리시간이 많이 소요된다는 점이다.

이에 반해 이탈리아 음식은 간편성과 단순함, 그리고 자연스러운 맛을 그 특징으로 들 수 있다.

간편성이란 요리를 만드는데 소요되는 시간이나 준비과정이 복잡하지 않다는 의미로, 언제 어느 곳에서나 비교적 질의 차이가 크지 않은 요리와 음식을 즐길 수 있다는 것이다. 고급식당에서 정찬을 즐기건 가정과 같은 곳에서 간식을 먹건 특별한 차이를 느끼지 않고 훌륭한 이탈리아 음식들을 맛볼 수 있다. 간단한 전채요리나 쁘리모용 빠스따뿐만 아니라 주요리인 세꼰도 역시 10~20분 정도면 조리가 될 정도로 간편하고, 일반 가정에서도 식당보다 더 독특하고 맛있는 요리를 맛볼 수 있다는 점이 이탈리아 음식의 큰 장점이다.

이탈리아 요리의 두 번째 특징은 단순함인데, 소스를 만드는데 여러 재료를 사용하거나, 다양하고 향이 풍부한 재료를 사용하여 음식의 맛을 돋우는 것이 아니라 한 두 가지 재료를 가지고도 아주 맛깔스런 요리를 만들 수 있다는 것이다. 대표적인 이탈리아 요리라 할 수 있는 피자와 스파게티의 재료가 두 가지에서 네 가지를 넘지 않는 것이 많다는 점들이 이를 반증하고 있다.

물론 이탈리아 음식 역시 지역색이 강해서 지역별로 수많은 요리 종류와 조리법이 있으므로 일률적으로 단순함이나 간편성이라는 특징을 대입시킬 수는 없지만, 그만큼 이탈리아 요리가 시간이나 재료의 경제성 면에서 뛰어난 장점을 가지고 있다고 생각할 수 있다.

세 번째 자연스러운 맛이란, 어느 정도 단순함이나 간편성이라는 특징과 관련되는 것인데, 보통 이탈리아 요리를 이야기할 때 거론되는 두 가지 조건은 토마토의 신선도, 올리브유가 얼마나 뛰어난 품질을 가졌는가 하는 점이다. 대부분의 이탈리아 요리들은 토마토와 올리브유를 기본으로 사용한다. 한국 요리에서 간을 내기 위해 장이 기본적으로 사용되는 것과 같은 이치이다.

지역적으로 프랑스, 오스트리아, 스위스와 접해 있어 오래 전부터 이들 국가들로부터 영향을 많이 받았던 삐에몬떼, 뜨렌띠노 알또아디제(*Trentino Alto-Adige*), 프리울리 베네찌아 쥴리아(*Friulli Venezia-Giulia*) 등 북부 이탈리아 주들에서는 토마토를 쓰지 않는 요리들도 꽤 있지만, 올리브유만큼은 꼭 사용한다.

특히 오래 전부터 프랑스의 영향을 많이 받았던 삐에몬떼주의 요리들은 빤나(*panna*)라고 하는 우유 크림이나 버터 등을 사용하여 만드는 것들도 많기는 하지만, 토마토 역시 주요 재료의 하나이며, 어느 요리에서건 올리브유를 사용하는 것이 일반적이다.

이와 같이 몇몇 경우를 제외하고는 이탈리아에서 토마토와 올리브유는 가장 기본적인 요리 재료이다. 따라서 요리의 맛을 좌우하는 것은 바로 이 두 가지 기본 재료인 토마토와 올리브유의 신선도와 품질이다.

이와 같은 사실은 중부와 남부의 주들을 따라 내려오면 더더욱 확연해진다. 거의 모든 요리에서 양의 많고 적음의 차이는 있지만, 토마토를 사용하고, 맛을 내기 위해 올리브유를 쓴다. 막 수확한 토마토를 사용하고, 화학 조미료가 아닌 자연산 올리브유를 쓴다는 것은 인공 조미료나 첨가물을 쓰지 않고 자연스러운 맛을 선호한다는 것이다. 바로 이것이 이탈리아 요리의 자연스러운 맛에 대한 대답이 될 수 있다.

간편성과 단순함, 그리고 자연스러움을 특징으로 하는 이탈리아 요리는 맛을 내는 재료들이 단순하다. 특히 한국의 장맛과 비교해 보면 향, 색깔, 자극 등 모든 면에서 약하다는 느낌을 갖는다. 올리브유를 접해본 사람이라면 느끼겠지만—참기름과 같은 한국의 기름류와 비교하면—밋밋하다는 표현이 적합할 정도로 무미건조하다. 토마토 역시 올리브유보다는 덜하지만 자극적인 맛을 가진 식품이라고 볼 수는 없다.

이에 반해 간장, 된장 등으로 대표되는 한국의 장맛은 매우 자극적이며, 요리가 완성되기 전에 이미 예견할 수 있을 만큼 그 맛을 지배한다. 여기에서 중요한 사실을 하나 발견할 수 있다. 이탈리아 요리는 주재료인 올리브유와 토마토가 가볍고 약한 맛을 내기 때문에 전체적으로 그렇게 자극적이지 않다.

물론 이탈리아 요리 대부분이 짜다든지, 깔라브리아(*Calabria*) 주를 비롯한 남부 여러 곳에서 매운 말린 고추를 사용하는 경우도 볼 수 있지만, 요리 자체가 자극적이지는 않는다.

이 점은 이탈리아 포도주를 이해하는데 중요한 단서가 될 수 있다. 포도주 맛이란 이와 같은 이탈리아 요리에 적합하고, 음식과 포도주를 잘 조화시킬 수 있으며, 전체적으로 요리의 맛을 배가시키도록 하는 목적을 가졌다.

그러나 자극적인 맛을 가진 한국 요리들은 이러한 맛과 조화될 수 있는 소주나 텁텁한 막걸리 등이 더 잘 어울릴 수 있을 것이다.

이와 같은 사실에 유념하면서 한국 요리에 어울릴 수 있는 이탈리아 포도주는 어떤 것들이 있고, 구체적으로 어떤 한국 요리와 함께 마실 수 있는지 알아보겠다.

준비된 요리가 무엇이냐에 따라 적포도주와 흰 포도주를 선택한다는 설명은 이미 앞에서 했다. 대개 고기 요리는 적포도주를 마시는 것이 바람직하며, 생선 요리나 가벼운 요리에는 흰 포도주를 마시는 것이 일반적이지만, 경우에 따라 약간의 변화들이 있다.

고기 요리 중에서도 살코기가 하얀 것은 흰 포도주를 마셔도 무난하며, 생선 요리 중에서도 소스가 자극적이거나 탕과 같은 유형의 요리들은 적포도주를 동반해도 무리가 없다. 이와 같은 일반적 원칙을 한국 요리에 적용해 보면 어느 정도 각각의 요리에 어울릴 수 있는 이탈리아 포도주의 유형을 떠올릴 수 있을 것이다.

갈비, 불고기와 같은 대중적인 고기 요리에는 적포도주가 무난하다. 양념이 많이 들어가고 마늘과 같은 자극적인 재료를 많이 사용하였다는 점 등을 고려하면 최소한 12도 이상의 알코올 농도를 가진 적포도주가 바람직하다. 특히 한국에도 많이 알려진 끼안띠나 삐에몬떼 지방의 적포도주 중에서 돌체또(*Dolcetto*), 넵비올로(*Nebbiolo*)같은 것들이 잘 어울릴 수 있으며, 가띠나라(*Gattinara*), 겜메(*Ghemme*) 등의 포도주도 괜찮다.

백숙으로 먹는 닭 · 오리 요리에는 약간 도수가 높은 흰 포도주들, 예를 들면 알바나 디 로마냐(*Albana di Romagna*), 가비(*Gavi*), 베르나챠 디 산 쥐미냐노(*Vernaccia di San Gimignano*) 등의 포도주가 잘 어울린다. 생선요리 중 구이류는 소아베 수뻬리오레(*Soave Superiore*), 베르멘띠노 갈루라(*Vermentino Gallura*) 등의 흰 포도주를 곁들이면 좋다. 전이나 튀김과 같이 가벼우면서도 기름을 사용하는 음식들에는 분홍 포도주—이탈리아어로 비노 로자(*vino rosa*)라고 하는 종류—나 가비, 베르나챠 디 산 쥐미냐노 등의 흰 포도주들이 조화가 잘 될 것이다.

향이 강한 산채 요리, 꿩, 멧돼지, 토끼 등을 재료로 하는 구운 고기 요리들에는 바롤로(*Barolo*), 브루넬로 디 몬딸치노(*Brunello di Montalcino*), 발뗄리나 수뻬리오레(*Valtellina Superiore*), 비노 노빌레 디 몬떼뿔치아노(*Vino Nobile di Montepulciano*), 바르바레스꼬(*Barbaresco*) 바르돌리노 수뻬리오레(*Bardolino superiore*), 몬떼팔꼬 사그란띠노(*Montefalco Sagrantino*) 등 13도 이상 되는 적포도주들이 좋다.

생선회나 구운 조개 요리에도 적포도주보다는 흰 포도주가 잘 어울리는데, 해안을 끼고 있는 주들 중에서 오랫동안 해물요리에 적합한 베네또주, 라찌오주의 흰 포도주들이 무난하다.

이탈리아 포도주를 확실하게 음미하기 위해서는 한 가지 명심해야 할 사항이 있다. 한국 요리는 주요리가 고기든 생선이든 반찬이라고 하는 주변 요리들이 따라나오게 마련이다. 주변 요리에는 한국의 대표적 음식인 김치가 제공되는데, 문제는 바로 김치나 밑반찬 등 맵고 짠 음식들이다. 고춧가루, 고추장, 된장을 사용하여 만든 음식들은 포도주와 함께 먹기에는 너무 맛과 향이 자극적이다. 섬세하고 미묘한 맛을 띤 포도주를 제대로 음미하기 위해서는 강렬하고 진한 향과 맛을 가진 음식을 피하는 것이 바람직하다.

이런 이유로 앞에서 언급한 한국 요리들에는 탕이나 볶음 종류는 하나도 포함하지 않았다. 고기 요리 중에서도 고추장 불고기나 볶음 요리, 매운탕과 같은 것은 포도주와 함께 먹기에 부적합하다. 따라서 포도주를 곁들이는 경우에는 자극적이지 않은 양념을 사용하여 만든 음식이 바람직하다.

포도주에 대한 이야기를 시작하면서 강조한 부분을 기억할 필요가 있는데, 포도주는 식후에 마시는 술이 아니라 식사와 함께 하는 음식이라는 점이다. 그러나 여기에서 기술된 내용은 포도주와 한국 요리는 함께 어울리기에 다소 부적합하다는 느낌을 받을 수 있다. 식후에 포도주를 마시는 한국적 상황에서는 더 적절하다고 생각할 수도 있겠지만, 중요한 것은 식생활 관습이 다른 이탈리아 포도주에 대하여 먼저 이해와 인식을 정확하게 한 뒤에야 이야기할 수 있는 부분이며, 포도주를 하나의 외국 술로만 여기지 말라는 것이다.

식후에 가볍게 포도주만을 마시는 경우도 한국 요리와 함께 할 때와 마찬가지의 원칙이 지켜지는 것이 바람직하며, 술에는 꼭 안주가 동반되는 것을 선호하는 한국인의 관습에서 안주는 가능한 한 가벼운 것들이 좋으며, 물기가 많은 과일이나 자극적인 것들은 피해야 한다. 과일은 포도주보다는 샴페인과 같은 후식용 술들에 어울린다. 적포도주나 정찬용 흰 포도주를 마실 때 과일을 먹으면 과일에 포함되어 있는 물기가 포도주 고유의 맛을 희석시키기 때문에 바람직하지 않다.

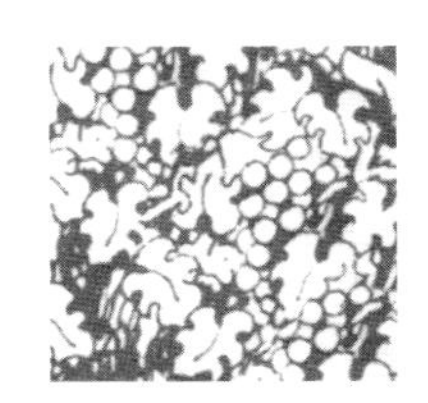

여섯 번째 이야기

이탈리아 포도주 액세서리

다양한 종류의 포도주의 품질을 검사하고, 최적의 조건에서 이를 음미하기 위해서는 몇 가지 장치와 용구, 즉 액세서리가 필요하다. 포도주의 다양성만큼 필요한 액세서리 역시 많은 종류가 있지만, 기본적인 최소한의 용구들은 5~6가지 거론될 수 있다.

그중 중요한 것으로는 최종 생산된 포도주를 담는 여러 유형의 병

병을 제작하고 있는 중세의 수공업자

과, 포도주를 특성에 맞춰 마시기 위한 여러 가지 모양의 잔과 까라파, 그리고 포도주 마개를 따는 마개따개 및 포도주를 저장하는 기구나 특별 저장고 등이 있을 수 있다.

빛의 투과에는 일반의 상식과는 달리 포도주에 그다지 큰 문제를 발생시키지 않는다. 물론 직사광선에 포도주 병을 오래 두는 것은 좋을 리 없지만, 이는 빛의 투과라는 문제보다는 오래 방치함으로써 온도가 지나치게 상승되어 포도주의 생명주기에 큰 손상을 줄 수 있다는 문제로 직결되기 때문에 피해야 할 일이다.

고대부터 포도주를 담는 용기는 다양하게 존재했으나, 오늘날과 같이 병을 일반적으로 사용한 것은 그리 오래되지 않는다. 조그마한 관을 이용하여 유리 용기를 만드는 방법이 발명된 후, 유리잔이나 유리 용기 등이 널리 사용되었지만, 그것은 신전용 또는 귀족용 제기나 용구에 국한되었다. 중세에 들어서면서 유리의 사용과 발전 속도가 퇴보하였으며, 오늘날과 같은 광범위한 유리 병의 사용은 18세기를 넘어서면서부터였다.

포도주 병의 종류는 국가와 지역별로 다소 차이는 있지만, 일반적으로 그 유형은 단순한 편이다. 어느 곳에서 먼저 만들어져 사용되었느냐에 따라 병의 이름이 결정되는 것이 보통이며, 이탈리아에서는 현재 프랑스 보르도 지방의 병에서부터 이탈리아 또스까나의 전형적 피아스꼬, 포르투갈에서 만들어진 포르투갈식 병에 이르기까지 10여 가지가 사용된다.

포도주를 마시는데 필요한 액세서리 중에서 중요한 것은 병보다는 오히려 잔일 것이다. 포도주의 등급에 어울리는 식탁 준비와 차림에 대한 격식이 어느 정도 필요하다는 의미에서도 그렇고, 포도주 본래의 맛을 섬세하게 즐기기 위해서는 이에 수반되는 도구와 액세서리가 필요한 것이다. 포도주 잔—이탈리아어로 깔리체(*calice*)라고 한다—은 보통 7가지 모양으로 구분되는데, 제조업체에 따라 다소 차이가 있지만, 각각의 용도가 포도주의 유형에 따라 다르다는 점에서 특히 중요한 액세서리이다.

먼저 거론할 수 있는 것은 정찬용 흰 포도주를 위한 잔이다.* ①번의 목이 긴 형태의 이 잔은 발포 가스 없는 일반 흰 포도주를 위한 것이다. 모든 이들에게 권할 수 있는 잔으로 튜울립 모양을 띠는데, 잔 윗 부분이 유선형인 것도 있다. 이 잔은 공기와 포도주가 맞닿는 부분을 최소화하면서 흰 포도주의 향과 맛을 가능한 한 오래 보존하도록 구조되어 있다.

②번의 잔 유형은 목이 짧으면서 원추형의 모양을 띠는데, 전문가들

잔의 다양한 형태

* 시음 전문가에 따라 약간의 차이가 있기 때문에 여기서 모두 소개할 수는 없지만, 공통적인 의견에 약간의 개인적 견해를 곁들인다.

이 시음할 때 많이 사용한다. 전세계적으로 흰 포도주 시음에 가장 적합한 잔으로 인정된다. 우아하고 격조있는 분위기를 줄 수 있는 흰 포도주용 잔이다.

③번의 잔은 크기는 두번째 잔과 비슷하지만, 잔입이 튜울립 형태를 하고 있다. 두 번째 잔을 대체하여 사용할 수 있다. 그러나 두번째 잔보다는 우아한 맛이 좀 떨어지며, 현재는 덜 사용되고 있다. 다만, 기능적인 면에서는 두번째 잔보다 효과적인데, 맛을 보존하는 지속성 면에서 특히 그러하다. 이는 시음 전에 포도주를 잔 안에서 회전시켜 맛과 향을 맡아 보기에 적합하다는 이야기이며, 회전 뒤에 포도주의 수막이 자연스럽게 형성되면서 향과 자그마한 기포 등을 나게 해주는 장점이 있다.

④번의 잔은 스뿌만떼라고 하는 발포성 가스를 분출시키는 포도주에 가장 이상적인 형태이다. 플루트와 같이 생겼다해서 플루트(*flute*)라고 부르기도 하는 이 잔은, 발포성 포도주들에서 기포가 쉽게 발생될 수 있도록 길고 가늘게 만든 것이다.

이제까지의 잔이 흰 포도주에 적합한 것들이었다면, 다음의 두 가지 잔은 적포도주에 맞는 것들이다.

일반적으로 사용되는 적포도주용 잔은 ⑤번 잔의 모양에서 보는 것과 같이 목이 길고, 거의 원형에 가까운 모양을 띠며, 잔입이 넓고 깊지 않은 특색을 가지고 있다. 이는 적포도주의 향기와 맛을 발산시키는데 적합한 형태로, 약간 차이가 있을 수 있지만 대개는 이와 같은 모양을 유지한다.

이에 반해 ⑥번의 잔과 같이 목이 짧으면서 폭이 훨씬 깊고, 부피는 크지만 잔입은 조금 작게 만든 달걀형 잔이 있다. 이 잔은 아주 오래 숙성된 포도주나 뽀르또(*porto*)라고 하는 포르투갈 포도주, 코냑과 같은 포도주를 마실 때 사용한다. 잔 안에서 내용물을 혼합시켜 충분한 향기를 발산시키면서 오랫동안 그 맛을 간직함과 동시에 잔을 쥔 손의 따뜻한 온기를 전달하는데 용이하도록 모양을 그와 같이 만든 것이다.

그리고 마지막으로 ⑦번의 잔은 디저트나 앱티타이저용 포도주를 마실 때 사용하는 잔이다. 지금까지 설명한 잔들 중에서 가장 크기가 작으며, 목이 짧고 타원형으로 생겼다. 포도주를 담는 잔이므로, 향을 오래 보존하면서 마실 때 좁은 입구로 맛을 모아줄 수 있도록 이와 같은 형태를 취한다.

지금까지 설명한 것은 기본적이고 일반적인 잔의 종류이다. 특별한 경우를 제외하고 식탁에 기본적으로 놓여지는 잔들은 흰 포도주인가 적포도주인가에 따라 포도주용 잔 하나, 디저트용 잔 하나, 그리고 물잔으로 사용되는 것 하나 해서 최소한 3개가 놓여져야 한다. 물론 포도주의 종류와 유형에 따라 잔이 바뀔 수 있다는 점도 기본 사항이다.

정찬용 식탁의 잔과 접시의 배치

포도주 마개따개는 일반 병따개와는 다르므로, 포도주를 마시고자 할 때에 꼭 수반되어야 할 것의 하나이다. 그 종류나 모양은 그림에서 보는 바와 같이 다양하지만, 사용하기 편리하고 많은 힘을 가하지 않아도 되는 것이 무난하다. 일반적으로 날개가 달린 형태의 마개따개를 사용한다.

마개따개에는 보통 3단계 동작이 있을 수 있는데, 먼저 병에 둘려진 플라스틱 테를 제거한 뒤 수직으로 마개 한 가운데에서 아래로 천천히 돌려 병따개의 양날개가 위로 치켜 올라올 때까지 밀어 넣는다. 다음 마개따개의 날개를 아래로 내려 마개가 위로 솟아 나올 때까지 자연스럽게 힘을 가하면 병이 개봉된다. 이밖에도 힘을 덜 가하면서 편하게 딸 수 있는 형태들이 많이 있지만 일반적으로 사용되는 것은 아니고, 또 하나하나 설명하기에는 종류가 너무 많아 생략하겠다.

병을 개봉한 뒤에 사용되는 액세서리에는 어떤 것이 있는지 살펴보자. 특히 적포도주는 마개를 딴 뒤 바로 마시는 것보다는 시간이 어느

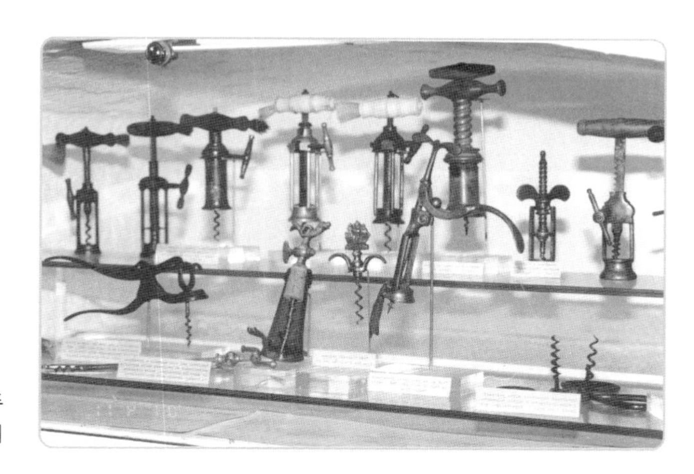

여러 가지 포도주 마개따개

정도 경과한 뒤에 마시는 것이 바람직한데, 이는 저장과정에서 포도주와 마개 사이에 머물러 있던 질소가스와 기타 역겨운 냄새들을 배출시켜 포도주 자체의 그윽한 맛이 발산되는 데까지 시간이 필요하기 때문이다. 특히 오래된 적포도주일수록 이와 같은 절차가 필요한데, 1년 보관 기간에 30분 정도는 개봉한 채로 두기 때문에 오래 숙성된 포도주일수록 이 시간이 길어진다.

바로 이 때 필요한 용구가 까라파(*caraffa*)이다. 용구라기보다는 물그릇과 같은 포도주 그릇이라고 보면 되는데, 까라파는 흰 포도주에는 사용하지 않고 적포도주에만 사용한다. 병에서 까라파로 포도주가 옮겨지면서 자연스럽게 향과 본래의 맛이 발산되도록 하고, 시간이 경과한 뒤에 마셔야 하는 수고스러움을 단축시키면서 경우에 따라서는 바로 마실 수 있게 도와주는 역할을 한다.

흰 포도주는 까라파를 사용하지 않고 포도주의 온도를 계속 유지시켜주는 다른 용구, 흔히 아이스박스와 비슷하게 생긴 그릇을 사용한다. 아주 차게 마셔야 하는 샴페인이나 스뿌만떼류는 이 박스에 얼음을 채워 놓기도 하지만, 보통은 흰 천으로 싸거나 그냥 병째 담아두게

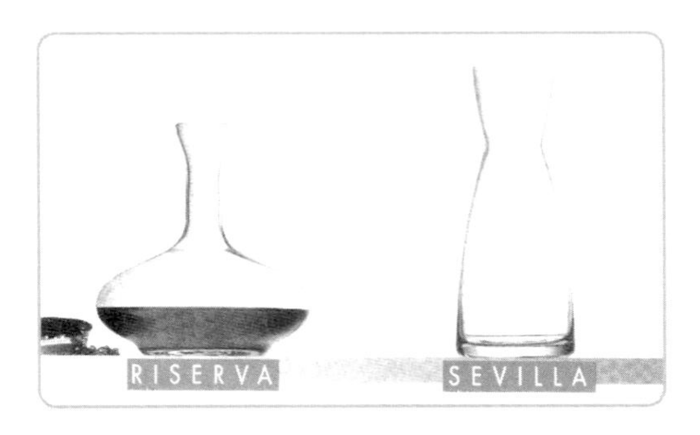

까라파 혹은 데칸터라고 하는 용기

된다.

이외에 포도주와 관련된 액세서리 중에서 소개할 만한 것으로는 포도주 저장고와 뽀르따보띨리에(*portabottiglie*)라고 하는 간이 포도주 저장틀 등이 있을 수 있고, 전문적인 포도주 시음사들을 위한 따스떼빈(*Tastevin*)이라고 하는 것이 있다.

포도주 저장고는 냉장고와 같은 장치로 각층마다 온도조절이 가능하여 종류별로 최적의 온도를 유지할 수 있도록 해주는 전기장치이다. 간이 포도주 저장틀은 나무나 플라스틱 등으로 만드는데, 적당한 장소에서 포도주를 일시적으로 보관하거나 전시하는 용구이다. 따스떼빈이라는 용구는 보통 은으로 만드는데 큰 원형이나 타원형의 종지와 같은 모양을 띤다. 포도주의 색깔과 향을 시각과 미각을 통해 검사할 수 있는 전문 용구이다.

이상이 기본적으로 이야기할 수 있는 포도주용 액세서리이며, 이외의 용구나 장치들은 전문적인 것들이므로 여기서는 생략하기로 하겠다.

포도주의 색과 향을 검사하는데
사용되는 따스떼빈

지금까지 이탈리아를 돌면서 이탈리아 포도주에 대한 이런 저런 이야기를 해 보았다. 이야기 중에서 일정 부분은 다소 주관적이라고 할 수 있지만, 이탈리아에 체류하면서 얻는 경험과 사실을 바탕으로 가능한 한 객관적인 입장을 지키려 노력했다는 점을 밝히고 싶다.

이탈리아 포도주가 우리 음식이 아니므로 이를 맛있게 즐기기 위해서는 문화적 이해와 보편적 상식이 필요하다는 측면에서 서술된 것이며, 무조건 이탈리아 포도주가 좋다는 입장을 담으려 한 것은 더더욱 아니다. 중요한 것은 마시는 이의 개인적 취향이며, 유명하다는 포도주의 이름이나 포도주 전문가들이 적극 권한다고 하여 모두에게 잘 어울리는 포도주라고 이야기할 수는 없다.

적절한 분위기와 준비를 통해 본인에게 맞는 포도주를 선택하는 것이 중요하다는 결론으로 이탈리아 포도주에 대한 이야기를 맺는다.